高校体育研究成果丛书
Series of College Research Results in Physical Education

弘扬求是精神，打造学术研究精品
提升创新能力，促进学术交流发展

安徽省武术运动发展的探索
——基于非体育人口转化的研究

ANHUISHENG WUSHU YUNDONG FAZHAN DE TANSUO
——JIYU FEITIYU RENKOU ZHUANHUA DE YANJIU

杨中皖 著

中国书籍出版社
China Book Press

图书在版编目(CIP)数据

安徽省武术运动发展的探索：基于非体育人口转化的研究 / 杨中皖著. —北京：中国书籍出版社，2015.6
ISBN 978-7-5068-5002-5

Ⅰ.①安… Ⅱ.①杨… Ⅲ.①武术－发展－研究－安徽省 Ⅳ.①G852

中国版本图书馆 CIP 数据核字(2015)第 143796 号

安徽省武术运动发展的探索——基于非体育人口转化的研究

杨中皖　著

丛书策划	谭　鹏　武　斌
责任编辑	吴化强
责任印制	孙马飞　马　芝
封面设计	崔　蕾
出版发行	中国书籍出版社
地　　址	北京市丰台区三路居路 97 号(邮编：100073)
电　　话	(010)52257143(总编室)　(010)52257140(发行部)
电子邮箱	chinabp@vip.sina.com
经　　销	全国新华书店
印　　刷	三河市铭浩彩色印装有限公司
开　　本	710 毫米×1000 毫米　1/16
印　　张	16.75
字　　数	217 千字
版　　次	2016 年 11 月第 1 版　2016 年 11 月第 1 次印刷
书　　号	ISBN 978-7-5068-5002-5
定　　价	50.00 元

版权所有　翻印必究

前　言

　　传统武术是中华民族的国粹,是中国悠久历史文化的精髓之一,它以其鲜明的特点及价值受到各个年代人们的欢迎和喜爱,不断得到传承与发展。在全球一体化发展的今天,受西方竞技体育的冲击,民族传统体育的发展受到了严峻的考验,如何在夹缝中求生存,就成为我国传统武术发展的一个重要的研究课题。总体来看,相较其他民族传统体育运动项目来说,我国传统武术的发展形势还是不错的,在世界上的影响力也逐步扩大,在新时期如何进一步加强传统武术的宣传与推广,促进其国际化发展是传统武术未来发展的一个方向。安徽省作为我国武术发展状况良好的省份,其发展水平的高低将直接影响到我国整个传统武术的发展,因此加强安徽省武术运动发展的探索与研究具有非常重要的意义。

　　在传统武术发展的过程中,参与武术人口的多少对武术运动发展水平来说是一个具体的量化指标,因此,加强对非体育人口向体育人口的转变将是一个重要的举措。因此,本课题关于安徽省武术运动发展的探索就是基于非体育人口转化方面的研究,在此基础上对安徽省武术运动的发展现状、教学与训练体系、后备人才的培养及武术套路的创新等展开具体地研究和分析,以促进安徽武术乃至我国整个武术运动的可持续发展。

　　本书共分为八章,第一章为传统武术的基本概念及相关理论研究,主要阐述了传统武术的起源与发展、概念及内涵、分类及流派、特点及作用等内容,以帮助武术运动爱好者及参与者深刻地了解传统武术的基本内涵。第二章为安徽省武术运动发展的现状,在调查了安徽省目前武术运动发展现状的基础上,对发展中存在的问题展开具体地探讨和分析。第三章为安徽省非体育人口转化的研究,在调查了安徽省体育人口与非体育人口基本情况的基础上,对偶尔参加或不参加体育活动人口的结构特征及影响因素做出了具体分析。第四章为安徽省非体育人口转化与武术运动发展关系的研究,其研究的重点集中在非武术人口向武术人口转化的策略上。第五章为高校武术运动发展的探索,武术运动的发展离不开学校的推动,因此加强学校武术教学与训练、竞赛体系等的研究至关重要,本章对此做出了深入地研究和分析。第六章为安徽省竞技武术后备人才发展的探索研究,重点探讨了安徽省武术人才的培养现状及策略。第七章为武术套路的创新发展探索,重点研究了传统武术的创新编排。第八章为传统武术的传承与可持续发展研究,在研究了传统武术体系构建基础上,重点研究了传统武术的竞技化、产业化和可持续发展。

  作为一本关于传统武术运动可持续发展及安徽省武术运动发展概况的学术著作,作者对其内容丰富、逻辑清晰、结构完整,集理论性、系统性、科学性为一体诸方面做了努力。

  本书在撰写的过程中,参考和采纳了大量的关于武术运动方面的书籍和资料,在此向有关专家及学者致以诚恳的谢意。由于时间仓促及精力有限,书中难免存在不足之处,恳请广大读者批评指正。

作 者
2015 年 4 月

目 录

第一章 传统武术相关概念辨析及理论研究 …………… 1
- 第一节 传统武术的起源与发展 …………………… 1
- 第二节 传统武术的概念及内涵 …………………… 13
- 第三节 传统武术的分类及流派 …………………… 15
- 第四节 传统武术的特点及作用 …………………… 27

第二章 安徽省武术运动发展的现状分析 …………… 37
- 第一节 我国武术运动发展的概况 ………………… 37
- 第二节 安徽省武术运动发展的现状 ……………… 49
- 第三节 安徽省武术运动发展中存在的问题分析 …… 54

第三章 安徽省非体育人口转化的研究 ……………… 68
- 第一节 体育人口与非体育人口的研究 …………… 68
- 第二节 安徽省体育人口与非体育人口的基本情况调查 …………………………………………… 74
- 第三节 安徽省偶尔参加体育活动人口的结构特征及影响因素分析 …………………………… 75
- 第四节 安徽省不参加体育活动人口的结构特征及影响因素分析 …………………………… 85

第四章 安徽省非体育人口转化与武术运动的发展 …… 102
- 第一节 非体育人口转化对武术运动发展的影响 …… 102
- 第二节 非武术运动人口向武术人口转化的策略 …… 110

第五章　高校武术运动的发展探索………………………131

第一节　高校武术教学及课程设置分析……………131
第二节　高校武术训练与竞赛体系的构建研究……157

第六章　竞技武术运动后备人才的发展探索……… 163

第一节　安徽省竞技武术运动队的发展情况……… 163
第二节　安徽省竞技武术后备人才的培养现状……166
第三节　安徽省竞技武术后备人才培养的策略研究 185

第七章　武术套路的创新发展探索………………… 194

第一节　传统武术套路概述………………………… 194
第二节　传统武术套路创新编排…………………… 206
第三节　套路创新发展中面临的问题及对策……… 224

第八章　武术运动的传承与可持续发展探索……… 228

第一节　武术运动传承发展体系的构建…………… 228
第二节　武术运动的竞技化发展…………………… 235
第三节　武术运动的产业化发展…………………… 240
第四节　武术运动的可持续发展…………………… 247

参考文献………………………………………………… 260

第一章 传统武术相关概念辨析及理论研究

武术是在悠久的历史潮流中逐渐形成的一种运动形式,它充分反映了中华民族传统文化。作为中华民族文化遗产中的珍宝,传统武术在现代社会得到了进一步的发展。本章主要对传统武术的起源与发展、概念及内涵、分类及流派、特点及作用等分别进行了研究。

第一节 传统武术的起源与发展

一、传统武术的起源

传统武术的起源可以分为两个时期,即萌芽时期与形成时期。

(一)萌芽时期

传统武术的雏形在原始社会时期就已经形成了。原始社会时期,社会生产力水平十分低下,人们处在恶劣的环境下,必须要与大自然进行不同形式的斗争才能获得生存。人们在长期的生产活动当中,通过一些徒手动作(拳打、脚踢、躲闪等)和原始工具(石头、木棒、兽骨等)来抵抗野兽的进攻,并且对基本搏斗技能(劈、砍、刺等)也有了一定的掌握。传统武术基本动作的原型都源于这些技能。所以,传统武术的发源通常被认为是原始社会的简单搏斗技能。但是,这种原始的、基于本能的技能依旧属于生产技能的范畴的,所以不能将其作为武术的萌芽。只有人与人之间的斗争才具有攻守矛盾的存在,才符合技击的逻辑本质。必须承认的是,传统武术技能的形成是建立在人与大自然进行抗争的过程中所积累并逐渐演化为系统的技能方法的一系列动作形式的基础上的。

到了旧石器时代晚期,大量石器工具(石器、石球、石斧、石铲等)不断出现,而且快速发展起来;新石器时代,石刀、骨制的鱼叉、箭镞、铜钺、铜斧等工具的出现使人们的生产、狩猎水平进一步得到提高。一系列生产、狩猎工具的发展和创新使人类的砍、劈、击、刺等技术不断走向成熟。也就是在这一时期,武术开始形成雏形。因此,可以说,这些工具的产生在一定程度上促进了武术的雏形的形成。

人与人之间的战争是武术运动真正萌芽的土壤。在原始社会末期,大规模的部落之间的战争开始出现。对此,《吕氏春秋·荡兵》有相关的记载:"未有蚩尤之时,民固剥林木以战矣。争斗之所自来者久矣,不可禁,不可止。"[1]从这一记载中可以看出,在客观方面,人与人之间的搏杀与格斗促进了器械的制作以及技击技术的产生及发展,对此有相关的记载还有《世本》,书中写道:"蚩尤作'五兵':即戈、殳、戟、酋矛、夷矛。"兵器的发展对于人们使用兵器技术的提高与进步起着积极的促进作用,原始生产劳动中人类的格斗技能通过战争而逐渐分离出来。因此可以说,这一时期,作为一种独立的社会技能,武术已经开始逐渐形成并发展起来。

由上述可知,技能方法的发展和器械的创造对武术的起源奠定了基础。除此之外,"武舞"在一定程度上也为武术的产生与形成起到了促进作用。原始社会时期,人们进行狩猎与战事活动前后都会表演"武舞",这对传统武术动作套路的诞生有着积极的促进作用。史籍记载:"大禹时期三苗部族多次反叛,部落间战争不断,后来,禹停止战事,让士兵持盾斧操练'干戚舞'

---

[1] 蔡仲林,周之华.武术.北京:高等教育出版社,2009

第一章 传统武术相关概念辨析及理论研究

请三苗部族的人观看,三苗部族被慑服而臣服于大禹。"[1]"武舞"中的舞蹈种类是多种多样的,"干戚舞"就是其中的一种。具体来说,"武舞"主要是通过对狩猎或战争场景的模拟,来使族民得到鼓舞或着对敌人产生震慑效用;从现实意义的层面来看,武舞是对搏杀技能的一种操练,按一定的程序对将要用于实战斗争的经验进行的一种演练。一些丰富的知识、技能、身体活动和风俗习惯等都蕴含在武舞中。武舞的出现,反映出古代人们对武术的认识开始由感性向理性不断升华,同时也为武术套路的形成奠定了一定的基础。

至此,传统武术的雏形已经形成,武术雏形的出现为传统武术的正式形成奠定了坚实的基础。

(二)形成时期

原始社会末期,部落战争频繁爆发,武术便随之而萌芽。但是,由于这一时期的武术还不属于有目的、有计划、有组织的体育活动范畴,所以,其并不能被称为是真正意义上的武术。事实上,到了阶级社会,武术才逐渐形成起来。

进入阶级社会后,在不断发生的部族战争和家族内部斗争中,比较简易的击、刺、出拳、踢腿等技术动作不断被人们模仿、练习和传授。如此,不仅使人们的搏斗经验得到了丰富,而且还促进搏斗技能规范化和实用化的进一步增强。在此基础上,兵器得到了进一步的发展,这些都为武术体系的形成奠定了基础。

到了奴隶社会,统治阶级开始加强对武术的利用来进行军事统治。随着生产力和生产方式的不断进步,奴隶社会的矛盾不断加剧,奴隶主贵族在军队和教育方面对武技进行垄断的局面因奴隶制的崩溃而从根本上得以打破。这时候,社会上开始出现"士"阶层和"游侠",这两个阶层自出现后逐步活跃,这为武术不断走向民间、形成民间武术提供了有利的条件。民间武术

---

[1] 蔡仲林,周之华. 武术. 北京:高等教育出版社,2009

的基本特征是其具有个体性,在此基础上武术出现了多样化的发展特性。练习武术的人不断钻研与尝试不同的武术技法,并对其进行比较。人们对武术的攻防技巧和多样化的战术打法(如进攻、防守、反攻、佯攻等)也开始有了讲究,这些都在很大程度上使武术技能水平得到了一定的提高。随着武术技能的丰富和发展,武术理论在人类社会开始逐步萌生。

二、传统武术的发展

关于传统武术的发展历程,通常将其分为三个时期,即古代武术的发展、近代武术的发展以及现代武术的发展。

(一)古代武术的发展

1. 先秦时期武术的发展

夏朝建立之后,标志着我国历史开始进入奴隶制社会,这一时期的奴隶主之间经常会出现战争,车战是战争的主要形式。当时的冶炼技术已经有了一定的发展,各类青铜兵器大量出现并不断得到了改进,这些也为战事的需要提供了一定的条件,如主要兵器——戟的出现就是戈与矛结合而产生的。另外,"序"和"校"等以武术为主的教育机构开始出现,在这里人们习练和传授各种武技(如"手搏""手格""股肱"等)。

殷商时期的奴隶社会以农业经济为主,所以,这一时期武术训练开始出现田猎这一重要手段。田猎不仅是人类维持生存的一种手段和方法,而且逐渐发展成为一项具有军事意义的集体活动,通过田猎的训练,能够达到提高各种武器的使用及士兵驭马驾车等技术水平的效果。田猎本身就融合了身体、技术以及战术等多方面的训练,制作精良的矛、戈、戟、斧、钺等青铜器在田猎中被人们大量使用,从而使武术的杀伤力得到了较大的提高。奴隶主对士兵的军事技能进行训练的重要手段中也包括田猎,有关田猎的记录在殷商甲骨文中有大量记载。

到了西周时期,社会上对贵族子弟的教育非常重视。通过以"六艺"(礼、乐、射、御、书、数)为主的教育内容来对贵族子弟进行教育,以此来使维护奴隶主贵族专政的目的得以实现。武术文化教育气象在教育中得到了萌生。在对贵族子弟进行教育的主要内容中,"乐""射""御"对武术的发展都有着直接的关系。其中,"射"和"御"分别指的是射箭和驾驶战车,"乐"指的是周朝开国时期的一种舞蹈,这种舞蹈是向四方(东、南、西、北)各做四次击刺动作,这为后来的武术基础套路和武术套路中的"打四门"奠定了基础。

春秋战国时期诸侯之间展开争霸,频繁发生战事,这对工艺的铸造水平和练兵习武提出了更高的要求,也在一定程度上促进了武术的发展,诸侯各国的重要任务就是赢取战争的胜利,统治者通常选用拳技、臂力、筋骨强壮出众的人为抗击敌人的士兵。为了进一步促进武艺高强人才的挖掘,每逢春秋之际,全国性的"角试"便开始举行,通过"角试"对武艺高强的人进行选拔,将选拔出来的人才充军,以此来促进军队战斗水平的提高,从而为赢得战争胜利提供保障。另外,春秋战国时期,击剑的风气也比较盛行。有关这一历史在《吴越春秋》中有所记载:"击剑家越女剑技出众,且其技击理论系统成熟。越女认为:剑术看似浅显,实则精妙,包含开合与阴阳变化,凝动静、快慢、攻防、虚实、内外、逆顺、呼吸等为一体,十分可观。"[1]

2. 秦汉与魏晋南北朝时期武术的发展

秦汉武术对于武术后来的发展有着积极的促进作用,主要是因为这一时期武术出现了武术的基本分支,如拳术、剑术、象形武术等。武术发展至汉朝,武器武备和军事训练备受统治者重视,整个社会"兵民合一""劳武结合",形成了全民尚武的局

---

[1] 蔡仲林,周之华.武术.北京:高等教育出版社,2009

面。这一时期武术技能和理论都有了较大的发展,这主要表现在两个方面:一方面,军队中最主要的短兵器逐渐被剑取代(刀是以前的主要兵器),刀剑之术、相扑、角抵等不断被传到日本;另一方面,一些论述武术的书籍开始出现,如收录了《手搏》6篇、《剑道》38篇的《汉书·艺文志》,论述习武者"非信廉仁勇,不能传并论剑,与道同符"的《史记·太史公自序》等。习武者"武德"要求的基本形成就是以这些文献的出现为主要标志的。

到了两晋南北朝时期,我国出现了民族大融合,武术的发展中也充分体现了这一特点。这一时期,无论在军中和民间,武艺都得到了进一步的发展。具体来说,其主要从两个方面得以体现:一方面,娱乐性的武术(如角抵戏、刀楯表演、刀剑表演、武打戏等)发展较快;另一方面,武术的文化内涵得到了丰富,开始与宗教思想结合起来。

3. 唐宋时期武术的发展

唐朝时期是较为繁荣的时期,这一时有开明的政治、繁荣的竞技和开放的文化,这一良好的社会发展环境对于武术的发展也是非常有利的。这一时期剑术在民间的盛行和武举制度的建立对武术的发展起着积极的促进作用,这主要表现在两个方面:一方面,剑退出战争,被刀取代,武术开始发展成为集多种功能(自卫、健身、娱乐、表演等)于一身的形式;另一方面,建立武举制后,对人才的选拔方式主要是考试,这有利于武术精炼化以及规范化的发展,也有利于形成全民习武练武的风气。

两宋时期,武术有了更近一步的发展,不断丰富的武术兵器、逐渐兴起的习武组织以及日渐成熟的武艺表演等都是武术发展的重要表现。武术在这一时期进一步发展的主要原因如下。

(1)战争促进了兵器的改革和进步,同时丰富了武术器械的类型,提高了练习武术者的技艺水平,这都为武术的发展创造了有利的条件。

（2）人民长期受到统治者的压迫，通过武艺组织与结社的建立来对统治者进行反抗。"弓箭社""忠义巡社""锦标社""英略社"等都是当时比较有影响的武艺结社。

（3）这一时期开始出现了套子武艺，丰富多彩的各种武艺表演经常出现于专业的游艺场所（如"瓦舍""勾栏"等）中，这些在很大程度上为以后武术的表演化发展奠定了基础。

4. 元明清时期武术的发展

元朝时期，民间武术的发展受到了一定的阻碍，其阻碍因素主要是强化朝廷习武练兵、严禁民间习武的规定，但是，元曲中的武打戏表明武术在舞台上的表演发展到了一个新的高度。

到了明清时期，武术与军事武艺因为火器的出现而逐渐分离，这对于武术在未来一段时期内的集成化发展有着积极的促进作用。

另外，这一时期，武术发展的一些特征逐渐呈现出来，这主要表现在以下几个方面。

（1）武术套路逐步形成。目前所见的最早的武术套路图谱即刀、棍等套路演练步法线路图出现于程宗猷所著的《单刀法选》中。

（2）武术流派逐步形成。

（3）开始出现内家拳这一反映中国哲学文化的拳术。

（4）武术内功在武术与气功导引术的结合下开始出现。

（5）对练习武术者武德的要求不断提高，而且具体到技术层面。总的来说，这一时期武术的发展为中国传统武术的发展及其重要地位的保持奠定了坚实的基础。

（二）近代武术的发展

近代武术的发展起着承前启后的作用，意义重大。这主要是由于这一时期武术表现出的武术组织的建立、武术教育形式的创新和武术观念的革新等基本特征。

1. 武术组织的建立

到了近代,由于列强入侵,西方体育文化也对我国传统体育文化造成了极大的冲击。因而在当时的一些有识之士推动下,辛亥革命后,人们开始注重武术,并且开始通过一系列的措施来促进武术的进一步发展,比如,一些北京、天津、上海等大城市纷纷成立武术组织。当时影响最大、传播最广、维持时间最长的武术组织是1910年在上海成立的精武体育会;1928年,国民党在南京成立的中央国术馆及各地方国术馆,这不仅标志着武术打破了地域、家族的限制,突破了传统的师徒口传身教,而且还使其得到了有组织的研究、整理和推广。

2. 武术形式的创新

这一时期,武术开始逐渐进入学校体育教学中,促使这一发展的是新武术的创编。1911年,一批武术名家合作编辑了《中华新武术》一书,该书于1917年被定为军警教材,于1918年被定为全国正式体操。1915年,"全国教育联合会"在天津召开,会议通过决议:"各学校应添授中国旧有武技。"由此可以看出,这一时期,武术已经被看作是一种尚武强国的学校教育手段。1918年,教育部召开全国中学校长会议,会议通过决议:全国中学校一律添习武术。这也在很大程度上标志着武术已经正式成为学校体育课程中的一项教学内容。但是,当时学校武术的开展情况并不尽如人意,尽管如此,武术教育形式的创新为传统武术转型做了有益的尝试,为传统武术的发展创造了一定的有利条件。

3. 武术观念的革新

随着对武术认识的深入和学校武术的开展,新、旧思潮的交锋和"土洋体育"之争逐步深化,受此影响,近代开始从体育观的角度来对武术进行深入的认识、理解和解释,这为武术观念的进一步革新奠定了基础。当时的一些有识之士开始开展武术的收集、整理和研究,进一步注重武术的健身与技击功能,由此,武术开始向着科学化的方向发展。另外,武术的发展也在一定程度上受到近代武术竞赛的举办的推动。

(三)现代武术的发展

受各种因素的影响,现代武术有了进一步的发展,这主要体现在以下几个方面。

1. 武术理论的系统化

1952年,国家体委设立民族形式体育研究会,并且对民族体育开展了深入的研究,尤其是武术。1957年的全国武术表演评比大会提出了发展传统项目的建议,自此之后,几次大型武术运动会或武术比赛中都逐渐增加了武术项目。1979年开始,国家体委在全国范围内掀起挖掘、整理武术的热潮,各地都呈现出了较高的发掘、继承武术的积极性。1997年"武术段位制"的实行在很大程度上促进了武术的进一步普及。1982年,全国武术工作会议明确指出"必须加强武术的科学研究和理论建设"。这标志着对武术理论的研究开始逐渐繁荣起来。此后经过三年努力,发掘拳理明晰、风格独特、自成体系的拳种多达129个,并出版了《中国武术拳械录》一书。至此,武术理论的研究逐渐向系统化的方向发展。

另外,传统武术理论系统化的发展还受到其他因素的推动,一方面,1986年1987年分别成立的中国武术研究院和中国体育科学学会武术学会(后更名为武术分会),为我国今后武术的科学研究提供了组织保障;另一方面,武术进入学校,培养了高层次武术研究人才,为武术的科学研究提供了人才保障。

2. 武术发展的组织化

组织化是现代体育发展的重要特征之一,武术组织化主要表现在武术管理体制的建立、发展和完善等方面。1950年中华全国体育总会召开武术座谈会,倡导发展武术运动。1952年,国家体委成立后,设立了民族形式体育研究会,负责挖掘、整理武术。1955年,国家体委在运动司下设武术科,后又改为武术处,专门负责国家一切武术工作。这些都为武术的组织化发展创造了有利的条件。

随着改革开放深入,国家体委武术研究院成立,其主要负责统一管理、推广武术,这就使武术迅速发展的需要得到满足。1994年,国家体委增设武术运动管理中心,使我国武术的管理体制得到了进一步的完善,为我国武术的科学化、规范化管理奠定了基础。

3. 武术教育的体制化

现代武术的发展在很大程度上受到武术教育体制的发展的推动,而武术教育体制的发展也是武术发展的重要表现之一。在新中国成立初期,国家就对传统武术的发展非常重视,并通过多方面的努力将武术引入学校教育系统。

在1956年,我国教育部编订并颁布了中国第一部《中、小学体育教学大纲》,《大纲》中将武术列为学校教学内容之一。自此,各级学校对武术的教学工作开始引起高度的重视,并且开始以学生的需要和发展为中心进行武术教学。由于高校在师资、器材、设备等方面都具有良好的条件,这就为高校武术的开展提供了有利的条件,并且使武术教育的教学效果得到进一步提高。

4. 武术竞赛的科学化

国家和社会非常重视武术的发展,并且对武术的研究也越来越深入,武术竞赛体系开始发展和壮大,并逐渐走向科学化,向着与世界体育文化接轨的方向努力着。

1953年全国民族形式体育表演及竞赛大会的举行,标志着武术作为体育项目开始进入竞赛领域。1958年,中国武术协会

第一章　传统武术相关概念辨析及理论研究

组织部分专家起草了《武术竞赛规则》,这是中国第一部以长拳、南拳和太极拳为主要竞赛内容的武术规则,这也标志着武术比赛的发展轨道越来越正规化。为了与武术的发展和武术竞赛需要相适应,1989年,国家体委将全国武术比赛改为全国武术锦标赛,并且进行了一系列改革,使武术比赛的公平竞争机制得到进一步强化,使武术套路及技术水平得到提高,进而为武术竞赛进入一个新的发展阶段创造了有利的条件。2003年,为了申报奥运会项目,我国进一步修订了《武术(套路)竞赛规则》,使武术比赛评判的客观性得到进一步的提高。

从目前的状况来看,我国武术竞赛项目众多,不仅有地方性的赛事,而且还有洲际的甚至是世界性的武术比赛。由此可以看出,现代武术竞赛走入了科学化的可持续发展道路,呈现出欣欣向荣的良好发展局面。

5. 武术发展的社会化与市场化

现代武术发展的社会化与市场化在一定程度上体现出了武术的进步,具体来说,这主要表现在以下两个方面。

首先,由于武术运动具有内容丰富,形式多样,且不受年龄、性别、时间、场地、器材等的限制等方面的特点,深受人民群众的喜爱,群众具有较高的学习武术的积极性。尽管受到一些因素的制约,影响了群众性武术活动的开展,但在一系列措施的推动下,群众性武术活动也逐渐呈现出良性发展的趋向。除此之外,武术"段位制"的实行使得民间武术活动更加规范化,也进一步提高了全国习武爱好者的武德水平。

其次,在现代社会中,由于我国经济的快速发展以及人们思想观念的变化,武术的市场化发展得到了进一步的推动。早在1987年,国家体委就曾提出"开发武术资源"的口号。1988年又提出了"以武养武"的发展思路。在这样的背景下,各类民间武馆、武校纷纷成立,一些地方开始以"武术搭台,经贸唱戏",并且对以武术为主要形式的经济产品进行大力的开发,以此来带动当地经济的发展。其中,较为典型的有郑州国际少林武术节、温县国际太极拳年会、湖北武当文化武术节等。另外,一些商业武术比赛,如2000年诞生的"中国武术散打王争霸赛",在很大程度上对我国武术的市场化发展起到积极的推动作用。

6. 武术发展的国际化

武术是我国优秀的民族传统文化,充分体现出了我国的文化特征以及精神面貌,也是世界优秀传统文化的组成部分,因此,对于传统武术文化来说,将传统武术推向国际对其有着非常重要的意义。将传统武术推向世界,不仅有利于我国武术文化的发展,对于世界体育文化的发展来说,也具有积极的促进作用。现代武术发展的国际化过程中,一方面我国武术队积极走访其他国家、进行各种巡演,另一方面我国积极举办世界级的各种武术竞赛,这些都在很大程度上对中国武术在世界范围内的发展起到了积极的推动作用。例如,1990年10月,国际武术联合会在北京正式成立,武术运动在世界范围内的发展也逐渐呈现出了高度的组织化特征。1999年,在韩国汉城(今首尔)召开的国际奥委会第109次全会承认国际武术联合会为"被承认的联合会",武术正式成为国际奥林匹克运动中非常重要的一项运动项目。2013年,第12届世界武术锦标赛在马来西亚举办。国际武术比赛的开展对武术运动的国际化发展具有重要的推动作用。

武术作为我国优秀的民族文化和运动项目,不仅是世界各国人民和各族群众友谊的纽带和桥梁,同时也是全世界了解中国的重要窗口之一。所以,进一步推广和普及传统武术具有非常重要的现实意义。

第二节 传统武术的概念及内涵

一、传统武术的概念

作为我国一项历史悠久的传统体育项目，武术发展到今天，已经经历了几千年的春秋。有关武术的内容，主要指的是机体的技击动作，其从运动形式上来说，主要包括三种形式，即功法、套路和搏斗。另外，武术对于参与者的内外兼修也是非常重视的。在漫长的发展历史过程中，传统武术逐渐具有了丰富的文化形态、较高的价值以及浓厚的文化色彩。所以，可以说，传统武术是我国独有的一块文化瑰宝，是中国传统文化的重要组成部分。

"武术"一词最早出现在南朝《文选》颜延年《皇太子释奠会》诗中的："偃闭武术，阐扬文令。"但是，在不同的历史发展时期，武术一词的内涵也是有所差别的。当前，武术主要是指人们用来锻炼身体、促进健康与进行自身安全维护的一种技击技术，这与以前武术的概念是有着很大的区别的。在颜延年的诗中，"武术"一词的基本意思为停止武战，发扬文治。由此可见，武术的发展历史是非常悠久的。

有关武术概念的官方界定是："武术是以技击动作为主要内容，以套路和格斗为运动形式，注重内外兼修的中国传统体育项目。"

在我国，中国传统文化的主要特点在武术中有针对性地反映了出来，中国传统哲学思想也能够在武术的拳理中充分体现出来，中国传统的伦理观念是通过用武之道反映出来的。同时，武术的基本理论还在很大程度上与中国传统医学、养生学联系密切。所以，可以看出，我国的武术是一项集防身、健身、修身养性于一体的体育运动。

二、传统武术的内涵

回顾传统武术的发展历史可知,中华文化对传统武术的发展有着深远的影响,在这一影响下,富有特色的中国人体运动文化的武术表现形式才得以形成,同时也使中国浓郁的传统文化色彩在武术的不同方面都得以体现。只有对武术丰富的文化内涵加以挖掘与研究,才能对武术有一个全面而深刻的认识。

"文以评心,武以观德",这句话充分体现了在中国武术文化中,武德地位的重要性。在武术的形成和发展长远历史中,道德修养是一直备受重视与关注的,练习武术者与其他任何社会之间的和谐关系主要是依靠"崇德扬善"这一道德观来调节的,以此来使习武者成为德艺双馨的武术传承者,这里的德主要是指武德,艺主要指的是武艺。

武德,顾名思义,就是武术道德。在一些学者看来,武德指的是"尚武崇德"的一种精神,也有一些学者认为,武德就是练习武术者体现出来的道德。通常来说,武德指的是对练习武术者行为规范的要求的总和。它具体包括习武者在社会活动中应该具备的道德品质、应该遵守的道德规范和行为准则。练习武术者之间的人际关系主要依靠武德来协调。练习武术者的个人修养、道德水平、精神境界以及武术礼仪等都深深地受到武德的影响。拜师择徒、教武、习武、用武等武术活动的整个过程中都始终贯穿着武德。武德是社会伦理道德在武术方面的具体运用,武德要求习武者统一练武与修身,也使崇德和尚武紧密相连。

尽管在一些古籍中很早就出现了武德一词,但其很晚才被借用到武术中。武术中的武德具体表现在"仁、义、礼、信、勇"等几个方面。

"仁"的基本含义就是要博爱,爱所有人。在一定程度上,人的所有道德意识都被概括在"仁"中。练习武术者德性的最高境界和最高层次的品德追求的也是"仁"。人们对"仁"的遵守与实现途径主要是"义"。

"义"指的是依人而行的标准、方式与手段，是对人的行为一定要对规范和准则严格加以遵循的强调。

"礼"主要来自于人的谦让与恭敬的心理，是人们待人接物、处理各种社会关系的主要礼节。传统武术中有一种抱拳礼的礼节。

"信"指的是诚信守礼、遵守诺言。习练武术的人要讲信用、信守承诺。

"勇"指的是仁爱、守义、明礼、知信后，积极采取的行为活动，也就是见义勇为的道德精神。所以，传统武德中所提倡的博爱、明礼、诚信、果敢等高尚的精神品质至今仍值得人们继承。与此同时，要坚决消除传统文化中受封建伦理思想影响而产生的具有封建迷信色彩的糟粕。

技击攻防是武术的本质特征，然而对"仁爱"与"人和"等精神的推崇才是武术基本的道德属性。在历史发展的不同时期，有关武术的道德规范要求因拳种门派的不同而有所区别。概括而言，传统武德内容为：习练武术者在社会生活、拜师择徒、传授武艺、运用武艺等方面的要求。

第三节 传统武术的分类及流派

一、传统武术的分类

（一）按照功能分类

根据功能的不同，可以将传统武术分为三大类，即竞技武术、健身武术以及实用武术，具体如下：

1. 竞技武术

20世纪50年代以后,竞技武术才正式出现。发展至今,它已经形成了一个完整的体系。生活中人们通常会把竞技武术看做一种高水平的武术竞技能力,是通过最大限度地发挥个人运动潜能和争取优异成绩而进行的一种武术训练竞赛活动,由于竞技武术属于竞技性体育项目的范畴,因此,也具有竞技体育项目的特点,主要表现为专业化、职业化、高水平、超负荷以及最为重要的竞技性等。

竞技武术是由三个重要部分组成的,即竞赛制度、运动队训练体制和技术体系。目前,世界武术锦标赛、洲际性武术比赛等都是以竞技武术为形式的国际性武术比赛。我国的竞技武术的发展有着较为系统的基本结构模式,它以全运会为最高竞赛层次,由全国武术锦标赛为龙头来带动,主要内容包括套路与散打两部分。

(1)套路竞技

套路竞技主要包括太极拳、长拳、南拳、刀术、剑术、棍术、枪术和其他拳术(形意拳、八卦、八极象形拳等)、其他器械(单器械、双器械、软器械)、对练项目(徒手对练、器械对练、徒手与器械对练)、集体项目等内容。

(2)散打竞技

散打竞技是以参赛运动员体重为主要依据,将其分为11个级别而进行的实战比赛。

套路和散打在技术发展方向上存在着一定的差异性,其中,套路的基本思想是将竞技特点进行重点突出,旨在技术水平的提高与发展,从而达到使技术向"高、难、美、新"等方向发展的目的;而散打技术发展重视的是对体能的强化,要求发展全面的技法,对个性加以突出。当前,成为奥运会的正式比赛项目是竞技武术发展的最高目标。

2. 健身武术

健身武术包括非常丰富的内容,总的来说,主要包括以下几个方面。

(1)一百多种有着悠久发展历史、清晰发展脉络、风格各异与体系自成一派的拳种。

(2)在民间流传的套路及功法,其风格各异。

(3)针对武术普及和全民健身计划制定的"段位制"和"健身养生"锻炼方法。

由上述可以看出,健身武术不但有着丰富多彩的内容,也有多种多样的形式,这在很大程度上有利于武术运动的广泛普及和社会化发展。健身武术具有其较为显著的特点,主要表现为大众性、广泛性、自觉性、灵活性和娱乐性等,通过健身武术的锻炼,能够使锻炼者达到在武术活动中获得愉悦的心情和强健的体魄的目的。

3. 实用武术

实用武术也常被称为"军事武术",一些保卫部门通常使用这一类型的传统武术。通过实用武术的锻炼,能够达到保护自己或他人的人身安全为目的,部队和公安武警等是实用武术教授的主要对象。实用武术的特点主要表现为较强的实用性,讲究简单实用,一招制胜。特警部队、防爆警、公安等在训练内容上主要有四科,即射击、奔跑、游泳和擒拿格斗,其中擒拿格斗技术将散打规则中禁止部位作为重点攻击点,鼓励狠招,以实用武术为主。

(二)按照运动形式分类

根据运动形式的不同,可以将传统武术分为三大类,即功法运动、套路运动和搏斗运动,具体如下。

1. 功法运动

在传统武术中,功法运动的练习多是以单个动作为主,通过功法运动的练习,能够使锻炼者的体质和某方面体能得到进一步增强。通常功法运动都是为武术中的套路和攻防格斗运动而服务的,但是也有一些人将进行功法运动练习作为健身的手段和途径。

传统武术功法运动包含着较为丰富的内容,一般来说,可以以其形式与功用的不同,来将功法运动分为内壮功、外壮功、轻功和柔功四种类型。

(1)内壮功

内壮功也被称为"内功""内养功"或"富力强身功",内功所涉及的范围较为宽广,主要是练习者通过特定的练习方法和手段,对自身体内在的精、气、神及脏腑、经络、血脉等进行修炼,来达到精足、气壮、神明、内脏坚实、经络血脉通畅、内壮外强的练习功效。由此可以看出,内功的作用是非常显著的。具体来说,练习内壮功的功法有很多种,通常情况下,以锻炼的形式与方法的不同为主要依据,可以将练习功法分为四种,即静卧的方法、静坐的方法、站桩的方法和鼎桩的方法。

(2)外壮功

外壮功也被称为"外功",它与内功一样,都是练习者通过特定的练习方法和手段,来使身体的击打、抗击打、摔跌、磕碰等能力得到有效增强,从而达到强身健体的目的。外壮功包括的内容很多,其中,最主要的有传统的鹰爪功、金刚指、铁砂掌、打千层纸以及各种排打功等。一般情况下,外壮功与内壮功是结合起来进行修炼的,"内练一口气,外练筋骨皮"就是对这一结合的形象说明。

(3)轻功

在我国传统武术中,轻功常见于武打电影、电视剧中,其中夸张的表现形式使轻功具有一层神秘的色彩。但实际上,这是

第一章 传统武术相关概念辨析及理论研究

不可信的,与实际意义上的轻功是有很大差别的。现在,轻功也被称为"弹跳功",它是练习者通过特定的练习方法和手段,来使其自身的弹跳能力得到有效提高,而达到蹦得高、跳得远的目的。

(4)柔功

练习者通过各种专门的练习方法和手段,使身体的肢体关节活动幅度和肌肉伸展性能得到有效提高的功法运动,就是传统武术中的柔功。传统武术中属于柔功范畴的具体动作形式有很多,较为主要的有武术基本功中的各种压腿、搬腿、撕腿、劈叉腿、下桥、压肩等。

2. 套路运动

套路运动是传统武术中的一个重要组成部分,具体来说,它是一整套练习形式,以技击动作为素材,通过攻守进退、动静疾徐、刚柔虚实等矛盾运动的变化规律来达到锻炼的目的。

以演练形式的不同为主要依据,可以将套路运动分为三种类型,即单练、对练和集体演练。每一种类型包括的具体练习形式和内容是不一样的,具体如下。

(1)单练

单人演练的套路,就是单练,其包括的内容主要有两个方面,一个是徒手的拳术,另一个是器械。

①拳术

拳术是练习者徒手进行演练的一种套路运动,主要包括自选拳、规定拳、传统拳术等几种类型。具体来说,其包括的具体拳种有很多,其中,人们较为熟知的有太极拳、长拳、南拳、形意拳、通背拳、劈挂拳、八卦拳、八极拳、少林拳、地躺拳、翻子拳、象形拳等。

A. 太极拳

太极拳这一种拳术的动作比较缓慢、柔和与轻灵,在日常生活中是较为常见的,具有广泛的群众性。太极拳的基本动作主要包括掤、捋、挤、按、采、挒、肘、靠、进、退、顾、盼、定等。具体而言，太极拳可以分为不同的流派，主要有陈式、杨式、吴式、孙式和武式等多种流派。但不管是何种流派的太极拳，其要求都是相同的，主要表现在以下几个方面。

第一，练习时要保持心静，集中意识，用意识来对动作进行引导，要配合好动作与呼吸，呼吸要平稳、均匀、自然。

第二，动作要尽量柔和与缓慢，身体保持自然放松，动作之间不间断，轻柔但不失刚劲。

第三，动作要持续连贯，以腰为轴，上下相随。

B. 长拳

长拳的技术与动作的特点主要是其有舒展的姿势、快速有力且灵活的动作、分明的节奏与起伏的变化等。长拳的主要内容如下。

首先，长拳技术主要包括八个方面的要素，即姿势、方法、身法、眼法、精神、劲力、呼吸、节奏。

其次，长拳包括三种手型，即拳、掌、勾。

再次，长拳包括五种步型，即弓、马、仆、虚、歇。

最后，长拳有一定数量的拳法、掌法、肘法和屈伸、直摆、扫转等不同组别的腿法，以及平衡、跳跃、跌扑、滚翻动作。

C. 南拳

我国南方各地拳种统称为"南拳"，其包含非常多的拳种和流派，其中，较为具有代表性的有广东的洪、刘、蔡、李、莫等家，福建的咏春、五祖等派。南拳的特点主要是其有刚烈的拳势与稳固的步法。

D. 形意拳

三体式是形意拳的基本桩法，五行拳和十二形拳两种基本拳法有机结合起来组成的拳术，就是形意拳。形意拳的动作是整齐简练的，动作之间较为紧凑。

E. 通背拳

"腰背发力，放长击远，通肩达臂"是通背拳的名字由来。通背拳的主要手法是摔、拍、穿、劈、钻。通背拳出手为掌,击手成拳。主要用腰背发力,放长击远。

F. 劈挂拳

在练习劈挂拳时,要求练习者做到以猛劈硬挂为主、长击快打、兼容短手的基本要求。练习劈挂拳时,为了保证良好的练习效果,还要注意劲法的练习要严格按照要求进行。

G. 八卦掌

八卦掌这种拳术将攻防技术融入到了绕圈走转之中。站桩和行步是其基本功,绕圈走转是其基本运动形式,摆扣步是主要的步法变换。八卦拳的内容主要包括基本八掌(即单换掌、双换掌、顺势掌、背身掌、磨身掌、回身掌、转身掌、三穿掌等)。

H. 八极拳

八极拳是一种以贴身近攻为主的拳术,挨、傍、挤、靠等是其技击形式。短小精悍与发力刚脆是其套路结构的特点,震脚闯步是其主要的步法特点。

I. 少林拳

少林拳术的总称就是少林拳,少林拳这一词的由来是嵩山少林寺。少林拳的主要套路有少林大洪拳、小洪拳、五祖拳、罗汉拳、七星拳、梅花拳、柔拳等。少林拳的运动特点主要是对技击比较重视,讲究实战,具有短小精悍的套路结构,动作严密而且紧凑,并且富于变化。

J. 地躺拳

跌、扑、滚、翻等摔跌技术是地躺拳包含的主要内容。这一拳术的技巧性较强,且具有较高的动作难度。全套中常出现的动作有抢背、盘腿跌、摔剪、乌龙绞柱、虎扑、栽碑、扑地蹦、鲤鱼打挺及勾、剪、扫、绞等腿法。

K. 翻子拳

翻子拳的动作短促灵便、严密紧凑,其包含的主要拳法有冲、掤、豁、挑、托、滚、劈、叉、刁、裹、扣、搂、封、锁、盖、压等。

L. 象形拳

通过对某一动物的技能、特长和形态进行模仿,或对某种特定人物的动作形态进行模仿,并且与攻防技法相结合而编成的一种拳术,就是象形拳。目前,流传较为广泛的象形拳主要包括猴拳、螳螂拳、鹰爪拳、醉拳、蛇拳以及武松脱铐拳和铐手翻子拳等。象形拳具有以形取势、以意传神的特点,在重其形的同时,对其意也非常重视。

②器械

武术套路演练中所使用的兵器的总称,就是器械。器械的种类有很多,这里主要对短器械、长器械、双器械和软器械这四种进行介绍。这四种器械又包括许多具体的器械,其中,短器械主要包括刀、剑、匕首等,长器械主要包括枪、棍、大刀等,双器械主要包括双刀、双剑、双枪、双钩、双鞭等,软器械则主要包括三节棍、九节鞭、绳标和流星锤等。

A. 刀术

刀术属于短器械的范畴。主要的运动形式有劈、砍、斩、撩、扎、挂、刺等,然后配合各种步型、步法、跳跃等动作构成套路。刀术的运动特点主要表现为:勇猛快速,气势逼人,刚劲有力,雄健剽悍。

B. 剑术

剑术属于短器械的范畴。主要的运动形式有刺、点、撩、截、崩、挑等,然后配合步型、步法等构成套路。剑术的运动特点主要表现为:轻快敏捷,潇洒飘逸,灵活多变,刚柔相济,富有韵律。

C. 棍术

棍术属于长器械的范畴。主要的运动形式有抡、劈、扫、挂、戳、击、崩、点、云、拨、绞、挑等,然后配合各种步型、步法、身法等构成套路。棍术的运动特点主要表现为:勇猛泼辣,横打一片,密集如雨,气势磅礴。

D. 枪术

枪术属于长器械的范畴。主要的运动形式有拦、拿、扎、崩、点、穿、挑、云、劈等,然后配合各种步型、步法、跳跃构成套路。枪术的运动特点主要表现为:力贯枪尖,走势开展,上下翻飞,变幻莫测。

E. 大刀

大刀属于长器械的范畴。其主要运动形式有劈、砍、斩等,然后结合舞花等动作构成套路。在演练中都是双手握持,以腰力发劲,一动一静都表现出雄浑威武、勇敢果断的气势。在练习大刀时,为了达到理想的锻炼效果,要求练习者必须做到身械协调,劲力充沛。

F. 双刀

双刀属于双器械的范畴。主要以劈、斩、撩、绞等刀法结合双手左右缠头、左右腕花、交互抡劈等变化构成套路练习。练习者在练习双刀时,为了保证练习效果,要求练习者做到身械协调,步法必须与刀法上下相随,对上下肢的协调要求较高。双刀的运动特点主要表现为:刀法密集,贴身严谨,左右兼顾。

G. 双剑

双剑属于双器械的范畴。主要以穿、挂、云、刺等剑法为主,结合身法、步法,双手交替变换而构成套路。双剑的运动特点主要表现为:身随剑动,步随身移,潇洒奔放,矫捷优美。

H. 双钩

双钩属于双器械的范畴。主要以勾、搂、锁、挂等方法构成套路。双钩的运动特点主要表现为:钩走浪式,身随钩走,钩随身活,身灵步轻,造型洒脱多变。

I. 三节棍

三节棍属于软器械的范畴。主要以抡、扫、劈、戳等棍法及舞花构成套路。三节棍的运动特点主要表现为:轻巧灵便,能长能短,可伸可缩,软硬变换,勇猛泼辣,势如破竹。

J. 九节鞭

九节鞭属于软器械的范畴。主要以抡、扫、缠、挂及各种舞花组成套路。手花、腕花、缠臂、绕脖、背鞭等是九节鞭的主要动作。九节鞭的运动特点主要表现为：鞭走顺劲，抡舞如轮，横飞竖打，势势相连的运动特点。九节鞭的运动风格则主要通过"抡起似车轮，舞起似钢棍""收回一团，放走一片"充分体现出来。

K. 绳标

绳标属于软器械的范畴。它是以绳索缠绕着身体各部而变化出各种击法和技巧构成套路。主要动作有踢球、拐线、缠膝、十字披红、胸前挂印等。在练习时，要求练习者必须做到用巧劲，一根长索在身前、身后、腿部、肘部、颈部缠绕收放，出击自如，变幻莫测，这样才能取得良好的练习效果。同时，需要强调的是，绳标也是一项技巧性非常强的武术运动项目。

（2）对练

一般来说，由两人或两人以上，按照预定的程序进行的假设性实战演练的练习方法，就是对练。对练可以大致分为徒手对练、器械对练及徒手与器械对练这几种类型。

①徒手对练

练习双方运用踢、打、摔、拿等方法，按照攻防格斗的运动规律编成的拳术进行对练套路的练习，就是徒手练。对打拳、对擒拿、南拳对练、形意拳对练等是比较重要的几个徒手对练形式。

②器械对练

练习双方以器械的劈、砍、击、刺等技击方法组成的对练套路的练习，就是器械对练。单刀进枪、三节棍进棍、双匕首进枪、对刺剑等是较为典型的几个器械对练形式。

③徒手与器械对练

一方徒手，另一方持器械进行的攻防对练套路的练习，就是徒手与器械对练。空手夺刀、空手夺棍、空手进双枪等是较为典型的徒手与器械对练形式。

（3）集体演练

集体进行的徒手、器械或徒手与器械的演练，就是集体演练。在竞赛中通常要求六人以上，可对队形与图案加以变换，也可用音乐伴奏，要求队形要整齐，要有协调一致的动作。

3. 搏斗运动

在对一定的约定或规则加以遵循的基础上,两个人进行斗智、较力、较技的实战攻防格斗,就是搏斗运动。当前,我国开展较为普遍的搏斗运动主要有散打和推手两种,短兵和长兵的开展还没有得到较为广泛的普及。

(1) 散打

在古代,散打被称为"手搏""白打"等,现在则将散打称为"散手"。散打的比赛是以擂台的形式出现的,选手之间在擂台上徒手相搏相较。在进行练习散打或者进行散打比赛时,需要遵守一定的规则和要求,即两人对一定的约定或规则加以遵循,通过踢、打、快摔等方法的使用来制胜对方。

(2) 推手

两人对一定的约定或规则加以遵循,通过掤、捋、挤、按、采、挒、肘、靠等技法的使用,双方粘连黏随,寻机借劲发力将对方推出,以此决定胜负的对抗,就是推手。

(3) 短兵

两人手持一种特制的短器械,对一定的约定或规则加以遵循,以剑法和刀法为主要攻防方法进行的对抗,就是短兵。

(4) 长兵

两人手持一种特制的长器械,对一定的约定或规则加以遵循,以棍法和枪法为主要攻防方法进行的对抗,就是长兵。

二、传统武术的流派

(一)内家拳与外家拳

清朝初期,武术开始出现"内家"和"外家"的说法。内家拳是明末清初时期出现的一个拳种。外家拳仅仅指的是少林拳。在民国初期,人们将凡是对以静制动比较重视、具有引导人身心和谐作用的拳术统称为内家拳,将主要用于与人搏斗,并且有利于关节活动的拳统称为外家拳。后来,人们将太极、形意、八卦也归在内家拳中。

(二)短打与长拳

明朝时期比较流行"短打"与"长拳"两种武术流派,这在戚继光的《纪效新书》中有所记载。后来,"人们将贴身近战、势险节短、动作幅度较小、动作短促并且变化较多的拳术称为短打类;将遐举遥击、进退急速、大开大合、松长舒展的拳术称为长拳类"[①]。

(三)北派和南派

民国时期开始有了"南派"与"北派"的武术流派的说法,并且这两个流派在民间广为流传。流传地域是这两个武术流派得以产生与发展的基础,地理环境气候也对此具有一定的影响。北派武术有较多的腿法,而且架势很大,有明显起伏与快速有力的动作变化。南派武术有较多的拳法和较少的腿法,也有着紧凑但劲力十足的动作变化。自古就有"南拳北腿"的说法。

(四)武当派与少林派

清末,有人认为太极拳是从明代的张三丰(武当道士)那里传承而来的。此后就有人把太极拳、内家拳、形意拳以及八卦掌统称为武当派。后来也有人将内家拳作为武当派的代名词使用。少林派的得名是来自于对拳技传习的地点为少林寺。后来,只要拳技类似于少林拳系特点,就统一归为少林派。罗汉拳、少林五拳以及少林拳等都是著名的少林派拳技。

---

① 蔡仲林,周之华.武术.北京:高等教育出版社,2009

第一章 传统武术相关概念辨析及理论研究

第四节 传统武术的特点及作用

一、传统武术的特点

(一)运动特点

1. 动作的技击性特征

武术运动的主要动作内容是踢、打、摔、击、刺等,这些动作具有攻防技击性。虽然武术套路中有些动作的技术规格不同于技击原型,有时为了满足连接贯穿及演练技巧的需要,不具备攻防意义的一些动作就会穿插在套路动作中,但武术套路动作技术的核心仍然是通过一招一式表现攻与防。

2. 内容的多样性特征

武术具有内容和练习形式丰富性的特点,武术项目的类别不同,动作结构、技术要求、运动负荷和运动风格都会有所差异。人们要根据自身的年龄、体质、兴趣爱好和职业等特点来选择适合自己的不同武术项目。同时,时间、季节等限制在武术运动中很少有,武术运动也不太讲究练习场地和练习器材,因此具有广泛的适应性,有利于开展群众性武术活动。

3. 讲究形神兼备的特征

形神兼备、内外合一的整体运动观是武术的基本要求。内外合一中"内"指的是人的意识与精神以及气息的运行;"外"指的是人体的形体活动。武术中许多拳种的练功准则是"外练筋骨皮,内练一口气"。武术中的套路在技术上特别要求紧密结合内在的精神与外部的形体动作,保持意识、呼吸与动作的协调性。这个要求是独具中国传统文化特色的。

(二)文化特点

我国武术运动的产生和发展在很大程度上受到中国传统文化的影响。浓郁的中国传统文化色彩在各种形式的武术运动中都有所反映,因此说我国的武术运动具有明显的民族文化特点。具体表现在以下几点。

1. 对和谐价值观的重视

在中国传统文化中,精髓之一是和谐,最高价值原则也是和谐,和谐对中国传统文化的发展具有深远的影响,也是中国传统文化与西方文化差异的主要体现,中国传统文化也因和谐的存在而有了自己的基调。对和谐的重视,是对人与物和谐的一种追求,对人与自然、人与社会及人自身内外的和谐的一种追求。由于对人与社会和谐的重视与推崇,所以很早之前就提倡练习武术但不用武术。对人与人之间矛盾的解决也不能诉诸武力,要用"礼"来调节。

传统文化中提倡人身心内外的和谐。因此人们在习练传统武术的过程中,无论是哪种武术流派与分类,都十分注重"内三合"和"外三合",对习武之人的身心统一提出了很高的要求。而习武者身心统一的实质就是身心和谐地发展。所以武术的和谐并不仅仅是要求动作上下与内外技术的协调,更要求将和谐作为武术的一个重要理论,这主要取决于中国传统文化对和谐价值观的重视。

2. 对刚健有为民族文化精神的体现

在我国漫长的历史发展长河中,传统文化基本精神的多元化格局逐渐形成,刚健有为在人的精神领域是作为中华民族的重要心理因素存在的。刚健有为这一精神气息要求人们要具有自强不息的精神以及宽广的胸襟。

刚健有为的中华民族文化精神在传统武术的发展过程中得到了淋漓尽致的体现。武术不仅是一项人的身体运动,而且是一种技击术,它对勇武的推崇、对胜利的追求都是刚健有为的表现。武术不但能够对人们顽强不屈、百折不挠的强者争胜的精神进行培育与锻炼,还能够震撼与影响观看者的心理。即使是动作轻柔缓慢的太极拳,也同样表现出刚健有为的民族文化精神。总之,练习武术的人不论是在外在的动作技术上,还是在内在的心态与精神上,都能够将积极向上的刚健有为的民族文化精神充分表现出来。

3. 对外练与内练的双重重视

武术的"外练"指的是由人体的运动系统(通过关节、肌肉以及骨骼所组成)完成的各种动作。而"内练"主要涉及的是人的"精""气""神"等内部问题,与这密切相关的中国传统文化重要内容是养生术。尽管古人追求长生不老是不科学的,但人们在追求长生不老过程中所形成的养生理论却是科学有据的。在传统武术的动作要领中,通常要对呼吸做正确的调整,使之配合动作的进行。在武术不同流派的拳术中,通过调整呼吸来配合动作也是十分重要的,这不仅能够促进动作的灵活自如,而且能够通过呼吸的调整来对人体循环系统和其他内脏器官的功能进行调节。在武术理论中,要求将内在的"精、气、神"与外在的"手、眼、身、法、步"等相结合,以此提高武术习练的效果,这是传统文化中养生理论与武术理论及训练方法相结合的体现与反映。

4. 武术中多种拳种并存

内容丰富,多种拳种能够并存是传统武术所具有的最大文化特点之一,而且武术中的一个拳种类别又可以划分为多个流派,表现出庞杂的体系。出现这种情况的文化方面的原因主要有以下几方面。

(1)中国文化地理的影响

中国有着辽阔无边的地域,地区不同,地理环境与条件也自然不同,在这一背景下,在不同地域所形成的文化也会存在明显的差异。此外,古代的交通条件极其不便利,这就促进了不同地区相对独立的环境的形成。所以在古代时期,不同的地区所产生的拳种的发展几乎都表现出独立性,而且各具特色。尽管这些拳术有着相同的技击规律,但其在风格与趣味性等方面的区别还是比较明显的。

(2)受到小农经济环境的影响

中国古代的封建社会之中,主要的经济形式是自给自足的小农经济。在小农经济这一背景下,商品经济十分落后,人们满足于自给自足的生产与生活。这种自然经济形态阻碍了地区之间人们的相互交流与沟通,人们固步自封,不愿与外界接触,在这种环境下发展起来的拳种也无法与其他拳术进行更好的交流。

(3)受古代宗法制度和家庭本位主义的影响

在我国古代,宗法制度和家庭本位主义长期影响着每一个人,在这样的文化背景下,家族意识不断增强,而且排他现象也比较明显。一些人之间虽然没有家庭血缘关系,但由于其同属一个行业行会的成员,因此他们就如同一个家庭的成员,表现出家庭的组织特色和与血缘关系类似的色彩。在这种环境下,不同拳种都在各自的范围内封闭地发展,无法吸收外来拳种的精华,不利于武术的发扬与传承。但这也不是完全没有积极意义的,换一个角度来看,封闭的环境为不同拳种的独立发展创造了优良的环境与条件。

总之,传统武术多种拳种并存的局面离不开中国传统文化的影响。但是随着社会的不断进步与开放,人的思想也在不断发展,他们逐步认识到传统文化中固步自封的不科学性,因此开始与外界进行频繁的交流与往来,这在一定程度上促进了各拳种之间的交融。

二、传统武术的作用

(一)实用价值

从实用性方面来说,我国传统武术具有强身健体、防身自卫、娱乐观赏等多方面的价值,是人们用来增强体质与陶冶情操的一项民族传统体育运动。具体来说,传统武术主要从以下三个方面来体现其实用价值。

1. 强身健体

武术练习能锻炼身体。这主要表现在对人体内外的双重影响。对内可以调理脏腑、打通经脉、调养精神,对外可以活动关节、强化筋骨、壮大体魄。武术运动的一些动作需要人体各部位的积极参与,例如,屈伸、回环、平衡、跳跃、翻腾等动作。这些动作的练习不仅能促使练习者肌肉的力量和韧带、关节伸展性的增强,而且还可以促使练习者的神经系统、内分泌系统和免疫系统功能增加,从而使练习者的体能得到增强。

2. 休闲娱乐

武术的观赏价值在武术比赛与武术表演中都可以得到体现。武术运动的观赏性主要表现在以下几点。

第一,技术动作造型的艺术美。

第二,套路演练时内外合一、形神兼备的和谐美。

第三,竞赛对抗格斗中所表现出的精湛攻防技巧和顽强拼搏的精神美。这些不同形式的美深受广大群众的喜爱,可以从精神上激励观赏者,带给观众美的享受,使观众的精神文化生活得到丰富。

3. 自卫防身

武术的格斗运动和套路运动的主要内容都是攻防动作。通过练习武术,熟练一些攻防格斗动作,就可以提高练习者的灵活性和反应能力,起到防身自卫的作用。如果练习者可以坚持长期系统的训练,还能够促使功力的增长,促使身体素质的全面提高,在危急关头,防身自卫,制服对手。

(二)社会价值

1. 技击价值

在远古时期,我国传统武术所表现出来的是为了生存而与猛兽进行搏斗的一种技击术。后来,原始社会部落之间频繁的战争,对格斗技术的快速发展具有刺激作用。传统武术在其历史进程中不断发展和进步。由此可以看出,传统武术的本质就是技击性。

从春秋战国开始,民间武术不断与军事武术相分离,在社会的不同阶层与人群中进行传播、得到发展。随着时代的进步,民间的一些武术家在攻防实践中不断对武术进行摸索,对不同克敌制胜的方法进行了总结,并将其上升为理论,这在很大程度上促进了我国民间传统武术不同流派的形成与发展。不同武术流派的技击特点和功法形式都存在一定的差异性,民间武术丰富特色的攻防技艺由此形成。现代武术发展中,虽然有一些传统武术中包含的本质性的东西已经不存在了,但武术技击性仍然保留至今。所以,要对我国传统武术的技击价值继续加以传承与发扬。

2. 交流价值

武术有利于人与人之间交流的加强,促进人际关系的和谐,增强民族团结。随着传统武术运动的不断发展,有越来越多的

第一章　传统武术相关概念辨析及理论研究

人逐渐参与到武术运动的浪潮中来。一些群众性的武术活动不断举行与开展,这些活动的举行目的大都是"以武会友",加强对武术不同方面的交流与沟通。人们通过共同的兴趣爱好来互相切磋武艺,扩大自己的交际范围,也与别人交流思想,提高自己的认知水平。通过武术的交流也能够促使人与人之间的相互了解,促进人际关系的和谐,从而使和谐文明的社会环境得以形成与创建。

在我国传统武术不断走向世界的过程中,武术在国际上的交流也不断得到了加深。许多国外爱好武术的人不远万里来到中国进行武术的学习,其在练习武术过程中,也不断对中国传统文化有了较为深刻的理解。一些大型武术竞技比赛与大会等活动的举行还能够有效地促进世界各国的友好往来,将传统武术发扬光大。

3. 审美价值

具有东方哲学意蕴的审美价值是我国传统武术所表现出来的一种重要价值。我国传统武术对内在的自我充实与外在的神意表现比较重视,以求达到"形神统一"的和谐境界。

下面主要从以下几方面来阐述传统武术所表现出的审美价值。

(1)传统武术对手、眼、身、法、步等身体动作规范性具有很高的要求,并且要求习武者内部的精、神、气要与力、功相统一,并且对习练者意念思维也有一定的要求,要求习练者要通过外部动作的演练来将自己的精神、节奏与风格体现出来,这就促使武术形神兼备的运动特色及审美特征得以形成。

(2)在传统武术的对抗性搏击竞技中,人体的力量美、灵巧美、速度美和柔韧美都得到了淋漓尽致的表现,从而使人在竞技对抗的环境中感受美及其带给自己的愉悦感,观赏武术的人也能够从中得到美的享受。

(3)传统武术中的一些动作是对自然界的各种景象或不同

动物姿态的模拟,通过模拟大自然来表现我国传统武术独具特色的含蓄深邃的内在之美。

4. 经济价值

传统武术的活动以经济活动方式为基础,因为其与生产及生活方式密切相关。传统武术的经济发展价值主要表现在以下方面。

(1)传统武术的资源十分丰富,利用这些体育资源发展民族特色经济,对民族经济的发展有着重要的推进作用。

(2)开展传统武术可以加速发展体育产业,如发展传统武术培训市场、娱乐市场、消费品市场等,还可以组织精彩的传统武术的比赛活动,宣传广告和电视转播,取得一定的经济效益。

(3)拓展人们文化教育体育消费和健身娱乐消费的空间,提升和丰富传统武术文化,满足人们日益增长的健康消费需求。

(4)建立生产与传统武术服饰、活动器材等有关的经济实体,促进传统武术用品的制造与销售。

(5)有机结合具有民族特色的传统武术与旅游产业,把武术资源作为体育旅游资源来开发,拉动区域经济的发展,更好地体现经济效益和社会效益。

5. 文化教育价值

文化教育价值是我国传统武术所具有的一种重要价值。我国传统文化中深刻的哲学意蕴和伦理道德在传统武术的技术思想中都有所体现,它倡导人们的发展要与自然相适应,学会与自然和谐共处,这与西方所主张的战胜自然、征服自然是截然相反的。我国传统武术本身所蕴含的丰富哲理以及技术传授中所体现的东方伦理道德观念,深刻地影响着人们的思想与价值观念,使人们逐渐形成克己修身、守礼谦让、勇于进取等价值取向。具体来说,我国传统武术的文化教育价值主要体现在以下两个方面。

第一章 传统武术相关概念辨析及理论研究

(1)对人们的社会行为具有规范作用

传统武术是中华民族优秀文化的一个重要部分,其具有丰富的内涵。人们通过习练武术能够修身,并对自身的社会行为具有规范性的作用。

我国的传统武术是植根于古代"礼仪文化"而不断发展起来的,它所提倡的武德体现出儒家思想中核心伦理思想——"仁"。武术讲求习武者统一自身的"德""艺",这是中华民族传统美德的主要表现与反映。传统武术也对儒家的"忠恕"有所渗透,具体表现在传统武术的拜师授艺方面。

(2)对人的内心素质具有培养作用

我国传统武术所蕴含着具有几千年悠久历史的中华民族优良传统,具体体现为讲礼守信、尊师重道、勇敢仗义、舍己从人、坚韧笃实、刻苦求进等优良品质,这些品质对我国人民的民族性格与思维方式的形成与发展有着十分重要的影响。中国人的思维方式是重直觉与实际的。对于我国传统武术而言,主要靠亲身实践去体验和感悟其内在深刻的意蕴、美妙的意境与巧妙的技巧。所以,对传统武术进行习练的过程不仅是一种身体练习方法,更是一个促进内心深化的教育过程。我国优良传统所蕴含的文化教育价值,对于未成年人而言,在第一时间进入大脑的文化完全能够形成牢固、耐久的文化接受基础,并对其身心发展产生极大的影响。而对于成年人来说,这些传统美德将有益的伦理品质与人生理念提供给人们,这对于提高人们的思想道德水平具有重要作用。从总体而言,我国传统武术在千变万化的人体动作中,反映出了人的思想、道德、意念、方式、手段、美感以及文明程度,其所具有的文化教育功能渗透到人类的诸多文化和人类自身的发展之中。

除此之外,我国传统武术对人们意志品质的提高也具有积极的促进作用。通常来说,传统武术的习练能够从多方面对人的意志品质进行考验。例如,练习基本功的过程中要不断对身体不同部位的疼痛加以克服,而且贵在坚持;练习套路的过程中要对枯燥加以克服,培养自身吃苦耐劳的优秀品质。经过长期的武术锻炼,能够对习武者顽强、勇敢、不断进取的良好习性与意志品质进行有力地培养。

第二章　安徽省武术运动发展的现状分析

改革开放以来,我国的社会经济等各方面均获得了较快的发展,作为我国重要的传统文化,武术运动也在新的历史时期表现出新的发展特点。为了更好地促进我国武术运动的发展,使其更好地符合时代的发展需要,有必要对其的发展现状进行分析和研究,并对其所面临的问题进行深入地分析和探讨,这样才能促进武术运动的长足发展。

第一节　我国武术运动发展的概况

武术运动是我国民族文化的重要组成部分,对安徽省的武术运动的发展情况进行分析时,有必要对我国武术运动的发展概况进行全面地分析和了解,这有助于更好地把握安徽省武术运动的发展。因此,本节对我国武术运动的发展概况、武术运动在高校中的发展以及制约我国武术运动发展的因素进行了全面地分析和研究。

一、武术运动比赛的发展概况

(一)散手竞技运动的发展现状

近年来,我国武术散手运动发展进入到一个新的发展时期,在政府的大力倡导下,武术散手运动的竞赛体制、组织结构、运动机制以及竞赛内容和竞赛程序等方面都获得了一定的发展。并且随着改革开放的进行,武术的产业化和市场化发展逐渐加快,将更加促进武术运动的发展。

1. 散手运动发展中的问题

散手运动具有我国独特的民族特色,经历代武术人的继承和发展,如今其已经成为了中华民族的一项优秀的文化遗产,在我国民族文化中发挥着重要的作用。我国散手以踢、打、摔、拿作为主要的技法,这些技法来源于各门派的武术。如今,国内散手比赛的实用性、观赏性都得到了较大的提升。一些国际商业比赛、散手王争霸赛等多次举办,从而使得散手运动的影响范围进一步扩大。但是,在发展过程中,散手运动在体现出自身优势的同时,也暴露出了一些问题,主要表现在以下几方面。

(1)运动员在比赛时表现消极

我国现代散手比赛自身风格和特点并不是十分突出和明显,其观赏性有一定程度的下降。随着运动员技术水平的提高,而运动的观赏性出现下降,这主要是因为规则方面具有一定的不足之处——使得运动员在得到一定的点数之后便会采取游走战术,耗完本来就不是很多的比赛时间。这造成了比赛的观赏性降低,比赛的激烈程度也有所下降。另外,很多运动员在比赛中过多的搂抱对手,相互纠缠以达到消耗时间的目的,这就使得运动比赛变得较为乏味。

(2)散手运动员的技术水平有待提高

散手运动过程中,散手运动员的技术水平不高是阻碍散手运动发展的重要障碍。很多散手运动员技术水平不高,动作僵硬而缺乏美感,这在一定程度上使得散手运动的形象受到了影响。在现实中,大多数参赛选手来自于基层武校,其技术水平有待进一步提高。

(3)散手技术有待完善

散手是我国武术运动的重要形式,虽然经过多年的发展,但是在竞技比赛中缺乏观赏性,经常给人以一种"开拳乱打"的形象。因此,其观赏价值不高,缺乏观众基础。我国的散手运动在比赛中选手使用拳套,这在一定程度上限制了各种拳法的运用。并且在戴上拳套的时候,必然会或多或少的要学习西方的拳击,不利于散手技术在运动竞赛中的发挥。

散手腿法虽然有多种,但是并没有统一的标准,在实际比赛中运动员可以随意发挥,缺乏必要的规范性。反观跆拳道运动,其对每一个招法动作都有一定的标准规定,并且对于击打部位也有相应的要求,这就使得运动员在比赛中具有规范的动作姿势,并且能够对其动作技术进行相应的评价。

散手运动不仅有一些拳法和腿法技术,还有一些摔法技术。这些摔法无疑大大丰富了散手运动,促进了其发展。但是,在运动比赛中,这些摔法技术并没有被很好地运用,很多运动员基本动作都无法做好,更别提用摔法来摔人。

2. 散手运动的未来发展

我国现代散手规则将其未来的发展趋势确定为"快速主动""技术全面""难度绝招""拼搏冒险"。我国散手运动为了实现更好地发展,应注意以下几方面的问题。

(1)解放双手,增强其灵活性

散手运动是武术实战的一种表现,运动员戴拳套是为了保证运动中的安全,但是戴拳套大大降低了双手的灵活性,造成了散手手法的单一化。为了更好地促进散手运动的发展,可尝试不用拳套,但是这需要对比赛中的禁忌进行更加严格和明确的规定,以避免运动中的意外。

(2)加强膝法攻势,增大进攻的立体空间

散手竞赛中规定,采用膝法进行攻击时并不能得分。因此,虽然在比赛中能够用膝进行攻击,但是使用者很少,膝法精湛者更少。膝法攻击力较强,能够使得对手遭受重创。因此,教练员应加大膝法的训练力度,运动员在运动竞赛中运用多样化的进攻手段,能够更好地彰显中华武术文化的风采。

(3)强化摔法优势,进行重复打击

散打运动中的快摔技术是其一大特色,在国际间的比赛时,其往往是我国选手的一大法宝。因此,在今后应注意快摔技术的进一步发展,通过强化快摔技术的训练,能够进一步强化我国选手的优势。应注重散手运动的发展,促进摔法技术动作的细腻化和标准化,形成自身的技术风格。

因此,为了促进我国散手运动的发展,应注重各种技术动作的标准和规范的设立,从而在运动比赛中能够设立自身的一套技术体系,运动员在运动过程中能够规范化地进行竞赛。这样能够增强散手运动的观赏性,更好地促进其发展。

(二)套路竞技运动的发展现状

1. 武术套路的现状分析

武术套路是我国武术运动的重要组成部分,是练习武术最为基本的方法。但是在武术套路竞赛中却鲜有观众观看,其最主要的原因是"不好看"。在社会主义市场经济发展环境下,为了促进套路运动更好地发展,大众的广泛参与和支持是其发展的重要保证,有大众的参与才会有发展的空间和市场。因此,为了促进武术套路的市场化发展,应进一步提高武术套路竞赛的观赏性,这是解决其发展问题的首要任务。另外,现阶段我国武术套路运动习练人群有限,很多高难度动作让业余爱好者"望而生畏"。因此,武术套路运动在我国大众群体中并没有流行和普及,对于全民健身事业的促进作用相对有限。因此,为了促进其发展,可对武术套路运动进行分级,爱好者可由初级到高级逐次练习,从而更好地掌握武术套路。

2. 武术套路规则的不合理性

在武术运动发展过程中,在各界武术人士的努力下,武术运动得到了较快的发展。尤其是近年来,随着武术运动的竞技化发展,促进了竞技武术规则的不断完善,在庞大的武术体系中提炼出了适合于竞技武术发展的武术套路。在武术套路发展过程中,其突出的问题表现在规则竞技性和客观性不强,有待进一步提高。在武术套路竞赛中,各种技术动作缺乏明确的量化标准,这在一定程度上阻碍了竞技武术套路的发展。除此之外,竞技武术套路竞赛还具有以下几方面的问题。

(1)竞技武术运动员的低龄化

竞技武术运动员大多从小开始进行武术训练,掌握武术的基本功,进行多方面的武术动作训练。但是,在训练和比赛中落下伤病,在其退役之后一些难度动作无法完成,很难坚持武术套路练习。对于没有武术基础的人来说,练习武术套路运动相对较为困难。除了太极拳等相对较为徐缓的运动,武术套路运动并不适合各年龄阶段的人群进行练习。

(2)套路形式的西方化

在运动比赛中,现代套路运动的难度动作处于决定性的地位。因此,运动员在进行训练时,将更多的精力放在难度动作的训练上,已经逐渐抛弃了传统武术的技击内容,从而背离了武术运动的实质。现代套路运动中有很多跳跃、旋转、劈叉等动作,而不再注重眼法、身法、步法练习。这就导致,在武术竞赛中,套路编排的不合理,强调难度动作的重要性,而忽视了武术套路运动的整体性。蕴含我国传统文化哲理的传统武术套路逐渐失去了其自身特色,表现出鲜明的西方化特点,这无疑是武术套路运动发展的误区,值得我们反思和警醒。

(3)武术套路的程式化

武术套路运动是我国人民长期摸索的结晶,其具有一定的内在技击规律。而在运动比赛中,传统套路运动的内在规律性、技击特点等被忽视,"高、难、美"成为了套路运动的追求。从现代套路运动竞赛过程中看,只注重套路的外形美,体操化和舞蹈化现象严重。这就造成在运动比赛中,运动员的套路动作雷同,缺少内在力、功的运用,没有内在的精、气、神。

二、传统武术在高校中的发展现状

为了促进我国武术文化的继承和发展,传统武术运动逐渐走入校园,并获得了较快的发展。下面将对武术运动在高校中的发展现状进行分析,包括武术课程、教学方法、武术教学资源等多方面的内容。

(一)课程内容

现阶段,在高校体育教学过程中,武术已成为大部分高校的重要教学内容,占有一定的教学课时数,并且具有相应的教学考核办法。有些高校还有自己的武术运动队,参加各种形式的武术运动比赛。在高校中开展武术课程不仅能够促进武术运动的继承和发展,还能够促进武术人才的培养。但是,现阶段的武术教学还有待进一步发展和完善,其主要的问题表现在以下几方面。

1. 武术教学内容问题

教育的内容与社会需求之间具有重要的关系,教学应在一定程度上满足时代发展的需要。但高校武术长期以来是独立的,发展的系统与社会相隔离,是封闭的。学生学习的各种武术技能很难适应社会环境的变化,学过的各种武术知识、技能难有用武之地,一定程度上阻碍了武术的传播与发展。

学生所接受到的教育基本一致,这也造成了教学内容的单一。并且在教学过程中以简单的武术套路为主,传统武术和散打的教学内容很少,并不能满足学生的需求。很多学生在学完之后便荒废了,并没有起到应有的健身效果。

我国武术运动集套路与功法为一体,注重内外兼修,而在体育教学过程中,主要是对套路运动的教学,只注重动作的外形,而忽视了动作的内在实质,使得教学的内容沦为"花架子",严重

第二章　安徽省武术运动发展的现状分析

影响学生学习的积极性。

另外,高校武术教学的教学时间相对有限,高效学生大多对武术一知半解,并不能深刻而全面地掌握武术运动的相关知识,这在一定程度上阻碍了武术运动的发展和传播。

2. 武术教材选用问题

教材是高等教学内容和教学方法的知识载体,在教师与学生之间教材起着教与学的最基础、最直接的媒介作用。高校武术教材存在着诸多的问题,具体表现在下面几个方面。

(1)教材内容多,缺乏针对性。在层次上应由浅入深,循序渐进,针对不同的课程,教材必须有所不同,根据武术教学的目标和任务有所侧重。

(2)内容陈旧,体系不合理。我国的教材对国内外新理论、新方法没有进行全面跟踪研究,也缺少与国外先进教材的比较研究。

(3)教材质量低下。目前教材数量版本较多,造成了武术研究繁荣的假象。

3. 武术理论课被忽略

我国对于武术理论的发展相对不足,并且长期落后于武术运动实践的发展。在教学过程中,学校对于武术理论知识的教授较少,并且对于武术理论的考核也相对较为有限,理论课在体育教学中并不被重视,学生对于武术理论知识的掌握不足。在武侠小说和武侠电影中对于武术的描述往往是近乎"神迹",这使得学生对于武术缺乏正确的认识。

另外,教师对于体育教学的认识依然存在一定的片面性,很多教师将体育教学的目的视为增强学生的身体素质,因此造成了对于武术理论的忽视。武术运动还是我国民族思想和民族文化的重要组成部分。对武术的学习不仅是对武术技术的学习,更是对我国民族传统文化的继承和发展。

4. 武术考核形式不合理

在教学过程中,对学生学习的考核是其重要的一环。科学合理的考核制度能够对学生进行客观、合理的考核和评定。但是,我国目前高校武术教学中的考核还存在多种问题。

首先,由于不注重武术理论教学,所以武术理论考核相对较为缺乏。考核的内容单一而片面,学生的学习效果不能得到客观、全面的评定。

其次,武术教学内容的考核形式较为传统,考核的标准和尺度具有一定的不平衡性和不合理性,不能很好地反映学生的学习情况,对于学生的学习积极性的激发和调动作用也并不明显。

(二)教学方法

教学方法对于教学效果有重要影响。体育教学的方法众多,武术教学的方法是对传统教学方法的创新和发展。在武术教学过程中,既运用了一些传统的教学手段,也结合了一些现代化的教学手段。如今,多样化的教学手段促进了教学的现代化,对于教学质量的提高具有重要的意义。

在我国武术教学中,传统教学形式仍占据重要地位,"教师教,学生学"的教学形式仍然较为普遍,这种单一化的教学手段并不能很好地调动学生学习的积极性,影响了现代化教学手段的使用。

现代化的教学手段可以将教学活动进行科学化的处理,并且具有形象生动的特点,使学生的积极性和自觉性得到刺激,促进其学习效率的提高。现代体育教学方法更加注重学生的个性的发展,主张发挥教师的主动性和创造性,能够使师生之间形成良好的互动。随着现代技术的进步,现代化教学手段在武术教学中发挥的作用也越来越重要。

（三）师资情况

1. 师资力量薄弱

教师的素质水平对于武术教学活动具有重要的影响。目前,我国武术教师普遍存在武术内涵、理论方面知识有所欠缺的问题,专业基础和实践经验较少,传授方法的掌握也存在着不足。教师在教学活动中处于主导地位,直接影响教学的效果和学生的发展。高素质的教师是培养高质量人才的重要基础。因此,学校需要拥有高素质的武术教师队伍。

现阶段,我国武术教学的师资队伍与武术发展的需求之间存在着一定的差距。在普通学校中,武术教师所占教师总数的比重较小,并且很多武术教师专业不对口,学生在练习时就可能处于无序状态。教师水平的提高,关系着学生在课中的兴趣、爱好的满足,关系到学生学习积极性的激发,关系到学生学习武术兴趣的培养。

2. 师资科研水平较低

体育科研是体育教学工作不断深化发展的重要保证,也是不断提高教师素质的重要手段。随着武术运动的不断发展,武术教师的专业技能也需要不断提高,这样才能够满足学生的学习需求,才能够紧跟时代的步伐。高校教师应以科研带动教学,促进科研与教学活动之间的良性互动。

但是,现阶段,我国普遍缺乏学术氛围,武术教师对科研的重视程度普遍不足,这对于武术运动的可持续发展产生了不利的影响。我国武术教师呈年轻化发展趋势,其理论和实践经验较少,科研水平相对较低,并且缺乏科研意识。

高校体育教师由于缺乏必要的武术培训,专业知识水平较低,相当一部分教师的武术技能和理论基础并不深厚、全面,大多对武术只是一般性掌握。现阶段,从事武术教学工作的很多体育教师都只是大学期间普修过一些武术套路,教学内容较为老套,武术理论知识缺乏全面的系统性。

(四)武术场地及设施

武术场地设施是武术教学活动的基础,保证了各项教学活动的顺利开展。场地及设施是学校体育的重要组成部分,它是学校武术教学的基本条件之一。总体而言,现阶段,我国武术场地及设施相对比较缺乏,并不能满足学校武术发展的需求。虽然武术对于场地器材的要求相对较低,但是为了保证教学的质量,大规模的体育教学所需要的场地器材设施是必不可少的。在高校武术教学过程中,大部分学校并没有固定的场所,只是借助于其他体育专业的场地,并且学校在场地、器材方面的经费投入相对较为有限,这是制约我国武术运动发展的重要因素。加强高校武术场地、器材建设工作是高校武术教学发展的要求。

除了上述的问题之外,武术教学的场地设施的竞技化倾向也是影响其发展的重要问题。学校的武术场地和器材的规格按照竞技运动的规格进行配置,这就为教学活动带来了一定的问题。

(五)武术协会的发展

武术协会是武术在高校中发展的重要体现,对于武术运动的发展具有重要的促进作用。学生在武术课堂教学过程中学习的武术技能与相关理论具有基础性的作用,但是课堂武术教学的作用是相对有限的。高校武术协会为学生在业余时间进行武术技能的习练以及武术知识的运用提供了良好的机会,对于教学效率的提高具有重要的作用。

目前,虽然我国武术各高校普遍存在武术协会,但是武术俱乐部和武术协会的规模相对较小,力量较为弱小,对于教学的促进作用不明显。另外,学校的相关部门对于武术社团的发展并没有足够的重视,在不同程度上存在场地和经费不足的状况。

三、武术发展的制约因素

(一)传统武术自身的发展弊端

1. 武术理论体系不完善

我国武术运动经历了漫长的发展与演变,但是,至今我国对于武术运动的理论方面研究仍十分有限。我国古代武术理论体系以阴阳五行学说为框架,建立了较为笼统和概括的理论共识。新中国成立之后,武术运动主要在民间传习,对于其研究也主要在竞技武术方面。民间的拳师大都知识水平有限,缺乏必要的创新,没有理论方面的指导,在习练过程中难免会有一定的不科学之处,并且阻碍了其未来的长远发展。

2. 武术门派众多,技术繁杂

我国武术流派林立,在多样化发展的同时,也造成了武术传播和发展的障碍。另外,我国武术的很多动作技术通过口传身授的方法进行传承,很多动作难以解释清楚,这在一定程度上阻碍了其发展。为了更好地促进武术运动的发展,应对各种武术进行筛选和归纳,树立良好的武术运动的形象,促进其健康、有序发展。

3. 武术市场的混乱

武术运动的市场化是其发展的重要趋势,我国武术运动的市场化发展时间较短,具有一定的不完善性,缺乏必要的市场机制来对其进行规范。

由于市场化的发展水平较低,我国武术市场的发展相对较为混乱,各种虚假的武术信息充斥其间,扰乱了武术市场,阻碍了其推广和发展。

为了更好地促进武术市场的发展,应建立健全相应的武术市场方面的法律法规,并建立其行之有效的武术市场运行机制,完善各项监督措施,促进武术市场的健康、有序发展。

(二)影响武术运动发展的客观因素

1. 经济因素

武术运动的发展与经济因素之间具有重要的关系,武术的发展对经济有一定的依赖性,同时又反作用于经济,促进经济的发展。

经济是武术运动发展的重要推动力,经济的发展促进了武术运动在世界范围内的传播。经济发展落后会在一定程度上制约传统武术的发展。

2. 政治因素

武术运动的发展与经济、社会之间具有密切的关系,其发展情况受政治因素的影响和制约。从中国历朝历代的统治者对传统武术的态度上,就可以看见政治因素对武术的促进和制约作用,如秦统一后收缴各地器械,禁止民间习武;再如汉王朝崇文尚武。良好的政治环境下,武术运动能够得到较快的发展;如果政治环境恶劣,则武术运动的发展必然会受到影响。

3. 文化因素

武术是我国传统文化的重要组成部分,它是我国人们在长期的生活实践过程中发展起来的。一方面,武术根植于我国传统文化之中;另一方面,武术是传统文化的重要组成部分,深刻地受到传统文化的影响。影视作品和武侠小说对武术的影响发挥着越来越重要的作用。影视和小说所表现的武术是艺术化的夸张的武术表演,具有很高的观赏性和艺术性,使人们对武术带来的视觉享受期望值很高,当看到真正的武术表演时,会形成强

第二章　安徽省武术运动发展的现状分析

烈的心理反差。这些对武术运动的发展是十分不利的。

4. 机制因素

武术是我国的重要非物质文化遗产,而我国对于非物质文化遗产保护的立法起步晚、经验少,非物质文化遗产的相关体制尚不健全。目前,我国非物质文化遗产的保护机制、保护措施有待进一步完善。

我国非物质文化遗产的保护正在形成体系,并在逐步与国际接轨。但是,我国非物质文化遗产的保护机制、保护措施尚不完善,宣传机制、管理机制也很不健全。另外,我国大众对于武术的多方面价值认识不足,因此,对其的保护观念淡薄。

近年来,随着我国对武术运动重视程度的逐渐提高,武术运动得到了快速的发展,但是在市场经济条件下,民族传统正在逐渐被放弃,优秀的传统武术及其文化在无意识中逐渐流失。提高民族文化自豪感、建立保护非物质文化遗产的有效机制、完善对武术及其文化开发的管理机制,是传统武术健康、快速发展和延续的重要保障。

第二节　安徽省武术运动发展的现状

近年来,我国经济快速发展,国家对于武术运动的重视程度不断提高,武术运动也因此获得了较快的发展。为了更好地促进武术运动的继承和发展,安徽省做出了多方面的努力。本节主要分析了安徽省武术运动的发展概况。

一、竞技武术的发展

安徽省从1960年开始将武术作为重点项目。安徽武术集训队在这一时期经常在各地进行表演活动。在这段时间,各市相继建立了业余武术队,各类学校也开展了各种形式的课余班,有效促进了武术后备力量的发展。

1972年,安徽省武术集训队在文革后恢复训练,从而使得竞技武术运动得到了快速发展。改革开放之后,社会主义市场经济得到了快速的发展。中国在各方面都需要获得世界的认同,参加奥运会是获得世界认同的重要形式,武术运动作为我国一项重要的文化形式,只有通过经济化发展才能够进入奥运会,才能够被更多的国家所认识和了解。

十一届三中全会之后,武术运动进入了快速发展时期。在1978年之后的一段时期内,安徽省的各市区进行了多次全国性的武术竞赛,合肥市还举办了有十多个省份参加的武术邀请赛。1983年之后,各种形式的武术组织快速兴起,如武术队、武术学校、武术社等,武术参与人群逐渐增多。在这一阶段,安徽省多次组织武术代表团进行国际交流,并迎接了美国两次武术代表团的来访。

近年来,随着人们物质生活水平的改善,人们的思想意识也发生了一定的改变。武术由过去的防身技击向着健身娱乐的方向转变,而很多竞技武术套路运动员对于武术的技击性也不再关注。

二、安徽省传统武术的思考

随着传统武术大师的不断减少,各种武术流派和拳种的数量也在不断减少。很多拳种由于无人继承而最终消失,这值得国人认真反思。

有资料显示,我国有100多种拳种,但是我国传统武术在民间处于自生自灭的状态。在过去,安徽省民间流行的拳种包括:九华山拳、东乡拳、晰扬掌、叉拳、八法拳、五童气功拳、石头拳、三皇太极拳、戗拳、五音八卦拳、岳王拳、峨眉坤门拳等。现阶段,安徽省流传至今的拳种有:石头拳、洪拳、罗汉拳、螳螂拳、秘宗拳、八极拳、八卦掌、梅花拳、通臂拳、劈挂拳、心意拳、形意拳、太极拳、武当拳、鹰爪拳、太祖拳、华拳、南拳等等。

安徽省的武术工作者给后人留下了众多武术著作,包括《少林棍法阐宗》《长枪法选》《双人潭腿图解》《六路短拳图说》《阴阳开合动功十二势》《八卦散手》《八极拳》《四十八式太极拳入门》《七十二把擒拿法》《七星螳螂拳》等。安徽省武术文化资源相对较为丰富,现阶段武术工作者的重要任务之一就是如何实现相应的武术文化的继承和发展。

在全球化的发展背景下,文化向着多元化的方向发展。在改革开放过程中,国外文化不断向国内渗透,从而使得传统文化面临着较大的压力。在体育文化方面,跆拳道、空手道、柔道等对于我国武术的发展产生了一定的影响,如何更好地保护和继承传统武术,使其在新的时代获得较快的发展,是武术运动发展的首要课题。

三、大众武术的普及呼唤

安徽省为我国武术运动的发展作出了重要的贡献。现阶段,全省有数万人参与武术的习练,其中以定远县、枞阳县最为著名。武术运动要在世界范围内传播和发展、获得国际认可,首先应注重其在国内的发展。武术运动应在国内获得广泛的重视、认可和普及,使大众对其形成正确的认识,这是武术运动获得国际认可的基础。

通过对韩国和日本的跆拳道和柔道的发展进行研究,不难发现,其国民对于跆拳道和柔道中具有较为深刻的了解,大部分民众都能够掌握部分技术。而反观我国,民众对于传统武术文化缺乏必要的重视,青少年也缺乏对于传统武术文化的认同和自信。虽然武术运动逐渐进入校园,但是其在校园中的地位相对较低,其普及和推广的形势较为严峻。

现阶段,我国武术馆、武术院校等的发展较为艰难,各种跆拳道培训和教育机构则大行其道。我国武术运动虽然根植于我国民族文化之中,但其缺乏明确的制度和精细的规划,对于青少年的吸引力较弱,武术运动跟不上时代发展的步伐。

四、安徽省学校武术的发展现状

目前,安徽省武术教学中,有98%的普通高校将武术套路列入了主要教学选项,并且内容多样,有太极拳、太极剑、长拳等。但是,在"应试教育"思想的影响下,学校往往偏重于成绩和结果,学生获得了理想的成绩即为完成了相应的教学任务,这在一定程度上忽视了学生健身意识、终身意识和运动能力的培养。

现阶段,安徽省学校武术运动的发展存在以下几方面的隐忧。第一,武术教育深度和广度不够,有待进一步加强;第二,师资队伍有待进一步增强,教师的素质成为了制约高校武术发展的重要因素;第三,高校武术的物资资源有所欠缺。高校武术发展势头良好,但是任重而道远。曹佩芳以安徽省50所普通高校(本、专科)为研究对象,对武术在高校中的发展状况进行了研究。其具体的状况如表2-1、表2-2、表2-3、表2-4、表2-5、表2-6所示。

(一)武术套路教学内容

表2-1 武术套路教学内容统计表[①]

内容	初级长拳	简化太极拳	初级剑	初级刀	太极剑	初级棍	其他
学校比例	63.5%	100%	100%	1.2%	1.2%	1.2%	1.2%

通过对安徽省的50所院校的教学状况进行分析,可以了解到,98%的高校开设了武术套路选项课,每年课时数一般为70。

---

① 曹佩芳.安徽省高校武术套路教学现状与发展对策研究.武汉体育学院硕士学位论文,2008

第二章 安徽省武术运动发展的现状分析

虽然教学的内容略有差异,但是主要以太极拳、初级剑和初级长拳为主。初级刀、太极剑、初级棍以及其他教学内容所占比例均为 1.2%。

表 2-2 学生喜欢的武术套路调查统计情况[①]

套路	长拳	简化太极	剑术	刀术	太极剑	传统套路	对练套路	其他
比例	46.7%	44%	37.3%	48%	20%	8%	21%	10%

在进行问卷调查时,让学生选择其最喜欢的武术套路,结果有 48% 的学生选择刀术的套路,选择传统套路的学生为 8%。选择长拳、太极拳和剑术的学生也占了很大比重。学生对不同的武术套路的喜欢程度是不同的。

表 2-3 武术套路专项课基本功、基本动作教学时数的调查[②]

教学时数	1/4	1/5	1/10	无	其他
学校比例	无	12.5%	25%	62.5%	无

调查结果显示,有 62.5% 的高校并没有进行武术基本功和基本动作的教学,没有学校的武术套路专项课基本功和基本动作教学时数达到总学时数的 1/4。

表 2-4 武术理论教学内容调查统计[③]

内容	概论	动作技法	武术套路竞赛规则	武术常识	其他
有理论教学的学校所占比例	2	无	1	1	1
	4%	2%	2%	2%	2%

为了更好地促进武术运动的发展,学校应增加相应的武术理论教学,但是调查发现,安徽省几乎 90% 以上的学校没有这

[①] 曹佩芳. 安徽省高校武术套路教学现状与发展对策研究. 武汉体育学院硕士学位论文,2008

[②] 同上。

[③] 同上。

方面的教学内容。

(二)武术套路教学法

表 2-5 对任课教师武术套路教学法的调查统计[①]

教法	领做法	讲解示范法	口令提示法	语言提示法	其他
比例	100%	87.5%	62.5%	62.5%	10%

通过对武术教师的教学方法进行调查研究,发现其大部分武术教师仍采用领做法、讲解示范法、口令提示法以及语言提示法等传统体育教学的方法。

表 2-6 教师分析讲解套路动作的攻防含义调查统计[②]

讲解范围	个别动作	大部分动作	全部动作	不讲解
教师比例	16%	1%	0%	83%

调查发现,83%的教师在教学过程中,没有对武术动作套路的攻防含义进行讲解,只有16%的教师对个别动作的攻防含义进行了讲解。而大部分学生则希望通过学习武术套路而掌握一定的防身自卫的方法。

第三节 安徽省武术运动发展中存在的问题分析

通过对安徽省武术运动的发展现状进行分析,可发现其在发展过程中存在多方面的问题。本节就安徽省武术运动发展过程中的问题进行了多方面分析和探讨,并在此基础上提出了解决问题的对策。

[①] 曹佩芳. 安徽省高校武术套路教学现状与发展对策研究. 武汉体育学院硕士学位论文,2008

[②] 同上。

第二章　安徽省武术运动发展的现状分析

一、安徽省武术运动发展中的问题及对策

安徽省武术运动在发展过程中存在竞赛市场的空间发展受到限制、后备人力资源断层、武术科研体系发展滞缓、门派繁多、相对封闭等问题。

(一)发展中的问题分析

1. 武术竞赛市场的空间发展受到限制

目前,我国武术一般通过竞技武术的渠道向国际推广,竞赛市场的缩小限制了武术运动的发展。目前,我国的武术比赛的层次局限于民间,与正式的竞技武术比赛之间还具有一定的差距。因此,很多人都会生出传统武术难登大雅之堂的想法。现阶段,我国的竞技武术发展水平相对较低,依然只停留在表演、献艺、交流和某些有限的比赛上。

2. 传统武术人力后备资源断层

高等体育院校、大中专体育学校、武术学校以及业余武术班等竞技武术人才培养模式在一定程度上造成了武术后备人才资源的严重断层。系统的竞技武术培养模式的运行在一定程度上限制了中下层武术人才的培养,从而使得竞技武术长期发展程度不高,并且多在民间发展和传播。现阶段的人才培养模式使得传统武术运动丧失了发展的源泉和基础,造成竞技武术的发展水平低下。

3. 传统武术科研体系无从发展

近年来,武术运动的科学化不断被重视,但是对于武术运动的科学化方面的研究明显不足。研究人员运用运动学、生物化学、生物力学等方面的科学手段对武术运动进行研究的尝试很

少，相应的研究结果更是寥寥无几。

4. 传统武术门派自身的问题

我国武术运动有着众多的流派，这一方面反映了我国武术运动的博大精深，但是另一方面也反映了武术运动的繁杂、不易掌握。并且各武术流派都会有其一定的术语，这在国际交往中往往会造成一定的沟通障碍。

各武术流派在发展过程中独树一帜，各门派体系之间的交流相对较少，有些门派很少与外界交流，从而使得武术运动停滞不前。

(二)安徽省武术运动发展的对策研究

1. 武术竞技化需要进一步地完善

我国竞技武术经过多年的发展，积极努力于申奥，但是并没有成功，归根结底其症结在于竞技武术运动自身发展的不成熟。我国竞技武术比赛的规则有待进一步完善，竞技的内容有待进一步合理化。

为了更好地促进武术运动的发展，安徽省在现阶段应以竞技武术为先导，将中国传统武术运动与现代竞技体育的主题相结合，使得武术运动更好地符合时代的发展。武术运动应实现对传统武术的扬弃，实现自我的创新发展。

为了更好地促进武术运动的发展，有学者建议实行竞技运动的入围制度。在进行武术套路竞技比赛时，运动员首先进行一定程度的散打比赛，在散打比赛入围之后，再进行套路运动的奖牌争夺；散打运动同样采用该方法——先进行武术套路的入围比赛，之后争夺散打的奖牌。通过这种方式能够在一定程度上促进武术运动的规范化，保证其技击性。

第二章　安徽省武术运动发展的现状分析

2. 市场化运作

武术运动在发展过程中,必须依赖于一定的物质基础,政府的财政支持并不能满足其发展的需要。因此,在社会主义市场经济条件下,应注重其市场化运作,尽可能地满足大众的需求,采用科学化的管理和运作方法,促进市场在武术运动发展中的资源配置作用的发挥。武术运动的发展可参考韩国跆拳道运动的发展。

3. 武术的发展和传承

(1)立法保护传统武术

为了促进武术运动的发展,安徽省可制定相应的地方条令和法规,注重非物质文化遗产的保护工作。为了保证武术运动的传承和发展,应注重保护武术继承人和传播者的权利,并提供各种优惠的政策,为武术运动的发展创造良好的外界环境。

(2)保证传统文化传承者的生活基础

我国武术运动在民间有着广泛的参与人群,而武术的修炼需要花费一定的时间和精力,尤其是要想获得精湛的武艺,必须进行大量的投入。如果习练者没有一定的物质基础保障,这就会出现生活困难的状况,从而使得武术的传承和发展困难重重。因此,很多民间流传的武术面临着绝传的危险。为了保证武术运动队的传承和发展,国家应给予武者一定的财政补贴,保证武术的继承和发展。省政府应促进武术文化的传播,提升武者的社会地位,组织多种形式的研讨会和学术会议,促进武术在民间的传承和发展。

4. 大众武术的发展

武术运动的发展并不能只靠竞技武术的片面发展,它更需要大众的广泛参与,这样才能够促进其长远发展。安徽省武术运动发展过程中,应积极满足大众的武术运动的需求,促进武术项目创编和推广,满足群众的娱乐、健身、自卫防身等多方面的需求。应进一步促进武术运动的普及,通过学校武术的发展,促进武术运动的普遍化、大众化。

二、安徽省武术教学中存在的问题及对策

(一)发展中的问题分析

1. 教学内容的问题

(1)武术套路的教学内容和现代武术的发展不协调

现阶段,安徽省高校的武术教学中,教学内容虽有一定的群众基础,但已不能适应全民健身的需要和武术发展的需求。武术教学内容陈旧,并不能满足时代发展的需要。

武术运动经过多年的发展,套路的内容和种类较多,并且通过对传统的武术套路进行整理以及新的套路不断出台,使得武术套路更加丰富多样。这在一定程度上促进了武术套路与社会发展需要的相适应。武术套路的教学应注重与社会发展需要的结合,积极引入新的武术套路形式,促进武术教学内容的社会性和时代性。

(2)武术套路技术教学的内容陈旧,缺乏吸引力

学生对于武术套路的需求具有多样性特点,而大部分高校的武术教学并没有考虑学生的需求,更多地考虑为学校的场地器材资源以及师资情况。这就造成武术教学内容安排具有很大的局限性,学生只能按照指定的几个套路进行学习。这种形式的教学忽视了学生的个体差异,不注重学生的个性化发展,使得学生学习武术套路的积极性受到不同程度的打击。

(3)在教学中忽视武术的基本功、基本动作教学

很多学校在武术教学过程中,并不注重武术基本功和基本动作的学习,从一开始就进行武术套路动作的学习,这不利于学

第二章 安徽省武术运动发展的现状分析

生套路动作的深化理解和掌握。

基本功、基本动作是武术套路的基础,通过进行基本功的学习和掌握,能够使得身体各部位得到相应的锻炼,能够使得学生以更好的状态进行武术套路的学习,还能够使其更容易掌握一些高难度的动作。在教学过程中经常进行基本功训练能够有效增强各关节、韧带的柔韧性和灵活性,能够使得学生更好地控制自身的身体,从而使得其在做武术套路时更加准确、规范。基本功和基本动作在教学过程中往往被忽视,其主要的原因有如下几方面。

首先,武术教学的课时数较少,如果占用一定的课时进行基本功和基本动作的练习,则会造成教学进度的滞后,影响整个武术套路的学习。

其次,武术的基本功和基本动作难度较大,一般习武者在年龄较小时就开始习练。学生的身体素质相对较差,很难达到武术动作的基本质量要求,短时间的学习则不会起到良好的效果。由于基本功和基本动作的习练相对较为枯燥,学生的学习兴趣也不高。

最后,基本功和基本动作教学过程中,需要武术教师进行相应的动作示范,而很多武术教师的基本动作可能不规范、不标准,从而避开对其的教授。另外,基本功和基本动作相对较为难学,学生可能"望而生畏",这也是武术教师避而不教的重要原因。

(4)武术套路的理论教学时数偏低

理论课的目的是使得学生通过理论课的学习,能够较系统地掌握武术基础理论知识,形成一定的武术知识体系。在武术理论的指导下,学生能够更好地进行武术运动实践,提升自身的武术修养,能够更加科学的进行武术习练。如果学生能够深刻地掌握相应的武术知识将会终身受用,在以后的健身锻炼中,能够更好地对所学的知识进行运用。

学者们认为,在武术教学过程中,武术理论所占的课时数应为总课时数的10%～15%。但是,通过对安徽省的武术教学现状进行研究,发现90%的高校并没有进行武术理论知识的教学。这就造成了学生武术理论知识的匮乏,使得学生并不能很好地理解武术运动的文化内涵,在进行武术套路练习时,只是对套路动作的简单练习,并不能掌握其深层的内涵。在这种教学模式下,学生在毕业之后往往会很快忘记所学的动作套路。

2. 教学方法的问题

(1)教学形式单调,教学方法单一

虽然体育教学改革不断深化进行,教学方法不断丰富,但是大部分武术教学在教学过程中仍沿用传统的体育教学方法,教学方法较为单一。武术套路与其他形式的体育运动项目具有一定的区别,其动作变化较多,路线较为复杂,并且讲究精、气、神的配合,注重力量的运用。武术流派众多,每一种流派都有其相应的风格,即使动作套路相似,演练的技巧也有很大的差异性。教师单一的讲解和示范方法很难完成武术教学的任务,必须创新体育教学的方法。

(2)技法分析不透彻

武术套路具有很强的攻防技击性,经过多年的发展,其攻防技击性也依然存在于其各个技法动作之中。虽然动作的规格、动作幅度等方面发生了多方面的变化,但是武术的踢、打、摔、拿、击、刺诸法仍是其核心。学生学习武术套路的重要原因是为了掌握一定的攻防自卫技术。但是在教学过程中,教师一般很少讲解各种武术套路技法的攻防内涵。由于自身的水平有限,很多教师将武术套路演化为了"花架子",彻底失去了其攻防技击性的内涵。教师在进行武术套路的教学过程中,武术套路的攻防技击性的缺失在一定程度上影响了学生学习武术的积极性,从而对教学的效果产生了一定的消极影响。在武术套路教学过程中对技术动作,特别是主要动作讲解的深度不够,分析得不透彻,是武术教学中的突出问题之一。

第二章　安徽省武术运动发展的现状分析

另外,我国武术博大精深,在习练时,不仅注重各种套路动作的攻防含义,还注重内在的修炼。"形神兼修"是武术练习的基本原则,但是由于体育教师自身业务水平有限,其对动作套路的基本内涵尚不明确,更别提深层的内在"精气神"的练习。因此,教师在教学过程中不可能进行更深层次的讲解,这在一定程度上影响了武术教学的质量。为了促进学校武术教学的发展,应加强武术教师自身素养的提高,促进武术运动得到更好地继承和发展。

3. 教学设施配置的现状分析

(1)教材内容不能适应武术套路教学的需要

教材是各种教学信息的重要载体,教师在教学过程中一般会根据教材的内容进行相应的讲解。教材在教师和学生之间起着一定的中介作用——它是教师教学的依据,也是学生学习的对象。安徽省大部分高校采用的是安徽省高等学校通用教材《大学体育》。

通过分析武术教材可知,高校武术教材存在武术理论缺乏,内容不够全面的问题。另外,一些学校的教材较为陈旧,相应的概念和观点有待改进和更新。

武术的基本功是习练武术套路的基础,而教材的基本功的内容具有一定的不全面性。在基本动作方面,教材中也很少涉及,应选择一些简单、易练的基本动作来作为武术套路运动习练的基础动作。

另外,武术教材的内容相对较为陈旧,武术套路较少,学生的学习选择较少。在教材中,武术套路动作的讲解也不够精确和完善。教材内容的这些特点阻碍了学生学习的广度和深度,应注重教材内容的多元化和科学化。

(2)教学班级人数不适宜

套路教学具有一定的复杂性,特别是器械类的项目,其教学难度更大,学生的安全问题需要时刻关注。而教师的精力相对有限,因此,教学中班级的人数不宜过多,不然会使得教学质量受到一定程度的影响。安徽省大部分高校在武术教学中,其班级人数一般在35人左右,人数相对较多,应控制在30人以下。

(3)教学场地不固定,器械很难满足教学需求

安徽省大部分高校在武术教学时采用室外场地进行教学,但是场地并不固定,有些学校甚至没有室外场地。在武术器材方面,由于学生人数相对较多,武术器材相对有限,武术器材的数量和质量并不能满足教学需求。很多武术器材质量较差,在一定程度上影响了学生学习的积极性。

4.武术专业教师的现状

(1)武术专业教师短缺

教师自身的素质水平对教学质量具有重要影响。现阶段,安徽省大多高校中,武术选项课教师中专修武术专业的很少,大多教师都是在大学期间学习武术,从小习武的教师很少。近年来,随着武术运动的逐渐兴起,各高校相继开设了武术套路选项课,但是由于武术套路教师十分短缺,学校会让具有这方面特长的教师担任武术套路教师,以弥补教师短缺的状况。一些教师具有有限的武术基础,通过自学掌握了相应的武术知识,但是其武术知识缺乏系统性,知识面较窄,教学方法也相对较少。教师在对武术套路进行分析和讲解时,具有一定的局限性,不能达到武术教学的标准。

(2)武术专业教师知识结构不合理、技术素质较差

教师的知识结构、业务素质等方面对教学的质量将会产生直接的影响。优秀的教师能够具有全面、完善的知识结构,并掌握多种教学方法和手段,能够充分激发学生学习的兴趣。另外,优秀的教师还善于进行自我完善,不断进行自我学习,了解学科的前沿动态,适应时代发展需要。

在进行武术套路教学时,教师应对相应的武术套路的特点和风格具有一定的了解,明确各种动作技术的结构、节奏以及攻

防意义。在对武术套路进行分析和研究之后,还应选择合理的教学方法和教学手段,使得学生不仅能够掌握相应的武术套路,还能够使其得到全面的提升。

安徽省高校很多武术套路教师大多没有经过多年的系统、专业学习和训练,并不能深刻理解武术套路的动作技术和理论内涵,其在"一知半解"的情况下,不利于武术套路教学的开展。很多武术套路教师虽然具有崇高的精神和充分的工作热情,但是由于自身知识结构、业务素质有限,表现武术套路的动作意向以及示范动作不够准确,教学水平相对有限。

5. 武术套路技术考核评分方法不合理

考核是教学中的重要方面,不仅能够促进学生知识和技能的掌握,还能够对教学的效果进行检测,促进教学方法的改进和教学质量的提高。武术套路具有一定的特殊性,没有具体量化的标准,高校教师在对学生的学习进行评价时往往由教师独立评分。这种考评方法往往带有一定的主观印象,从而使得评分结果不能客观公正,从而影响学生学习的积极性。

安徽省高校在进行武术套路的考核时,存在以下问题。

首先,考核的内容往往只局限在套路的演练上,而忽视了学生的道德品质、意志力以及学习态度等方面的考核,考核的片面性不利于学生的全面发展,对于学生学习的积极性和自尊心、自信心也会产生消极的影响。

其次,考核的方法具有单一性,缺乏更多的评价指标和更加客观的评价方法。

(二)安徽高校武术套路教学的对策研究

1. 促进学生树立"终身体育"意识

培养具有创新意识和良好适应能力的优秀复合型人才,是新时期学校体育教育更加重视的方面。随着社会的发展和进步,学校体育则逐渐由传统的体育教学观念转变为重视全面发展的人的培养和体育终身意识的培养。目前,体育在人们的日常生活中越来越受到重视,"终身体育"对学校体育教学也正产生着重要而深刻的影响。

武术套路教学活动是教师和学生的互动,学生在教师的指导下,积极主动地学习和掌握各种武术技能和知识,同时达到增强体质,继承和弘扬民族武术文化的过程。在武术套路教学中,学生通过学习和掌握相应的动作套路,明确其攻防的格斗技巧,既可以增强学生体质健康和身体素质,又能够培养学生顽强和勇敢的意志品质。

通过武术套路教学,应使得学生能够学以致用,使其能够在以后的工作和生活中能够运用所学的知识和动作技能进行相应的健身锻炼。武术教学应培养学生的终身体育意识,促进武术文化的继承和发展。

2. 促进学生民族精神和爱国热情的培养

武术是我国传统文化的重要组成部分,与我国的经济、社会、文化等方面密切相关,对我国经济社会的各方面都具有一定的影响。在教学过程中应加强学生的武德修养,传授学生基本的武术礼仪知识,以武术为出发点,促进学生对中国传统文化的认知和理解,培养其民族精神和爱国热情。武德教育应贯穿于武术教学的始终,并注重培养学生对武术文化的兴趣,达到武术套路教学的目的。

另外,在教学过程中,应让学生更多地了解武术所包含的内涵,使学生的心态、情操、武德得到全面的升华,促进高校武术教学质量的提高。

3. 武术教材的选择应注重合理性

教材内容的选择应做到符合实际,注重基本功和基本技术的学练。武术套路教材较多,作为高校体育部门要选择最符合

第二章 安徽省武术运动发展的现状分析

学生和授课实际的教材。一般来讲,大多数大学生没有参与过武术套路运动,因此选择的教材应该注重武术基本功和基本技术动作的学习;基本知识应围绕武术套路学习的需要进行相关知识的讲授;中等水平则以基本武术套路技术带基本功,并不时拓展技术领域和范围,加强综合理论知识的介绍;较高水平则以提高技术动作质量和竞技水平为主来安排相关的内容。

高校在选择相应的武术套路教材时,应根据学校的实际情况来选择。应根据地域、地区学生层次水平的不同以及针对武术特点,选择适合当地武术发展需要的多样的教材内容,供不同层次、特点的当代大学生使用。

4. 促进武术教学方法的优化

在武术教学中,对武术套路教学方法的改革是提高武术教学质量的重要手段。在武术教学过程中,通过多种形式的改革,改进教学的措施,促进学生的全面发展。

通过不断创造和探索生动有趣的教学方法,使得学生能够在教学过程中真正体会到武术套路运动的快乐,并且能够在武术运动过程中感受到其独特魅力。

5. 改革武术套路的考核制度

教师作为体育教学评价的主导者,需要了解学生的身体素质水平以及运动能力状况,根据学生学习与锻炼的表现进行多种针对性的评价活动,以充分调动学生的积极性。终结性评价和发展性评价相结合,实现体育教学评价重心的转移;重视综合评价,关注个体差异,实现体育教学评价指标的多元化;强调自评和他评、参与和互动相结合,实现体育教学评价主体的多样化。

在教学中,以往的考试往往只重学生技术的掌握而不注重理论和学生的实践能力。因此,在今后的武术套路教学中,应将动作技术与理论知识并重。

6. 加强武术专业教师队伍建设

加强学校师资队伍的建设也是现代体育教学改革应重视的一大问题。在体育教学过程中,应重视将一些教育较强创新能力的体育教师的知识、技术水平和思维引进到体育教学课堂上来,在体育教学的各个环节加以推广和渗透,以培养学生体育学习中的思维创新能力,从而促进学生积极性、创造性以及各项能力的发展。

现代体育教学应重视体育教师多种综合素质和能力的发展。优秀的体育教师应该专业知识技能丰富、富于创新精神和教学能力,身心健康、人格健全等。这些素质会影响学生的学习和发展,并且对现代体育教学改革也具有十分重要的意义。

学校应增加武术专业教师的配备,还应注重教师的武术业务培训,提高教师的武术理论和技术水平。通过培训,使武术教师具有一定的现代教育意识和观念,对于现代教育技术有一定的掌握;使武术教师对本学科专业理论和教育理论有一定的掌握,并对体育教学规律和学生学习规律熟知;使武术教师掌握基本教学技能,并能将其灵活的运用到体育教学实践中,且能取得较好的教学效果。

体育院系应加强武术的普修力度,增加普修的教学时数,不仅要提高技术水平,加强武术的理论知识教育,也要提高学生的武术文化修养。

7. 充分发挥高校武术协会的作用

学生体育协会是在学生会体育部领导下,在体育教学部指导下开展工作,是学生群众性体育组织。既为广大的体育爱好者提供了发挥自己特长的舞台,也是对业余训练空白的填补。其作用主要表现在以下几方面。

(1)在体育管理系统中,学生体育协会属于群众性体育组织,因此有广泛的群众基础,学生自愿参加,自己管理,可最大限

第二章 安徽省武术运动发展的现状分析

度地提高学生的学习兴趣和练习热情,培养学生参与体育活动的积极性。

(2)在学生与学校体育管理部门之间,学生体育协会应起到良好的沟通作用,其具有的桥梁沟通作用有助于学生与学校体育管理部门维持良好的关系。学校体育管理部门可以通过该组织了解学生的体育动态,掌握学生体育爱好者的基本情况,为学校体育工作的决策提供了一个新的信息渠道。

(3)学生体育协会还可以成为本校与外校学生中体育爱好者交流的一座桥梁,通过它们可以与外校保持密切的联系,进行体育交流,相互促进,共同提高。

8. 加强现代教育技术的应用

在武术教学过程中,应注重现代教育技术运用。充分利用快速摄像、拍照、刻录、多媒体制作等技术手段。另外,学校还应注重先进的教学思想和教学理念对教学活动的指导作用,促进教学管理的科学化。在教学过程中,应以学生的发展为中心,重视学生的主体地位,从课程设计到评价的各个环节,始终把学生放在中心位置。在教学过程中,多给学生一些思考、实践的机会,从而激发他们学习的兴趣。

9. 改变场地与器材设施现状

应加大对体育经费的投入,从而建设与高校规模相适应的体育场馆,配备足够的体育器材和设备数量。争取把高校新建体育场馆设施的工作放在首位,另外,还应加强对旧有体育场馆的改造,进行充分合理的利用。

同时,还应加强体育现有物资的管理和使用。在体育教学中,要按照制度要求使用物资,并加强体育设施的保养和维修,定期对体育教学物资进行检查,使体育场地设备及器材得到更好的利用。

第三章 安徽省非体育人口转化的研究

非体育人口的转化是当前体育事业发展的一个重要影响因素和主要内容。本章基于安徽省体育人口与非体育人口的研究为例,对安徽省非体育人口的基本情况、结构特征及影响因素进行重点分析,以期为我国体育人口转化提供参考依据。

第一节 体育人口与非体育人口的研究

一、体育人口的研究

我国对体育人口的研究开始于 20 世纪 80 年代,20 世纪 90 年代以后,随着我国经济的不断发展,政治和文化的不断进步,特别是 1995 年《全民健身计划纲要》的实施以及《中华人民共和国体育法》的颁布,体育人口在我国有了一定程度的发展,体育人口研究也随之成为我国学术界研究的热点问题。2000 年以来,随着我国市场经济的不断深入,体育和文化也得到了空前的发展,体育人口也以前所未有的速度发展壮大,体育人口的研究受关注度也持续升温。由此可见,我国体育人口的研究始于改革开放初期,是随着我国体育人口的发展与社会经济、政治、文化的不断变化而展开的。

我国体育人口研究的内容和领域不断拓展。20 世纪 80 年代以来对体育人口基本概念及相关概念的研究,20 世纪 90 年代以来体育人口划分标准的研究,以及 2000 年第二次中国群众体育现状调查为起点的体育人口规模、结构分布研究和关于我

第三章　安徽省非体育人口转化的研究

国体育人口发展影响因素和对策的研究,说明我国学术界对体育人口的研究在不断加深,研究的内容和领域在不断扩展。

(一)体育人口的划分标准

体育人口划分标准研究是体育人口研究的重要问题。1987年,王则珊和卢元镇在《群众体育学》一书中首次提出体育人口划分标准。20世纪90年代以后,体育人口划分标准研究更加受到学界关注,争论的焦点主要还是集中在具体的练习时间和练习频度。经过无数的争论后,1997年,原国家体委组织的中国群众体育现状调查将体育人口标准确定为,每周参加体育活动3次以上,每次活动时间30分钟以上,具有与自身体质和所参与的体育项目相适应的中等以上负荷强度。这样的标准既和美国、加拿大等国接轨,又便于体育人口研究的统计,所以在国内专家学者赞同此标准者居多。

21世纪以来,专家学者对体育人口划分标准的讨论在基本认可1997年标准的基础上继续深入,但目前仍未形成统一性的认识,关于体育人口标准的划分,还需要进一步地完善。

(二)体育人口的结构特点

1. 我国体育人口结构调查

关于我国体育人口规模与结构分布的权威性观点来自1997年和2001年的两次全国群众体育现状调查,这两次调查结果显示,我国体育人口的结构呈现出以下特点。

(1)年龄方面。16岁以上的体育人口的比例为15.5%和18.3%。体育人口在年龄结构上表现为"马鞍型"态势。

(2)性别方面。我国体育人口在性别结构上表现为男性多于女性(分别占11.4%和6.9%);在职业结构上表现为有职业人员多于无职业人员(分别占体育人口的75.3%和24.7%)。

(3)活动场所选择方面。我国体育人口在活动场所选择上主要集中在公共活动场所、公路街道边等非正规体育场所。

(4)活动项目选择方面。我国体育人口在活动项目选择比例上依次为散步或跑步、羽毛球、球类运动等列前。

2. 我国体育人口结构分析

当前,我国学术界对体育人口的结构研究比较重视,一些学者从不同角度对我国体育人口结构分布进行了讨论。具体如下。

(1)仇军对中国体育人口结构进行了比较全面的研究,他认为,中国城市体育人口年龄结构为老年型,农村体育人口年龄结构为年轻型,全国整个体育人口属于年轻型,体育人口年龄性别比波动明显,文化结构为中等水平结构,职业结构以体力型职业为主体,不同性别体育人口职业结构中同一职业体育人口比例差距很小。

(2)肖焕禹对我国整体人口结构与体育人口结构进行了对比研究,指出,中国群众体育现状调查中关于体育人口职业结构的划分过于简单,很难反映出中国不同职业人群中体育人口的真实情况。中国体育人口年龄结构与中国人口年龄结构出现反差,体育人口年龄结构表现为青少年年龄人口和老年人口增加,劳动年龄体育人口减少;中国体育人口性别结构与中国人口性别结构形成较大反差,妇女体育人口低于男性体育人口;中国体育人口与文化程度基本成正比;中国体育人口职业结构的基本特征为科教文工作者和管理人员参加体育活动人口的比例较高,工人、服务人员体育人口比例有待提高,农民体育人口是中国体育人口职业结构中的薄弱环节。

(3)张宁从地域结构对我国体育人口进行了研究,他认为,由于经济发展不平衡而造成我国东部和沿海地区及城市参加体育活动人口较多,西部地区和广大农村参加体育活动者很少,体育人口主要集中在城镇。

(4)张新萍、李大光从年龄和城乡结构研究认为,发展体育

第三章　安徽省非体育人口转化的研究

人口应以中青年中间阶层为重点,年轻的"农民工"为突破口,有效提高中青年体育人口比例;增加农村体育投入,改善体育人口的城乡结构;关注城市弱势体育群体,提高低收入者体育人口比例。

(三)我国体育人口发展的影响因素

当前,相关专家和学者对我国体育人口发展的影响因素的探索是多角度的。他们分别从社会学、农村群众体育、群众体育与学校体育的关系、体育人口与市场经济的关系的角度论述了影响群众体育发展的各种因素,并根据影响因素提出了各自的应对策略。具有代表性的主要有以下几种。

(1)孟凡强等从社会学角度对影响我国体育人口性别结构的社会因素进行分析,认为个性社会化过程中性别角色的差异、现代社会职业生活、已婚妇女家庭生活、宗教与民间习俗、社会经济发展不平衡以及中国传统文化等,是影响体育人口性别结构的主要因素。[1]

(2)刘胜从农村群众体育的角度论证了体育意识与健康观念、经济收入、政府投入与组织措施的制约等是造成我国农村体育人口偏少的主要原因。[2]

(3)李东蕾从群众体育与学校体育的关系的角度撰文论述了学校体育在发展体育人口中应该发挥的作用,他指出,应加强体育宣传,让人们更多了解体育的功能和价值;精心选择既有健身价值又有终身体育性质的教学内容;改革学校体育,增强科学健身的基本常识,培养学生的体育兴趣,养成终身体育的习惯和意识;体育教学评价应强调过程性评价,强调学生努力程度;提高体育教师素质。[3]

(4)余潮平则从体育人口与市场经济的关系角度指出:在城

---

[1] 孟凡强．我国体育人口性别结构的社会学分析．南京体育学院学报,2004,18(3)
[2] 刘胜．我国农村体育人口偏少的成因及对策研究．武汉体育学院学报,2002,36(3)
[3] 李东蕾．中国学校体育的社会责任．山西师大体育学院学报,2005,20(1)

市,应通过体育市场经济活动加速社区体育发展;在农村地区,应开展群众喜闻乐见,能积极参与的体育活动;积极开展城乡体育资本经营也是发展体育人口的重要途径。①

(四)我国体育人口发展的基本对策

当前,促使我国体育人口发展,应做好以下几个方面的工作。

(1)要高度重视大众体育发展战略目标体系的建立,确定重点实施对象,推动体育人口的全面发展;做好宣传教育工作,增强人们的体育意识。

(2)开展形式与内容丰富多彩的体育活动,使人们的体育意识物化为体育行为;实施国民体质测定制度,对人们锻炼的效果做出经常性与量化性评定。②

(3)高科技发展必然会提高体育人口的比例及质量,经济发展必然会促进体育人口增长,现代化发展必然会刺激体育人口增多,21世纪体育人口活动将表现出由自由化向科学化转变、由低效能向高效能转变、农村体育活动将逐渐趋向经常化的特点。③ 因此,应重视以科技和经济促进我国人民生活方式的转变,推动非体育人口向体育人口的转化。

(4)加强健康教育,增强参加体育运动原动力,发展职工体育,克服体育锻炼障碍。④

(5)加快工业化、城市化步伐,快速发展第三产业和第二产业,促进体育人口的快速增长。⑤

---

① 余潮平.体育人口与市场经济关系初探.广州体育学院学报,2002,22(1)
② 程红义.试论我国体育人口的发展.浙江体育科学,1999,21(3)
③ 梁柱平.我国体育人口发展及其活动特点分析.中国体育科技,2000
④ 刘欣.改变我国体育人口马鞍形分布的对策.体育科研,2003,24(4)
⑤ 肖焕禹.当代中国社会结构与体育人口结构的基本特征.上海体育学院学报,2005,29(2)

二、非体育人口研究

非体育人口是指不参与体育活动的人口,或几乎不参与体育活动的人口。相对体育人口方面的研究,我国对非体育人口的研究显得非常薄弱,研究的深度和广度都远不及对体育人口的研究。但仍有一些学者从非体育人口的角度探讨了影响体育人口发展的因素及对策。具体如下。

(1)陈青认为,传统文化、饮食结构、生活节奏、闲暇文化、体育引力、经济实力、学校体育和社会体育等是非体育人口形成的影响因素。[①]

(2)同英等指出,我国 16 岁以上居民未参加体育活动的主要原因依次为缺乏闲暇时间、工作负担重、无兴趣、无体育设施与缺钱,对体育活动无兴趣是制约 16—25 岁、56 岁以上年龄组人群参加体育活动的首要因素,缺乏闲暇时间和工作负担重是 26—35 岁、36—45 岁、46—55 岁这 3 个年龄组人群未参加体育活动的首要原因。

(3)徐忠认为,边缘性体育人口(偶尔参加体育活动人口)的产生与性别、职业、年龄、受教育程度、经济条件、社会环境、体育发展速度和规模等相关,而经济条件是形成边缘性体育人口的关键因素。[②] 然而非体育人口这个几乎被遗忘的角落,却是我国群众体育发展真正的主战场,我们今后的任务就是要把这部分人群转化为体育人口,所以对非体育人口的研究就显得特别重要和迫切。

(4)朱家新指出,制约非体育参与人口的主要因素是没有时间、缺乏体育设施、缺乏体育组织、没有锻炼伙伴和没有体育指导等。[③]

[①] 陈青.非体育人口初论.体育科学,2002 (7)
[②] 徐忠.论边缘性体育人口.成都体育学院学报,2001,27(4)
[③] 朱家新.农村体育人口与非体育参与人口的比较研究.体育科学研究,2007

第二节 安徽省体育人口与非体育人口的基本情况调查

一、安徽省体育人口与非体育人口调查

调查发现,安徽省体育人口比例偏低,偶尔参加体育活动的人口比例也偏低,而不参加体育活动人群比例过高。调查结果显示,安徽省16岁以上的体育人口比例仅为4.07%,远低于2000年全国平均水平(18.3%);而安徽省非体育人口比例高达95.93%,其中偶尔参加运动的人口占总人口的10.33%,不参与运动的人口占总人口的85.60%。安徽省16岁以上城乡居民一年内参加过一次或一次以上体育活动者占14.40%,也远远低于2000年全国平均水平(35.0%)。体育参与者中有28.28%的人口达到了体育人口标准,而其他71.72%的人属于偶尔参加体育活动人口。城乡体育人口率分别为6.96%和1.19%;城乡偶尔运动人口比例分别为13.12%和7.54%;城乡不运动人口比例分别为79.92%和91.27%(表3-1)。

表3-1 安徽省体育人口与非体育人口基本情况

	城镇		农村		共计	
	人口	%	人口	%	人口	%
体育人口	35	6.96	6	1.19	41	4.07
偶尔运动人口	66	13.12	38	7.54	104	10.33
不参加运动人口	402	79.92	460	91.27	862	85.60
共计	503	100.00	504	100.00	1 007	100.00

二、安徽省体育人口与非体育人口调查结果分析

体育人口比例是反映群众体育开展情况的重要指标,也是判断社会文明程度的重要参考值之一。安徽省体育人口比例和体育参与比例都远远低于全国平均水平,群众体育城乡差距过大。反映出安徽省群众体育活动的落后局面,也说明作为经济欠发达地区的安徽省经济的落后以及人民生活方式亟待改变的现实,可以说今后安徽经济的发展与群众体育的开展工作任重而道远。安徽省城乡群众体育都相当落后,发展与研究任务都很迫切。

第三节 安徽省偶尔参加体育活动人口的结构特征及影响因素分析

一、安徽省偶尔参加体育活动人口的结构特征

(一)性别结构

基于安徽省偶尔参加体育活动人口的性别基础调查发现,安徽省偶尔参加体育活动人口的比例男性高于女性。数据表明,男女比例分别为14.74%和11.51%,男性人口的比例比女性高出3.23%(表3-2)。安徽省偶尔参加体育活动的人口男女性别比为1.28∶1,远远小于安徽省体育人口性别比(4.12∶1),而接近社会自然人口比,说明安徽省偶尔参加体育活动的人口男女性别比例较为合理,也为其今后成为体育人口打下了良好的基础。

表 3-2 安徽省不同性别、年龄段居民体育参与情况

	性别				年龄段					
	男	%	女	%	青年	%	中年	%	老年	%
体育人口	28	11.16	7	2.78	14	5.67	11	10.38	10	6.67
偶尔运动	37	14.74	29	11.51	27	10.93	15	14.15	24	16.00
不运动	186	74.10	216	85.71	206	83.40	80	75.47	116	77.33
共计	251	100	252	100	247	100	106	100	150	100

(二)年龄结构

根据联合国世界卫生组织（WHO）对年龄的划分标准，即44岁以下为青年、45—59岁为中年和60岁以上为老年。按年龄段的百分比由低到高排序，安徽省偶尔参加体育活动人口的比例依次是青年、中年和老年，其人口比分别为10.93%、14.15%和16.00%（表3-2）。

从年龄段分析，安徽省偶尔参加体育活动的老年人群的比例也高于其他两种人群，尤其是青年人群比例最低，这也与各年龄段的体育人口率相呼应，可以说青年人群在运动的开始阶段就落在了后面，青年人群将成为今后群众体育工作的重点人群。

(三)职业结构

在此次被调查的偶尔参加体育活动人口的所有职业中，其他人员在该人口中占24.24%，排在第一位；办事人员或有关人员占该人口18.18%，排在第二位；国家机关、党群组织、企业、事业单位负责人在该人口中占18.00%，排在第三位；专业技术人员在该人口中占13.04%，排在第四位；无职业者在该人口中占12.50%，排在第五位；商业、服务业人员在该人口中占10.13%，排在第六位；排在第七位的是农、林、牧、渔、水利业生产人员，他们在该人口中占3.70%；排在最后一位的是生产、运输设备操作人员（表3-3）。

第三章 安徽省非体育人口转化的研究

调查显示,其他职业者参与体育活动比例最高,办事人员和有关人员参与体育活动的比例次之,而国家机关、党群组织、企事业负责人参与体育活动的比例第三,而排在后三位的是生产、运输设备操作人员、农、林、牧、渔、水利业生产人员和商业人员。说明工作比较稳定、工作时间较为宽松和收入较为稳定的职业者是参与锻炼的主要人群。而劳动强度较大、工作不很稳定、工作时间较为紧张的职业者是体育参与的弱势群体。受样本量较小的影响,各种职业的偶尔参加体育活动人口很少,做为样本继续研究,可靠性很难保证,所以本文不再对偶尔参加体育活动人口职业结构的影响因素继续研究。该研究将作为本文的后续研究,待以后继续深入。

表 3-3 安徽省偶尔参加体育活动人口职业结构

职业	机关人员	技术人员	办事人员	商业人员	生产人员	操作人员	其他	无职业	缺失值	共计
样本	50	23	22	79	54	24	66	184	1	503
偶尔	9	3	4	8	2	0	16	23	1	66
比例(%)	18	13.04	18.18	10.13	3.7	0	24.24	12.5	100	13.12
排序	3	4	2	6	7	0	1	5	0	

(四)学历结构

通过调查和分析,可以了解到安徽省偶尔参加体育活动人口的比例与人口的文化程度近似正比。调查显示,大学(含大专)学历者中偶尔参加体育活动人口比例为 23.21%,排在第一位;第 2—5 位的分别是初中学历者(12.64%)、小学学历者(12.50%)、高中学历者(11.19%)、文盲或识字不多者(10.52%)。大学学历者明显高于其他几种人群,高中学历者虽排在第 4 位,但仅与第 2 位的初中学历者相差 1.45%(表 3-4)。说明大学学历者明显高于其他人群,而大学学历以下者没有明显差距,所以可以近似看成学历与体育参与成正比。表 3-4 中可以看到,本次调查没有抽到研究生以上学历的调查对象,这意味着样本在抽取过程中存在欠缺,同时也反映出安徽省学历结构不尽合理,高学历的人群较少,这说明了安徽的欠发达地区发展特性。

此外,在分析调查结果时发现,调查者中有10人没有填写学历项,成为缺失值。缺失值均出现在人口中,考虑到学历可能涉及他人隐私,因此,认为10个缺失值多数是因为被调查者学历较低而羞于回答所致;从缺失值的人口中偶尔参加体育活动人口比例来看也比较接近文盲或识字不多者的比例。同样是受样本量较小限制,不适宜对各种学历的偶尔参加体育活动人口体育参与的影响因素继续研究,这方面的研究有待今后继续深入研究。

表3-4 安徽省偶尔参加体育活动人口学历结构

	样本数(个)	偶尔活动人口(人)	人口比率(%)	排序
研究生以上	0	0	0	0
大学(含大专)	56	13	23.21	1
高中(含中专)	134	15	11.19	4
初中	174	22	12.64	2
小学(含私塾)	72	9	12.5	3
文盲或识字不多	57	6	10.52	5
缺失值	10	1	10	6
共计	503	66	13.12	

二、安徽省偶尔参加体育活动人口参与体育活动的影响因素

从原因类型上来讲,偶尔参加体育活动人口之所以没有成为体育人口,既有客观上的因素,也有主观上的因素;既有其临时存在的合理性,又有其不满足现状的矛盾性;既有其存在的稳定性,又有其前进的能动性。体现了影响体育人口转化原因的

复杂性。

为揭示当前安徽省偶尔参加体育活动人口的结构特征形成的内在原因,为今后偶尔参加体育活动人口向体育人口的转化寻找解决方案。本书以安徽省居民为调查对象,主要从性别、年龄两个角度分析安徽省偶尔参加体育活动人口参与体育活动的影响因素。

(一)男性偶尔参加体育活动人口参与体育活动的影响因素

调查结果显示,安徽省男性偶尔参加体育活动人口锻炼的主要障碍是工作忙,缺少时间。在接受调查的男性人群中,认为工作忙而缺少锻炼时间的人口在该人群中排第一位。安徽省是经济发展中地区,工作的劳动效率相对不高,以致很多男性公民为了生计而不得不增加劳动时间来换取报酬,从而在一定程度上占去了他们大量的锻炼时间。排在第二位的是认为缺乏场地设施而缺少锻炼的人口。

毫无疑问,经济因素对个人从事体育活动的影响是巨大的。调查显示,经济基础决定了当今的安徽在很长一段时间内都会出现体育场馆短缺的局面,这从他们的锻炼内容和锻炼场所也可以得到印证,走和跑步都是对体育场馆要求不高的运动项目,而多在公园和单位小区的体育场锻炼也说明场地设施的缺乏。排在第三位的是认为惰性阻碍了锻炼的人口。经济欠发达地区的人们往往是体育意识也欠发达,他们参与体育活动的目的多是为了增强体力,可以说明其体育意识还停留在较低的层面。其他原因依次为身体好,不用锻炼、缺乏组织、怕受伤、身体弱,不宜锻炼、家务忙,缺少时间、没兴趣、认为没有必要等(图3-1)。

通过对调查结果进行分析,当前,如果能解决好工作和锻炼的关系,那么安徽省男性偶尔参加体育活动的人口中有很大一部分可能会增加他们的锻炼时间、锻炼频度或锻炼强度,这部分人口会随着锻炼的时间、频度和强度的增加而达到体育人口的标准,从而成为体育人口。此外,解决场地设施问题,也是加速偶尔参加体育活动人口向体育人口转化的重要途径。

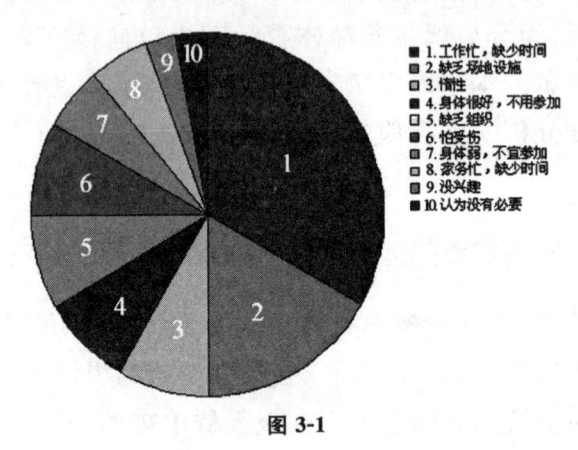

图 3-1

1. 工作忙,缺少时间
2. 缺乏场地设施
3. 惰性
4. 身体很好,不用参加
5. 缺乏组织
6. 怕受伤
7. 身体弱,不宜参加
8. 家务忙,缺少时间
9. 没兴趣
10. 认为没有必要

(二)女性偶尔参加体育活动人口参与体育活动的影响因素

总的来看,安徽省女性偶尔参加体育活动人口锻炼的主要障碍是家务忙,缺少时间。调查结果显示,认为家务忙而缺少锻炼时间的人口在该人群中排第一位。家务劳动历来是中国女性的主要劳动之一,受传统观念的影响,我国妇女参与家务劳动的比例远高于男性,也高于其他国家的女性,所以我国妇女受家务劳动影响而疏于锻炼的比例相当高。排在第二位的是认为缺乏场地设施而缺少锻炼的人口。这是一个共性问题,只是在经济欠发达的安徽省更为突出。排在第三位的是认为惰性原因阻碍了她们锻炼的女性人口。惰性在某种程度上往往是体育意识不够,缺乏运动技能的一种被动的表现。其他原因依次为工作忙、缺少时间、身体弱、不宜锻炼、缺乏组织和其他(图 3-2)。

针对调查结果,现阶段切实改变女性偶尔参加体育活动人口做家务和锻炼的关系是当前增加女性体育人口的重点所在,这样安徽省女性偶尔参加体育活动的人口中将有很大一部分人口会因此而增加他们的锻炼时间、锻炼频度或锻炼强度,这部分人口会随着锻炼的时间、频度和强度的增加而可能达到体育人口的标准,从而成为体育人口。

此外,解决场地设施问题,同样是加速偶尔参加体育活动人口向体育人口转化的重要途径。当然,锻炼的障碍是多方面的,一时不可能解决所有的问题,要解决安徽省女性体育人口过低的问题,应该先从主要问题或者容易解决的问题做起,常抓不懈。相信不久的将来安徽省女性体育人口偏低的现象定能得到较好地改善。

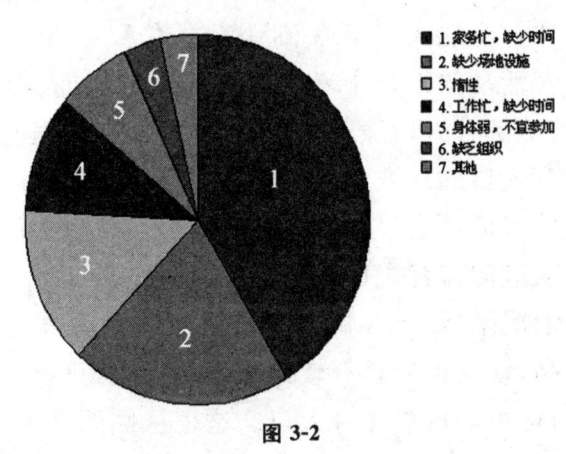

图 3-2

(三)青年偶尔参加体育活动人口参与体育活动的影响因素

安徽省青年偶尔参加体育活动人口锻炼的主要障碍是工作忙,缺少时间。调查结果显示,认为工作忙而缺少锻炼时间的青年人口在该人群中排第一位。青年人是工作岗位上的主力军,处于事业拼搏阶段,在发展中城市更是如此,青年人的工作自然占去了他们大部分的时间。排在第二位的是家务忙而缺少时间锻炼的青年人口。青年人刚刚成家立业,家庭任务很多,负担很重,家务劳动也就成为他们的重要劳动之一。排在第三位的是认为自己身体好不用锻炼的青年人口。青年人正处于身体素质的高峰期,体力充沛,精力旺盛,伤病少,所以他们有资本认为"身体好,不用锻炼"。

从当前安徽省青年的体育锻炼程度来看,他们大部分都在运动强度和运动时间达到了体育人口应具备的运动强度和时间标准,而真实情况却是这些潜在的体育人口中有 81.48% 的人口是在运动频度上没有达到体育人口的标准。这说明,青年人缺乏相应的体育知识,不明白身体的发展规律,从而失去了最好的锻炼机会。其他原因依次为缺乏场地设施、惰性、缺乏组织和怕受伤等(图 3-3)。

要想扫清青年人参加体育活动的障碍,就必须先解决好青年偶尔参加体育活动人口工作和锻炼的关系,以使安徽省青年偶尔参加体育活动的人口中增加他们的锻炼时间、锻炼频度或锻炼强度,使这部分人口随着锻炼的时间、频度和强度的增加而可能达到体育人口的标准,从而成为体育人口。此外,解决好青年偶尔参加体育活动人口的家务和锻炼的关系也是加速偶尔参加体育活动人口向体育人口转化的重要途径。

从现实情况来看,青年偶尔参加体育活动人群对场地器材的要求并不高,说明他们具有较强的运动渴望,只要其他条件满足,他们随时都可能成为体育人口。这也从侧面说明,场地器材并非锻炼的主要障碍,真正的障碍来自于主观认识。

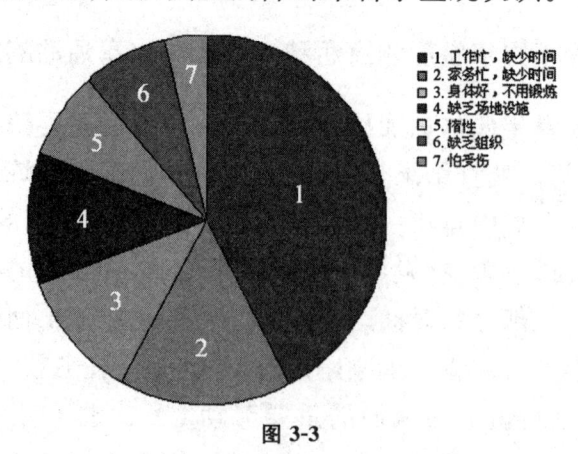

图 3-3

(四)中年偶尔参加体育活动人口参与体育活动的影响因素

安徽省中年偶尔参加体育活动人口锻炼的主要障碍是家务

忙，缺少时间。调查结果显示，认为家务忙而缺少锻炼时间的人口在该人群中排第一位。没有了工作上的强烈竞争，而家庭因素方面，有可能自己的子女需要照顾，所以家务劳动自然多起来，成为阻碍他们锻炼的首要原因。排在第二位的是工作忙而缺少时间锻炼的人口。中年人口基本上在事业上达到了顶峰，工作问题不再像青年人那样受重视，所以工作原因已不再是中年人口运动的主要障碍了。排在第三位的是认为缺乏组织。缺乏组织原因在中年人中已经悄然上升到第三位，说明他们已经对锻炼有所觉悟，有了较强烈的锻炼意识，然而这个年龄阶段的人们虽有锻炼的意识，却还缺乏锻炼的基本知识，从100％的人口在锻炼强度上都没有达到体育人口标准就可见一斑。其他原因依次为惰性、缺乏场地设施、身体弱不宜参加锻炼等（图3-4）。

与青年人相比，中年人的家庭观念更重一些，家务劳动占去他们相当多的时间。如果能解决好中年偶尔参加体育活动人口做家务和锻炼身体的关系，那么安徽省中年偶尔参加体育活动的人口中将有很大一部分人口会因此而增加他们的锻炼时间、锻炼频度或锻炼强度，这部分人口会随着锻炼的时间、频度和强度的增加而可能达到体育人口的标准，从而成为体育人口。此外，还必须解决好中年偶尔参加体育活动人口的工作和锻炼的关系，以加速中年偶尔参加体育活动人口向体育人口转化。

通过调查还应该认识到，当前缺乏组织是阻碍中年人参与体育活动的重要因素，这说明中年人锻炼在某种程度上还需要引导。和青年人相同，中年人对场地设施的要求较低，说明他们已经意识到锻炼的重要性，已经有了强烈的运动倾向，可见中年偶尔参加体育活动人口向体育人口的转化空间是十分巨大的。

调查结果显示，当前对于中年人群来说，解决好他们锻炼与家务，锻炼与工作关系以及群众体育的组织工作等问题是促进中年偶尔参与体育活动人口向体育人口转化的重点，如果能很好地解决好这些问题，那么中年偶尔参加体育活动人口向体育人口的转化必将取得阶段性的进展。

图 3-4

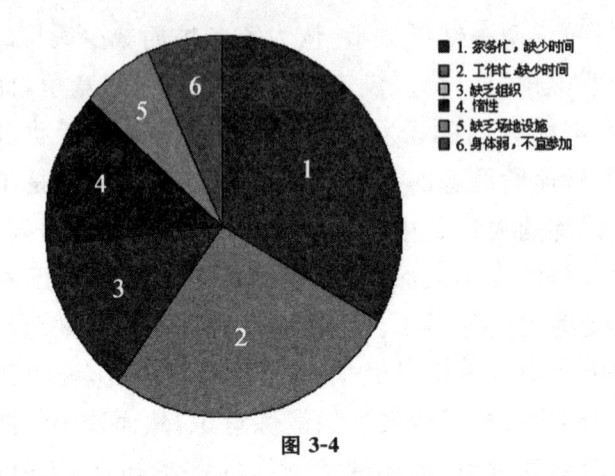

(五)老年偶尔参加体育活动人口参与体育活动的影响因素

安徽省老年偶尔参加体育活动人口锻炼的主要障碍是缺乏场地设施。调查结果显示,认为因缺乏场地设施而阻碍了他们锻炼的人口在该人群中排第一位。老年人多都退休在家,又多伤病,有较多的空闲时间,有锻炼需要,也有锻炼的条件,所以他们就苦于场地设施缺乏。排在第二位的是因为家务忙而缺少时间锻炼的人口。有不少老人退休后就主动承担起全家的家务劳动,帮子女买菜、购物、带孩子等,所以他们有相当一部分缺乏锻炼时间。排在第三位的是认为是惰性因素阻碍了锻炼的人口。受身体素质影响,老人的行动较为迟缓,渐渐地就怕动了、不想动了;还有受传统观念的影响,老人应该颐养天年,以静为主;再则受中国传统养生理论影响,老人们多是练静功,长此以往也就真的静下来了。而其他阻碍原因依次为身体弱不宜参加锻炼、怕受伤、没兴趣、认为没必要和其他等(图 3-5)。

不同于其他年龄阶段的人群,老年人对体育设施的要求更高一些,而家务劳动也占去他们相当多的时间,如果能满足这些人口的体育设施的要求以及解决好老年偶尔参加体育活动人口做家务和锻炼身体的关系,那么安徽省老年偶尔参加体育活动的人口中将有很大一部分人口会因此而增加他们的锻炼时间、锻炼频度或锻炼强度,这部分人口会随着锻炼的时间、频度和强度的增加而可能达到体育人口的标准,从而成为体育人口。

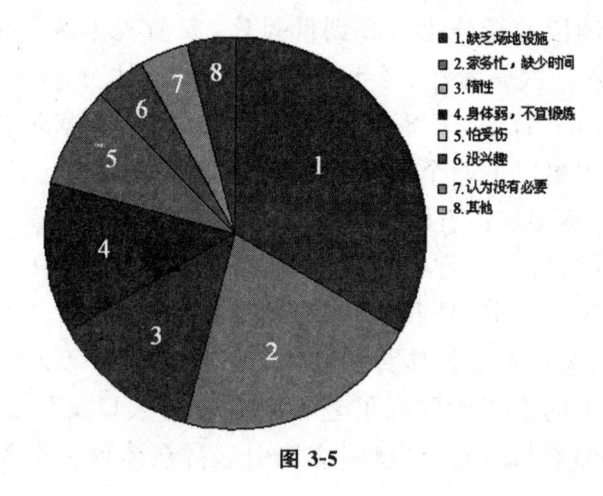

图 3-5

第四节 安徽省不参加体育活动人口的结构特征及影响因素分析

一、安徽省不参加体育活动人口的结构特征

(一)性别结构

调查发现,安徽省不参加体育活动的人口比例男性低于女性。调查数据显示,安徽省不参加体育活动的人口比例分别为74.10%和85.71%,不参加体育活动的女性人口比男性低11.61%(表3-2)。安徽省不参加体育活动的人口男女性别比为0.86∶1,说明女性不参加体育活动的人口偏高,女性依然是发展体育人口的重点人群,吸引更多的女性参与体育活动仍是当前发展体育人口的重要任务之一。

(二)年龄结构

按年龄段的百分比由高到低排序,安徽省不参加体育活动的人口比例依次是青年、老年和中年,其人口比分别为83.40%、77.33%和75.47%(表3-2)。从年龄段分析,不参加体育活动的人口呈现出以下两个主要特点。

第一,不参加体育活动的青年人群的比例明显高于其他两种人群,说明青年人群中不参加体育活动的人口很高,是发展体育人口的重点人群,是群众体育工作的主要攻坚点。

第二,老年不参加体育活动人口比例高于中年人群,说明参与体育活动的中年人群到了老年时有部分人口又停止了运动,体育活动的参与具有反复性,应该引起群众体育工作者的注意。

(三)职业结构

在此次调查所涉及的所有职业中,农、林、牧、渔、水利业生产人员排在第一位,其人口比例高达96.30%;生产、运输设备操作人员在该人群中占87.50%,排在第二位;专业技术人员在该人口中占82.61%,排在第三位;办事人员和有关人员占该人口81.82%,排在第四位;无职业者在该人口中占80.98%,排在第五位;商业、服务业人员在该人口中占75.95%,排在第六位;国家机关、党群组织、企业、事业单位负责人在该人口中占72.00%,排在第七位;其他人员在该人口中占71.21%,排在最后一位(表3-5)。

表3-5 安徽省不参加体育活动人口职业结构

职业	机关人员	技术人员	办事人员	商业人员	生产人员	操作人员	其他	无职业	缺失值	共计
样本	50	23	22	79	54	24	66	184	1	503
不动	36	19	18	60	52	21	47	149	0	402
比例(%)	72.00	82.61	81.82	75.95	96.30	87.50	71.21	80.98	0	79.92
排序	7	3	4	6	1	2	8	5	0	

第三章　安徽省非体育人口转化的研究

表 3-5 的调查数据显示,农、林、牧、渔、水利业生产人员不参加体育活动的人口比例最高,其次为生产、运输设备操作人员,最低的是其他职业人员,进而验证了人口中体育的参与情况。说明农、林、牧、渔、水利业生产人员和生产、运输设备操作人员是群众体育工作的重点。

(四)学历结构

数据显示,大学(含大专)学历者中不参加体育活动人口比例为 66.07%,排在第 6 位;其次分别是初中学历者(78.89%)、小学学历者(80.56%)、高中学历者(81.34%)、文盲或识字不多者(87.72%)(表 3-6)。大学学历者明显低于其他几种人群,而高中学历者、初中学历者和小学学历者的人口比例较为接近,文盲或识字不多者不参加体育活动的比例也明显高于中、小学毕业者。

通过分析调查结果,可以得出这样的结论,即安徽省不参加体育活动人口的比例与人口的文化程度近似反比。从这个总体上反比的形式分析,加强社会教育改革,提高人口学历水平,提高人口素质是改变不参加体育活动人口体育参与的重要途径。

表 3-6　安徽省不参加体育活动人口学历结构

	样本数(个)	不运动人口(人)	人口比率(%)	排序
研究生以上	0	0	0	0
大学(含大专)	56	37	66.07	6
高中(含中专)	134	109	81.34	3
初中	174	139	79.89	5
小学(含私塾)	72	58	80.56	4
文盲或识字不多	57	50	87.72	2
缺失值	10	9	90.00	1
共计	503	402	79.92	

二、安徽省不参加体育活动人口参与体育活动的影响因素

针对安徽省不参加体育活动人口参与体育活动的影响因素分析,这里仍以性别和年龄为主要分类标准,同时结合学历因素,对不同人群的体育活动影响因素具体分析如下。

(一)男性不参加体育活动人口参与体育活动的影响因素

调查显示,安徽省男性不参加体育活动的人群不参加体育活动的原因主要是客观上缺乏运动的场地和主观上缺少运动兴趣。其中,31.72%的被调查者认为没有运动的原因是缺乏运动场地设施;30.65%的人认为不运动是因为没有兴趣;因为工作忙缺少时间运动而不运动的占24.73%;还有20.97%的人认为自己身体好不需要运动;19.35%的人把不运动的原因归结于缺乏体育运动的知识或指导;其余原因依次为缺乏组织、惰性、身体不好不宜运动、体力工作多不必运动、家务忙没有运动时间、认为没有必要、怕受伤、经济条件限制、其他原因和怕受嘲笑(表3-7)。

通过对不参加体育活动的人群不运动的原因进行总结和归纳发现,这些因素是多方面的,而且既有运动场地、时间等客观上的原因,又有兴趣、惰性等主观上的原因。在这些因素当中,缺乏运动的场地设施、缺乏运动兴趣、工作忙没有运动时间是最主要的三个因素。

表 3-7 安徽省男性不参加体育活动人群运动的障碍(N=186)

	第一位		第二位		第三位		共计（％）	排序
	人数	％	人数	％	人数	％		
没有兴趣	44	23.66	12	6.45	1	0.54	30.65	2
惰性	11	5.91	16	8.60	1	0.54	15.05	7
身体好不用参加	25	13.44	11	5.91	3	1.61	20.97	4
身体弱不宜参加	15	8.06	3	1.61	1	0.54	10.22	8
体力工作多	6	3.22	8	4.30	2	1.08	8.60	9
家务忙缺少时间	10	5.38	1	0.54	2	1.08	6.99	10
工作忙缺少时间	30	16.13	13	6.99	3	1.61	24.73	3
缺乏场地设施	28	15.05	24	12.90	7	3.76	31.72	1
缺乏体育知识或指导	6	3.23	20	10.75	10	5.38	19.35	5
缺乏组织	4	2.15	13	6.99	16	8.60	17.74	6
经济条件所限	2	1.08	0	0	3	1.61	2.69	13
怕受嘲笑	0	0	2	1.08	0	0	1.08	15
认为没有必要	3	1.61	7	3.76	2	1.08	6.45	11
怕受伤	0	0	5	2.69	2	1.08	3.76	12
其他	2	1.08	1	0.54	0	0	1.61	14

(二)女性不参加体育活动人口参与体育活动的影响因素

安徽省女性不参加体育活动的人群不参加体育活动的原因主要是主观上缺少运动兴趣和客观上家务忙以致缺少运动时间。调查显示,31.94％的被调查者认为没有运动的原因是对体育锻炼不感兴趣;29.63％的人认为不运动是因为家务较忙而缺少运动时间;因为工作忙缺少运动时间而不运动的占22.69％;只有21.30％的人认为自己没有运动是因为缺乏运动场地和运动设施;其他影响因素依次为缺乏组织、身体好不用锻炼、缺乏体育运动的知识或指导、身体不好不宜运动、惰性、体力工作多不必运动、经济条件限制、怕受伤、怕受嘲笑、认为没有必要和其他原因(表3-8)。

女性不参加体育运动的人口与男性不参加体育运动的人口二者的影响因素既有共性又有一定的区别。具体如下。

首先,女性不参加体育运动的人群不运动的原因是多方面的,既有时间等客观上的原因,更有兴趣等主观上的因素。这是共性。

其次,总体看来,女性不参加体育活动人口不参与体育活动的主要影响因素是缺乏运动兴趣、家务忙而缺乏锻炼的时间和工作忙而缺乏运动时间等。与男性不参加体育活动人口相比,场地的因素从第一位下降到第四位,场地因素不再是影响女性不参加体育活动人口参与体育活动的主要原因。这是区别。

表3-8 安徽省女性不参加体育活动人群运动的障碍(N=216)

	第一位 人数	第一位 %	第二位 人数	第二位 %	第三位 人数	第三位 %	共计(%)	排序
没有兴趣	53	24.54	14	6.48	2	0.93	31.94	1
惰性	12	5.56	14	6.48	1	0.46	12.50	9
身体好不用参加	18	8.33	15	7.14	0	0	15.28	6
身体弱不宜参加	25	11.57	4	1.58	0	0	13.43	8
体力工作多	4	1.85	3	1.39	3	1.39	4.63	10
家务忙缺少时间	41	18.98	16	7.41	7	3.24	29.63	2
工作忙缺少时间	24	11.11	21	9.72	4	1.58	22.69	3
缺乏场地设施	28	12.96	14	6.48	4	1.58	21.30	4
缺乏体育知识或指导	5	2.31	17	7.87	9	4.17	14.35	7
缺乏组织	2	0.93	20	9.26	14	6.48	16.67	5
经济条件所限	0	0	5	2.31	2	0.93	3.24	11
怕受嘲笑	0	0	3	1.39	3	1.39	2.78	13
认为没有必要	0	0	2	0.93	0	0	0.93	14
怕受伤	2	0.93	3	1.39	1	0.46	2.78	12
其他	1	0.46	0	0	0	0	0.46	15

第三章 安徽省非体育人口转化的研究

(三)青年不参加体育活动人口参与体育活动的影响因素

就整个社会而言,不参加体育活动的青年占总人口的很大一部分比例,因此针对这部分人的研究是十分必要的。安徽省青年不参加体育活动人口的运动障碍主要是工作忙而缺少运动时间和没有运动兴趣。在被调查的青年中,34.95%的人认为没有运动是因为工作比较忙而没有时间运动;有31.55%的人认为没有运动是由于主观上对体育运动没有兴趣;25.24%的人不运动是因为缺乏场地设施;而认为自己身体好不用锻炼的占21.84%;其他原因依次为缺乏组织、惰性、家务忙、缺乏体育知识或指导、体力工作较多、没有必要、经济条件所限、怕受嘲笑、其他原因和怕受伤(表3-9)。

表3-9 安徽省青年不参加体育活动人群运动的障碍(N=206)

	第一位 人数	第一位 %	第二位 人数	第二位 %	第三位 人数	第三位 %	共计(%)	排序
没有兴趣	56	27.18	7	3.40	2	0.97	31.55	2
惰性	13	6.31	18	8.74	2	0.97	16.02	6
身体好不用参加	26	12.62	18	8.74	1	0.49	21.84	4
身体弱不宜参加	4	1.94	2	0.97	0	0	2.91	12
体力工作多	6	2.91	10	4.85	4	1.94	9.71	9
家务忙缺少时间	18	8.74	7	3.40	6	2.91	15.05	7
工作忙缺少时间	41	19.90	27	13.11	4	1.94	34.95	1
缺乏场地设施	29	14.08	17	8.25	6	2.91	25.24	3
缺乏体育知识或指导	6	2.91	10	4.85	13	6.31	14.08	8
缺乏组织	3	1.46	21	10.19	11	5.34	17.48	5
经济条件所限	1	0.49	3	1.46	4	1.94	3.88	11
怕受嘲笑	0	0	3	1.46	2	0.97	2.43	13
认为没有必要	2	0.97	7	3.40	0	0	4.37	10
怕受伤	0	0	1	0.49	0	0	0.49	15
其他	1	0.49	0	0	0	0	0.49	14

现代社会竞争激烈、生活压力大,调查结果中青年人不运动的最主要障碍是工作原因也证实了这点,由于青年人刚刚步入社会,他们正值工作的起步阶段,工作竞争大,投入时间多,又值身体最佳时期,以致忽略了体育锻炼。主观上没有运动兴趣是许多青年人不运动的又一大原因,受中国传统观念的影响,许多青年人并没有形成运动兴趣。缺乏运动的场地设施基本上是所有经济欠发达地区的共同难题,要解决运动场地设施的难题,必须有国家或政府统筹,可见政府关注青年人健康,对青年人参与体育活动给予各种支持还是很重要的。

(四)中年不参加体育活动人口参与体育活动的影响因素

根据调查,安徽省中年不参加体育活动人群运动的障碍主要有家务活多和主观上的没有运动兴趣。在被调查的人群中,有36.25%的人认为自己运动的障碍是家务活太多,也有同样比例的人认为运动的障碍是主观上对运动没有兴趣。另外,排在3~15位阻碍运动的因素的分别是工作忙、缺场地设施、身体好不用练、缺乏群体组织、缺乏运动知识或指导、惰性、身体弱不宜练、体力工作较多、认为没有必要、经济条件限制、怕受嘲笑、怕受伤和其他(表3-10)。

与青年人口相比,中年人不参加体育活动是因为他们需要进行繁重的家务劳动,这是阻碍他们锻炼的主要原因,从表3-9和表3-10可以看出,青年人在家务劳动的影响因素是第7位,而中年人则上升到第1位。中年人处于事业的顶峰,又处于培养子女的关键时期,家务劳动较多,工作事务也多,身心较为疲惫,以致他们运动的缺失。中年人离开学校太久,学校体育的影响也基本消失,运动技能也基本消退殆尽,运动的兴趣自然不足。

第三章 安徽省非体育人口转化的研究

表3-10 安徽省中年不参加体育活动人群运动的障碍(N=80)

	第一位 人数	第一位 %	第二位 人数	第二位 %	第三位 人数	第三位 %	共计(%)	排序
没有兴趣	19	23.75	10	12.50	0	0	36.25	2
惰性	2	2.50	5	6.25	0	0	8.75	8
身体好不用参加	8	10.00	4	5.00	2	2.50	17.50	5
身体弱不宜参加	4	5.00	1	1.25	1	1.25	7.50	9
体力工作多	2	2.50	1	1.25	1	1.25	5.00	10
家务忙缺少时间	21	26.25	6	7.50	2	2.50	36.25	1
工作忙缺少时间	13	16.25	7	8.75	3	3.75	28.75	3
缺乏场地设施	7	8.75	12	15.00	3	3.75	27.50	4
缺乏体育知识或指导	1	1.25	7	8.75	3	3.75	13.75	7
缺乏组织	0	0	8	10.00	6	7.50	17.50	6
经济条件所限	1	1.25	0	0	1	1.25	2.50	12
怕受嘲笑	0	0	2	2.50	0	0	2.50	13
认为没有必要	1	1.25	2	2.50	1	1.25	5.00	11
怕受伤	0	0	0	0	1	1.25	1.25	14
其他	0	0	0	0	0	0		15

(五)老年不参加体育活动人口参与体育活动的影响因素

一般来说,老年人都很重视健康,但是,就安徽省老年不参加体育活动人口的调查来看,这类人群运动的障碍主要有体质较弱不宜运动及主观上对体育运动没有兴趣等。在对不参加体育活动的老年人的调查显示,有31.03%的老年人认为自己不运动是因为身体弱而不宜运动;有27.59%的老人认为不运动是因为对体育活动没有兴趣;有26.72%的老人是因为缺乏运动场地设施而无法运动;有23.28%的人认为是体育知识的匮乏和体育指导的缺失阻碍了他们的运动;有17.24%的老人认为缺少有组织的群体活动是造成群众体育现状不理想的原因之一;其他原因还有家务忙没时间(14.66%)、惰性(12.93%)、怕受伤(9.48%)等等(表3-11)。

表3-11 安徽老年不参加体育活动人群运动的障碍(N=116)

	第一位		第二位		第三位		共计	排序
	人数	%	人数	%	人数	%	(%)	
没有兴趣	22	18.97	9	7.76	1	0.86	27.59	2
惰性	8	6.90	7	6.03	0	0	12.93	7
身体好不用参加	9	7.76	4	3.45	0	0	11.21	8
身体弱不宜参加	32	27.59	4	3.45	0	0	31.03	1
体力工作多	2	1.72	0	0	0	0	1.72	11
家务忙缺少时间	12	10.34	4	3.45	1	0.86	14.66	6
工作忙缺少时间	0	0	0	0	0	0	0	15
缺乏场地设施	20	17.24	9	7.76	2	1.72	26.72	3
缺乏体育知识或指导	4	3.45	20	17.24	3	2.59	23.28	4
缺乏组织	3	2.59	4	3.45	13	11.21	17.24	5
经济条件所限	0	0	2	1.72	0	0	1.72	12
怕受嘲笑	0	0	0	0	1	0.86	0.86	13
认为没有必要	0	0	0	0	1	0.86	0.86	13
怕受伤	2	1.72	7	6.03	2	1.72	9.48	9
其他	2	1.72	1	0.86	0	0	2.59	10

随着年龄的增长,老年人的各生理器官的功能都有不同程度的下降,因此变得体弱多病,也正因如此,老年人不适合大运动量和大强度地运动,再者由于他们对体育知识的了解有限,造成他们认为身体弱就不能运动的误区。只要运动量和强度掌握合适,运动项目选择正确,体弱的老年人锻炼是绝对可取的。

应该认识到,运动是治疗许多慢性病的最好处方,这也是被运动实践证实过的,通过调查发现,身体原因是老年人不参加体育活动的最主要原因,但是身体原因在很大程度属于主观原因,从某种意义说身体弱更应该锻炼,可以求助运动处方解决身体病痛。老年人体弱病多,因此也更加需要运动处方来缓解或解除他们的病痛;老年人有充分的余暇时间,有运动的条件。他们缺少的是正确的引

(六)大学学历不参加体育活动人口参与体育活动的影响因素

大学及以上学历者属于高等学历者,一般来说,学历越高,越能重视到体育活动与健康之间的关系,通过调查,安徽省具有大学学历的不参加体育活动人口体育参与的主要障碍有工作忙缺少时间、缺乏体育知识或指导等。调查显示,阻碍大学学历不参加体育活动人口参与体育活动的主要因素依次为工作忙缺少时间(45.95%)、缺乏体育知识或指导(32.43%)、缺乏场地设施(29.73%)、缺乏组织(27.03%)、身体好不用参加(24.32%)、没有兴趣(21.62%)、惰性(18.92%)、家务忙缺少时间(13.51%)、体力工作多(13.51%)、身体弱不宜参加(5.41%)等(表3-12)。

表3-12 安徽省大学学历不参加体育活动人群运动的障碍(N=37)

	第一位 人数	第一位 %	第二位 人数	第二位 %	第三位 人数	第三位 %	共计 (%)	排序
没有兴趣	5	13.51	3	8.11	0	0	21.62	6
惰性	6	16.22	1	2.70	0	0	18.92	7
身体好不用参加	6	16.22	3	8.11	0	0	24.32	5
身体弱不宜参加	1	2.70	1	2.70	0	0	5.41	10
体力工作多	0	0	4	10.81	1	2.70	13.51	9
家务忙缺少时间	2	5.41	3	8.11	0	0	13.51	8
工作忙缺少时间	12	32.43	3	8.11	2	5.41	45.95	1
缺乏场地设施	2	5.41	6	16.22	3	8.11	29.73	3
缺乏体育知识或指导	3	8.11	4	10.81	5	13.51	32.43	2
缺乏组织	0	0	5	13.51	5	13.51	27.03	4
经济条件所限	0	0	0	0	0	0	0	
怕受嘲笑	0	0	0	0	0	0	0	
认为没有必要	0	0	0	0	0	0	0	
怕受伤	0	0	0	0	0	0	0	
其他	0	0	0	0	0	0	0	

通过对调查数据的整理归纳,不难看出,当前阻碍安徽省大学学历者参与体育锻炼的最主要因素是工作忙,次要影响因素是缺乏体育知识或指导。从排序百分比来看,其影响因素较多,也比较平均。说明阻碍大学学历不参加体育活动人口参与体育活动的主要影响因素除工作忙之外,其他影响因素较多且影响程度也比较接近。因此,针对高学历人群参与体育活动的障碍克服内容多、任务重,需要统筹兼顾,重点克服。

(七)高中学历不参加体育活动人口参与体育活动的影响因素

"工作忙,缺少时间"是安徽省具有高中学历的不参加体育活动人口体育参与的主要障碍。调查显示,阻碍这些高中学历不参加体育活动人口参与体育活动的主要因素依次为工作忙缺少时间(36.70%)、缺乏场地设施(27.52%)、身体好不用参加(22.94%)、家务忙缺少时间(22.94%)、没有兴趣(18.35%)、缺乏体育知识或指导(16.51%)、惰性(14.68%)、缺乏组织(14.68%)、体力工作多(10.09%)、身体弱不宜参加(5.50%)、认为没有锻炼的必要(2.75%)、其他原因(1.83%)、怕受伤(1.83%)、经济条件所限(1.83%)及怕嘲笑等(表3-13)。

就影响高中学历不参加体育活动人口的因素的重要程度来讲,阻碍高中学历者参与体育锻炼的最主要因素是工作忙,次要影响因素是场地设施。从排序百分比来看,其影响因素分布较广,分布也比较平均。说明阻碍高中学历不参加体育活动人口参与体育活动的主要影响因素除工作忙之外,其他影响因素比较多且影响程度也比较接近。这一点与大学学历不参加体育活动人口的影响因素特征具有一定的相似性。

第三章 安徽省非体育人口转化的研究

表 3-13 安徽省高中学历不参加体育活动人群运动的障碍（N=109）

	第一位 人数	第一位 %	第二位 人数	第二位 %	第三位 人数	第三位 %	共计（%）	排序
没有兴趣	17	15.60	3	2.75	0	0	18.35	5
惰性	7	6.42	9	8.26	0	0	14.68	7
身体好不用参加	17	15.60	7	6.42	1	0.92	22.94	3
身体弱不宜参加	5	4.59	1	0.92	0	0	5.50	10
体力工作多	3	2.75	5	4.59	3	2.75	10.09	9
家务忙缺少时间	15	13.76	5	4.59	5	4.59	22.94	4
工作忙缺少时间	22	20.18	15	13.76	3	2.75	36.70	1
缺乏场地设施	15	13.76	10	9.17	5	4.59	27.52	2
缺乏体育知识或指导	3	2.75	8	7.41	7	6.42	16.51	6
缺乏组织	1	0.92	10	9.17	5	4.59	14.68	8
经济条件所限	0	0	1	0.92	1	0.92	1.83	14
怕受嘲笑	0	0	0	0	0	0	0	15
认为没有必要	2	1.83	1	0.92	0	0	2.75	11
怕受伤	1	0.92	0	0	1	0.92	1.83	13
其他	1	0.92	1	0.92	0	0	1.83	12

（八）初中学历不参加体育活动人口参与体育活动的影响因素

通过调查发现，安徽具有初中学历的不参加体育活动人口体育参与的主要障碍是缺乏锻炼的兴趣和缺乏场地设施等。调查显示，阻碍安徽省初中学历不参加体育活动人口参与体育活动的主要因素依次为没有兴趣（36.69%）、缺乏场地设施（28.78%）、工作忙缺少时间（24.46%）、缺乏组织（20.14%）、身体好不用参加（19.42%）、家务忙缺少时间（18.71%）、缺乏体育知识或指导（14.39%）、惰性（12.95%）、体力工作多（12.07%）、认为没有锻炼的必要（6.47%）、经济条件所限（5.04%）、怕嘲笑（4.32%）、身体弱不宜参加（3.60%）、怕受伤（2.16%）及其他原因等（表 3-14）。

从表 3-14 中可以看出,当前阻碍安徽省初中学历者参与体育锻炼的最主要因素是缺乏锻炼兴趣,次要影响因素是缺乏体育设施。从排序百分比来看,其影响因素很多,且比较平均。说明阻碍初中学历不参加体育活动人口参与体育活动的主要影响因素除缺乏运动兴趣之外,其他影响因素较多且影响程度也十分接近。

表 3-14 安徽省初中学历不参加体育活动人群运动的障碍(N=139)

	第一位 人数	第一位 %	第二位 人数	第二位 %	第三位 人数	第三位 %	共计(%)	排序
没有兴趣	42	30.22	7	5.04	2	1.44	36.69	1
惰性	5	3.60	11	7.91	2	1.44	12.95	8
身体好不用参加	14	10.07	12	8.63	1	0.72	19.42	5
身体弱不宜参加	5	3.60	0	0	0	0	3.6	13
体力工作多	5	3.60	2	1.44	0	0	12.07	9
家务忙缺少时间	17	12.23	6	4.32	3	2.16	18.71	6
工作忙缺少时间	19	13.70	13	9.35	2	1.44	24.46	3
缺乏场地设施	22	15.83	16	11.51	2	1.44	28.78	2
缺乏体育知识或指导	3	2.16	13	9.35	4	2.88	14.39	7
缺乏组织	3	2.16	14	10.07	11	7.91	20.14	4
经济条件所限	2	1.44	2	1.44	3	2.16	5.04	11
怕受嘲笑	0	0	3	2.16	3	2.16	4.32	12
认为没有必要	1	0.72	7	5.04	1	0.72	6.47	10
怕受伤	0	0	2	1.44	1	0.72	2.16	14
其他	0	0	0	0	0	0	0	15

(九)小学学历不参加体育活动人口参与体育活动的影响因素

小学学历者由于学历较低,他们一般不重视通过体育活动来促进身体健康,很多人认为这是没有必要的,该类人群对体育活动缺乏兴趣,调查结果也从侧面证实了这一点。调查中发现,具有小学学历的不参加体育活动人口体育参与的主要障碍是缺

第三章 安徽省非体育人口转化的研究

乏锻炼的兴趣和认为身体弱不宜锻炼等。调查显示,阻碍安徽省小学学历不参加体育活动人口参与体育活动的主要因素依次为没有兴趣(37.93%)、身体弱不宜参加(36.21%)、缺乏场地设施(20.69%)、家务忙缺少时间(17.24%)、缺乏体育知识或指导(17.24%)、惰性(15.52%)、缺乏组织(10.34%)、身体好不用参加(6.90%)、怕受伤(6.90%)、工作忙缺少时间(1.72%)、体力工作多(1.72%)、认为没有锻炼的必要(1.72%)、怕嘲笑(1.72%)、经济条件所限及其他原因等(表3-15)。

表3-15 安徽省小学学历不参加体育活动人群运动的障碍(N=58)

	第一位 人数	第一位 %	第二位 人数	第二位 %	第三位 人数	第三位 %	共计(%)	排序
没有兴趣	14	24.14	7	12.07	1	1.72	37.93	1
惰性	4	6.90	5	8.62	0	0	15.52	6
身体好不用参加	3	5.17	1	1.72	0	0	6.90	8
身体弱不宜参加	17	29.31	3	5.17	1	1.72	36.21	2
体力工作多	1	1.72	0	0	0	0	1.72	10
家务忙缺少时间	8	13.79	2	3.45	0	0	17.24	4
工作忙缺少时间	1	1.72	0	0	0	0	1.72	10
缺乏场地设施	9	15.52	3	5.17	0	0	20.69	3
缺乏体育知识或指导	1	1.72	6	10.34	3	5.17	17.24	5
缺乏组织	0	0	2	3.45	4	6.90	10.34	7
经济条件所限	0	0	0	0	0	0	0	14
怕受嘲笑	0	0	1	1.72	0	0	1.72	12
认为没有必要	0	0	1	1.72	0	0	1.72	12
怕受伤	0	0	0	0	4	6.90	6.90	9
其他	0	0	0	0	0	0	0	14

通过对数据进行分析可以看出,当前阻碍小学学历者参与体育锻炼的最主要因素是缺乏锻炼兴趣,次要影响因素是身体弱不宜锻炼。小学学历者受文化程度的限制,他们对体育锻炼的认识也停留在很低的程度,这可能是他们没有锻炼兴趣的原

因之一,也可能是他们错误的认为身体弱是阻碍体育锻炼的重要因素。从排序百分比来看,其影响因素很多,且比较平均。说明阻碍小学学历不参加体育活动人口参与体育活动的主要影响因素除缺乏运动兴趣和认为身体弱不宜锻炼之外,其他影响因素较多且影响程度接近且分布均匀。

(十)文盲不参加体育活动人口参与体育活动的影响因素

一般来说,教育程度与对体育活动及健康的认识程度成正比,对于安徽省具有文盲或识字不多的不参加体育活动人口来说,他们参与体育活动的主要障碍是缺乏锻炼的兴趣和认为身体弱不宜锻炼等。调查显示,阻碍文盲或识字不多不参加体育活动人口参与体育活动的主要因素依次为没有兴趣(38.00%)、身体弱不宜参加(26.00%)、缺乏场地设施(20.00%)、家务忙缺少时间(16.00%)、缺乏组织(16.00%)、身体好不用参加(14.00%)、缺乏体育知识或指导(14.00%)、怕受伤(8.00%)、工作忙缺少时间(6.00%)、经济条件所限(6.00%)、其他原因(4.00%)、怕嘲笑(2.00%)、认为没有必要(2.00%)及惰性等(表3-16)。

在表3-16中,可以很直观地看出,当前安徽省文盲人群中(包括识字不多者),他们中参与体育锻炼的最主要因素是缺乏锻炼兴趣,次要影响因素是身体弱不宜锻炼。文盲或识字不多者受文化程度的限制,他们对体育锻炼的认识也停留在很低的程度,这可能是他们没有锻炼兴趣的原因之一,也可能是他们错误的认为身体弱是阻碍体育锻炼的重要因素。从排序百分比来看,其影响因素很多,且比较平均。说明阻碍文盲或识字不多不参加体育活动人口参与体育活动的主要影响因素除缺乏运动兴趣和认为身体弱不宜锻炼之外,其他影响因素较多且影响程度也较为接近。因此,改善文盲类人群不参与体育活动的现状的主要途径还是应该从其教育程度上下功夫,提高此类人群的受教育程度,大力宣传体育活动对人体健康的影响和促进作用是

第三章 安徽省非体育人口转化的研究

推动其参与体育活动的主要途径和工作重点。

表3-16 安徽省文盲不参加体育活动人群运动的障碍(N=50)

	第一位 人数	%	第二位 人数	%	第三位 人数	%	共计(%)	排序
没有兴趣	15	30.00	4	8.00	0	0	38.00	1
惰性	0	0	0	0	0	0	0	15
身体好不用参加	3	6.00	3	6.00	1	2.00	14.00	6
身体弱不宜参加	11	22.00	2	4.00	0	0	26.00	2
体力工作多	1	2.00	0	0	1	2.00	4.00	12
家务忙缺少时间	6	12.00	1	2.00	1	2.00	16.00	4
工作忙缺少时间	0	0	3	6.00	0	0	6.00	9
缺乏场地设施	8	16.00	2	4.00	0	0	20.00	3
缺乏体育知识或指导	1	4.00	5	10.00	0	0	14.00	7
缺乏组织	2	4.00	1	2.00	5	10.00	16.00	5
经济条件所限	0	0	2	4.00	1	2.00	6.00	10
怕受嘲笑	0	0	1	2.00	0	0	2.00	13
认为没有必要	0	0	0	0	1	2.00	2.00	14
怕受伤	1	2.00	2	4.00	1	2.00	8.00	8
其他	2	4.00	0	0	0	0	4.00	11

第四章 安徽省非体育人口转化与武术运动的发展

由于武术运动健身作用良好、内容丰富、种类较多,同时又兼具丰富的文化内涵,因此是体育人口从事的主要体育活动项目之一。当前,促进安徽省非体育人口向体育人口的转化对于武术运动在安徽省乃至全国的进一步普及和发展具有重要的促进作用,当然这一工作任重而道远,需要多方面的共同努力,并要抓住非武术运动人口向武术人口转化的工作重点。本章对此进行重点分析。

第一节 非体育人口转化对武术运动发展的影响

非体育人口向体育人口的转化,能增加体育人口的数量,对于武术运动的发展和影响是积极的。这里主要从武术运动的社会化、武术运动人才队伍的建设以及校园武术的发展三个方面进行分析。

一、推进武术运动的社会化发展

非体育人口的转化可以推动武术运动的社会化,一方面,武术运动自身的传承和发展满足了社会的需求;另一方面,武术的社会化进程是社会对武术运动发展的必然结果。总的来说,二者是相互促进的,具体分析如下。

第四章　安徽省非体育人口转化与武术运动的发展

(一)武术的发展满足了社会需求

研究认为,在事物的发展过程中,任何一种实践总是包含着创造外部对象、改造客观现实的要求,这种要求就是实践的目的,它事先存在于人的观念中,但它不是先天固有的,不是主观自生、凭空想象的,而是产生于人同客观现实的关系。

传统武术的创新发展与社会需求之间的关系和生产与消费之间的关系有很多相似之处。我国传统武术形式多样、内容丰富、方法各异,形成了众多的流派和拳种。每个流派和拳种都有它们各自的特点和繁简各异的套路,它们之所以能够流传千百年,是因为它们总有适应社会发展和需求的合理因素。传统武术的传承发展满足社会需要的过程和内容具体表现在以下两个方面。

1. 武术运动可以作为一种可消费性社会文化

马克思认为:"消费在观念上提出生产对象,生产在外部提供消费对象"。在现代化市场经济条件下,生产和市场的组织依据是社会需求,这是商品运行的一般规律。物质现象如此,文化现象也同样如此。现代社会中,有许多武术性质的表演,尤其是以传统文化或传统体育作为热点的旅游地区,这种现象更是多见,这正是武术满足当代人消费观的一种表现形式之一。

2. 武术运动的发展必须符合社会发展需要

从传统武术传承发展来看,武术的传承与发展目的的提出和设定,是以外部现实为根据和前提的。人们在提出和设定传统武术发展目的的同时,必然会表现出对外部现实的需要,所以传统武术的传承,就是对社会需求的某种联系。就传统武术在现代的创编来讲,现代许多武术套路的创编都是根据社会需要来进行的,社会需求是传统武术创新编排的前提。究其原因主要有以下两点。

首先，社会需求产生传统武术套路创新编排的动力，为传统武术创新提供对象，是促进传统武术创新的根源。

其次，在现代社会中，传统武术的创新则是一种为了达到目标的行动，是满足社会需求的手段和方式。我国传统武术的价值与功能众多，对传统武术进行创新发展，正是因为社会对传统武术功能的需要，才产生了传统武术传承发展的目的。

从我国传统武术的发展实践中也可以清楚地看到，在传统武术的发展过程中，凡是能不断满足社会需求的，都应积极地创新。另外，从传统武术发展的角度来看，传统武术应与时俱进，不断满足各种社会需求。并在满足社会需求的基础上，谋求自身的发展。

(二)社会体育对社会健康的影响

随着科技的进步和经济的发展，人们的生活方式发生了很大的变化，具体表现为脑力劳动增多、体力劳动减少、膳食结构单一，各种社会文明病层出不穷、心理健康问题严重、居民的疾病死亡率不断升高。整个社会的人群健康安全状况令人堪忧。

具体来讲，当前社会的人口健康不安全主要表现出以下特点。

首先，当前社会的人口健康不安全表现为重叠的、多维的，且是普遍的、全面性的，普遍存在于不同的居住地、地区、收入水平、职业、年龄等各类人群中。

其次，我国社会的人口健康不安全涉及人口规模大，据几年前的不完全统计，全国患慢性病人数为1.67亿(现在的患慢性病人数要远远高于这个数字)。[1]

再次，当前的社会人口健康不安全不仅仅影响广大人民群众的身心健康，还会因健康不安全导致各种各样的经济损失，既包括直接经济损失(如支付住院费、就诊医疗费)又包括间接经

---

[1] 卢元镇.体育社会学(第3版).北京:高等教育出版社,2010

济损失（如因工伤、病休等原因休工所形成的损失）。这种经济损失是巨大的。

最后，人口健康与经济发展形成"发展悖论"。这是当前构建社会主义和谐社会、改善全民健康、提高人民群众的身体素质与追求经济效益迫切需要解决的课题。

应该认识到，参加体育活动对于多数处于"亚健康"状态的人来说无疑应该是第一选择，而且对于保持健康的人群也是最佳手段。全国群众体育现状调查提供的材料证明，体育人口患各种慢性病的发病率低于非体育人口7.1%，职业病的发病率只有非体育人口的17%，呼吸系统疾病的发病率只有非体育人口的12%。而且，体育人口的健康意识明显好于非体育人口，他们对自己身体、精神疲劳程度、体力衰退等的评价均优于非体育人口。

此外，与非体育人口相比，体育人口中具有不良嗜好的人要更少一些，体育人口中也很少有人在日常生活中依赖营养保健品。由于体育活动还可以塑造健康的人格，培养文明的生活方式，因此，体育人口比非体育人口的生活质量更高、社会关系更好。

（三）武术运动与全民健身

传统武术运动产生于人类的生产生活实践，武术在内容和形式上来源于生活，富于生活情趣，群众喜闻乐见，乐于参与，因而具有广泛的社会基础和全民族性，而且具有广泛的适应性，形式多样有较大的选择余地，其中许多运动项目不受年龄、性别、体质条件的限制。群众可以根据自身的年龄、身体状况和爱好，选择适合自己的活动项目进行锻炼。因此，传统武术运动项目深受广大民众的喜爱与推崇，有着良好的群众基础。传统武术运动所包含着的中国哲学与传统中医对现代人追求健康、关爱生命的健身追求有着重要的指导作用。将传统武术运动纳入全民健身体系是促进传统武术运动文化发展的重要策略之一，也是传统武术运动的社会化发展的重要表现。

在传统武术的大家庭中，一些活动因其竞技性、娱乐性较强而成为跨越地域空间的全国性民族体育比赛，如摔跤、武术、散打等。有些武术活动简单易行，自娱性、健身性、审美性较强，逐渐走入大众的日常生活中，成为人们休闲娱乐、强身健体的体育活动方式，这对于促进非体育人口向体育人口的转化具有促进作用，能吸引更多的非体育人口通过参与武术运动而发展成为体育人口。

目前，在全国的各大、中城市的群众性晨练环境中，我们都可以看到人群中闪动着"太极拳""太极剑""霸王鞭""民族健身操"等健身活动的身影。这充分表明，我国传统武术活动以其独具的文化特征及价值作用，已经超越民族地域和文化的限制，逐步被各民族认同和接受，成为民族地区和城镇职工、居民体育活动的内容。这对于壮大群众体育锻炼队伍，有效增加体育人口数具有重大意义。反之，体育人口的增加对武术运动的进一步普及、发展无疑也是十分有益的。

二、增加武术运动参与人口，培养武术人才

(一)体育人口与体育人力资源

人口、体育人口、体育人才资源与体育人力资源既有联系又有所区别。一定数量和质量的人口在一定程度上影响着体育人力资源的构成。一个国家或地区人口的多少并不能完全说明其体育人力资源的多寡。只有当人口与体育劳动生产过程或财富创造过程相联系时的人口状态才能说明体育人力资源的状况。具体来说，体育人口是指在一定时期、一定地域里，经常从事身体锻炼、身体娱乐、接受体育教育、参加运动训练和竞赛，以及其他与体育事业有密切关系的、具有统计意义的一种社会群体。体育人口的最基本的特征是直接参与各种身体活动，它反映了

第四章 安徽省非体育人口转化与武术运动的发展

人们对体育的参与程度及亲和程度,是一项重要的社会体育指标。[①]

从概念和内容上来看,体育人口与体育人力资源没有直接关系,体育人力资源也并非由体育人口分化或衍生而来。从人力资源开发与管理的理论可以得出这样的结论,即"劳动性、生产性是认识人力资源的关键"。因此,只有与体育生产、体育劳动相联系时的体育人口才是体育人力资源。每周身体活动频度3次以上,每次身体活动30分钟以上的体育锻炼、体育娱乐人群,是体育人口,但其绝大部分不是体育人力资源,而承担群众体育指导工作的社会体育指导员就是体育人力资源,这主要因为社会体育指导员承担着体育教学、训练、组织与管理等劳动性、生产性工作,而前者一般不具有此特征。

基于以上分析可以清楚地认识到,体育人才资源是体育人力资源中层次较高、较杰出、较优秀的那部分劳动能力,其由体育人力资源衍生而来。人口、体育人口、体育人力资源、体育人才资源的关系如图4-1所示。因此,非体育人口向体育人口的转化可以为体育人口中一部分人成为体育人力资源奠定基础。

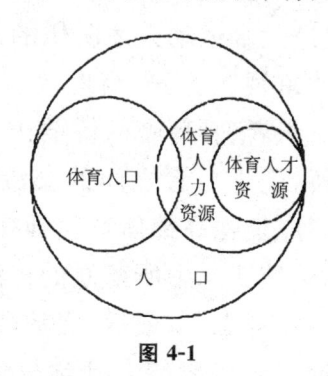

图 4-1

(二)武术运动人才队伍的建设

武术运动起源于民间,发展于民间,具有广泛的群众基础。

---
① 卢元镇.体育社会学.北京:高等教育出版社,2001

如果离开了广大人民群众的支持,武术运动就很难继续生存和发展下去。

在我国传统武术运动中,有许多项目代表着某一区域民众的风俗习惯,体现着当地民众的思维模式、生活模式、行为模式等。随着时代的发展和变迁,人民群众的思想观念、生产和生活方式必然会发生变化,而这一部分武术项目的活动形式和内容也必然会随之发生变异、甚至消失。

武术运动是我国优秀传统文化的一种,在其发展中必然离不开人民群众的保护和传承,人民群众是武术文化的行为主体。因此,武术的可持续发展的根本措施就在于强化民众的民族自觉意识,提高他们对武术的认识。只有民众主动自觉地传播和传承武术运动及其文化,武术才能始终保持旺盛的生命力。

因此,只有越来越多的非体育人口转化为体育人口,以及关注和从事武术运动的体育人口的不断增多,才能为武术运动人才的培养奠定稳固的群众基础,才能使武术运动人才队伍的建设成为可能。

当然,非体育人口的转化只是为武术运动人才的培养提供了可能,要想真正促进武术运动人才队伍的建设,还需要当地政府和教育主管部门的重视。首先,当地政府和教育主管部门要高度重视传统武术组织者、管理者的桥梁作用,积极为当地高校和武术团体牵线搭桥,促进二者之间的交流与合作;其次,当地政府和教育主管部门应加强高校体育教师在传统武术方面的业务培训,加深他们对传统武术中所蕴涵的传统文化的理解,提高他们传统武术教学的业务水平;最后,当地政府和教育主管部门还可以积极邀请当地武术优秀传人到学校传授技艺,弥补学校传统武术教学的不足。同时,各武术门派要克服封闭保守的思想,与时俱进,锐意改革,以促进传统武术的发展与提高。

三、强化校园武术教育,促进终身体育人口的增加

(一)校园体育是培养终身体育人口的最佳途径

我国的非体育人口中,各种学历层次的人都有,而正如本书前面所提到的,教育与非体育人口向体育人口的转化存在着一定的联系。通过非体育人口的转化和体育人口的增加,有利于校园体育教育的顺利开展,能为学生通过学习和参与武术,培养终身体育的良好习惯营造必要的环境和创造良好的条件。

在校园中,学生接受体育教育,可以为终身教育奠定基础,但毕业后学生体育行为的中断或继续,则对终身体育有着重要影响。社会上有着"终身教育人口"的概念,它是指那些自接受学校体育教育以来,坚持至今,并能持续到老龄的体育人口。学生毕业后体育行为的中断或继续,与校园体育教育有着重要关系,在校园体育教育中兴趣高者,终身体育意识强,易于坚持锻炼,反之则不然。由此可知,对校园体育兴趣浓厚的学生极易成为终身体育的最佳突破口。

(二)武术运动在校园体育教育中的优势

校园体育教育内容丰富、种类繁多,而作为校园体育教育的重要内容之一,武术对于学生终身体育的培养具有显著的优势,具体表现在以下两个方面。

1. 武术运动有利于学生终身体育观念的培养

和其他体育运动项目相比,武术具有自己非常鲜明的特点。例如,武术的技术动作简单、实用;套路短小、精炼,易学易练,便于接受;训练形式多种多样,有提高技击实战能力的单势练习、也有注重表演效果的套路练习;既有灵活多变的形体组合,又有固本培元的内功修练;既有个人的独自操练,又有多人的对打实

战;既可凝神静气,又可吐气发声,既有拳术练习,又有器械演练。传统武术练习可以不受时间和场地等客观条件的限制,随时随地,信手拈来。

总之,传统武术所具有的独特的运动特点更有利于培养学生的个性,有利于充分地调动学生学习体育的积极性、主观能动性,有利于促成学生养成终身体育的健康体育观。

2. 武术运动可培养学生的民族自豪感

中国传统武术中有许多武林志士和史诗般的英雄人物,他们是人们心目中的英雄,他们的豪侠主义以及爱国故事等被人们广泛传颂,这成为爱国主义和民族精神的最好写照。例如,岳飞抗金、戚继光抗击倭寇、郑成功收复台湾、义和团抗击八国联军、霍元甲痛击洋力士、蔡龙云打败外国拳击手等。他们的爱国精神和民族气节对培养学生的爱国主义精神和民族自豪感都起着不可估量的作用。这种内在的民族自豪感是学生参与武术活动的重要内在动机,对于学生长期坚持武术运动具有重要的促进作用。

第二节 非武术运动人口向武术人口转化的策略

促进非武术运动人口向武术人口的转化,工作重点在于扫清偶尔参加体育活动人口以及不参加体育活动人口这两大人群在运动道路上的障碍,并且满足这些人口体育锻炼的条件,只要做好这些工作,那么一定会有大量的不参加体育活动人口转化为体育人口或偶尔参加体育活动人口,对于偶尔参加体育活动人口以及不参加体育活动人口这两大人群向体育人口的转化,重点结合性别、年龄、职业、学历等进行有针对性的分析。

第四章　安徽省非体育人口转化与武术运动的发展

一、偶尔参加体育活动人口向体育人口转化的策略

(一)不同性别偶尔参加体育活动人口向体育人口转化的策略

1. 男性偶尔参加体育活动人口向体育人口转化的策略

根据调查发现,安徽省男性体育人口比例和偶尔参加体育活动人口的比例都较低,增大男性偶尔参加体育活动人口的比例以及加速男性偶尔参加体育活动的人口向体育人口转化是安徽省群众体育工作的重要环节。要完成这种转化,增加男性偶尔参加体育活动的人口的锻炼强度是关键,增加男性偶尔参加体育活动的人口的锻炼频度是重点,增加男性偶尔参加体育活动的人口的锻炼时间是补充。

要完成男性偶尔参加体育活动的人口的转化,男性偶尔参加体育活动的人口本身应做好以下几方面的工作。

(1)正确处理工作与体育锻炼之间的关系。男性偶尔参加体育活动人群解决好自己工作与锻炼的关系。如今是双休日和8小时工作制,应该说工作以外的时间是比较多的。可以说只要想锻炼,还是可以找到锻炼的时间,问题主要在于主观上的认识。利用双休日锻炼就不会与工作产生时间上的冲突,在工作日锻炼可以选择在早晨。各社区应加大宣传力度,积极组织,把锻炼时间具体化、组织化。

(2)充分利用现有的体育设施和场地资源。男性偶尔参加体育活动人群利用好现有的锻炼场地和器材。城镇人口的人均体育场地器材占有率要远远高于农村,利用好现有的场地器材更易于农村。社区有关部门应对社区内的各种体育设施进行统计规划,统一部署,合理分配锻炼的时间段,并要安排社会体育指导员及时引导,积极组织,力争把社区内的体育设施的作用发挥到最大。

此外，要促进男性偶尔参加体育活动的人口的转化，国家或政府部门应做好以下几方面的工作。

(1)加大体育宣传力度。国家或政府部门应切实加大群众体育锻炼知识的宣传力度。经济欠发达地区大规模建设体育设施是不现实的，通过各种媒体和各种形式对体育知识等进行宣传教育，先从主观上对他们进行教育是既省钱又快捷的方法。

(2)增加基础设施建设。国家或政府部门加快群众体育的基础设施建设。加快建设一些实用性强、经济投入较少的体育设施，改造一批陈旧废弃的体育场馆和体育器材都是经济不发达地区改变群众体育设施落后较好的办法。此外，国家或政府部门还可以通过相关立法或出台文件(出台立法和文件是纠正执行偏差的最有效的方法)免费开放学校等部分体育场所，实践也证明，开放学校等部门的体育设施是提高公共体育设施的有效途径。

2. 女性偶尔参加体育活动人口向体育人口转化的策略

和男性相比，调查中发现，安徽省女性体育人口比例非常低，偶尔参加体育活动的人口也相当低。增加安徽省女性偶尔参加体育活动人口的比例和将女性偶尔参加体育活动的人口向体育人口转化是安徽省群众体育工作的重中之重。增加女性偶尔参加体育活动的人口的锻炼强度是加速促成女性偶尔参加体育活动人口向体育人口转化的主要途径；增加女性偶尔参加体育活动的人口的锻炼次数和锻炼时间是该人群向体育人口转化的有益补充。

要完成女性偶尔参加体育活动人口向体育人口的转化，就该部分人群(女性偶尔参加体育活动人口)自身而言，应做好以下工作促进自己参与体育活动。

(1)建立良好的体育观、健康观，重视健康、关注健康，积极参与体育锻炼。女性应提高体育意识，让主动锻炼代替被动锻炼，做到防患于未然，锻炼在前，打好身体基础，不能等身体生病

第四章　安徽省非体育人口转化与武术运动的发展

之后才意识到锻炼的重要性。

(2)正确处理家务与体育锻炼之间的关系。女性偶尔参加体育活动人群解决好自己做家务与锻炼的关系。受传统思想影响,在中国,家务劳动多由女性来承担,这是造成中国女性锻炼时间紧张的主要原因。把女性从家务劳动中解放出来将是安徽省增加女性偶尔参加体育活动人口以及加速女性偶尔参加体育活动人口向体育人口转化的重要措施。要解决安徽省偶尔参加体育活动的女性人口的家务劳动和锻炼的矛盾,首先要解决的就是观念问题,要摆脱传统观念的束缚,尽快建立现代家庭观念;其次是家庭成员应合理分担家务劳动,避免家务劳动过于集中在某个家庭成员;最后要合理安排锻炼的时间,尽量安排充足的时间参与体育活动。

(3)充分利用现有的体育场所和器材积极参与体育锻炼。女性偶尔参加体育活动人群要充分利用现有的锻炼场地器材。女性锻炼主要场所是公园和自家庭院等,这些场地共同的特点是免费,不需要经济上的消费。她们所从事的体育项目主要是走、跑步以及体操类项目,这些项目对场地的要求也不高,所以和男性相比,女性偶尔参加体育活动人口利用现有的场地器材更加容易。同样也要根据现有的场地器材情况,结合女性身体特点合理开发一些适合女性的运动项目。

宏观方面,为了推动更多的女性参与到体育活动中来,促使偶尔参加体育活动人口向体育人口的转化,国家和政府部门应做好以下几个方面的工作。

(1)加大体育宣传力度,促进女性树立科学的健康观和体育观。国家或政府部门加大群众体育锻炼知识的宣传力度,应加强宣传女性体育运动知识,要利用电视、广播和报刊等形式的媒体加大女性体育运动的宣传力度,运动的必要性以及运动方法、注意事项等知识,促进女性体育健康观的早日形成。

(2)加强基础设施建设,为女性参与体育活动提供必要的物质基础。国家或政府部门加快群众体育的基础设施建设。由于女性对体育场馆的要求较低,当地经济条件也不宽裕,所以建立简易的运动场所或改造部分运动场馆就可满足现有女性对体育设施的基本要求。此外,在体育设施建设方面,应该认识到体育资源共享是解决体育设施短缺的很好办法,也是许多发达国家群众体育工作成功的经验。同样的,国家或政府部门应通过立法或出台文件免费开放学校等部分体育场所,为女性在体育场馆方面提供更多的选择。

(3)重视不同性别的体育资源的共享性和平等性,在对体育设施进行投资建设方面,国家和政府既要保证男女体育资源的平等,又要保护女性体育运动的弱势,以保证女性占有特有的体育资源。

(二)不同年龄段偶尔参加体育活动人口向体育人口转化的策略

1. 青年偶尔参加体育活动人口向体育人口转化的策略

安徽省青年偶尔参加体育活动的人口比例最低,增加青年偶尔参加体育活动人口的比例和加速青年偶尔参加体育活动的人口向体育人口转化是安徽省群众体育工作的重中之重。增加青年偶尔参加体育活动的人口的锻炼频度是加速青年偶尔参加体育活动人口向体育人口转化的主要途径;增加青年偶尔参加体育活动的人口的锻炼强度和锻炼时间是该人群向体育人口转化的辅助手段。

具体来说,当前促进安徽省青年偶尔参加体育活动人口向体育人口的转化,青年人自身应正确处理以下问题。

(1)树立体育健康观,重视身体健康和体育锻炼。对青年人来说,树立体育锻炼的观念十分重要,他们不但要通过各种媒体主动学习锻炼方面的知识,包括锻炼的方式和方法、锻炼的常识以及锻炼的意义等,政府部门也要出台相应干预措施,保证青年人建立健康和谐的体育观。青年人正值身体素质的高峰期,较多的人口会认为身体好就不用锻炼。一定要改变他们那种认为

第四章　安徽省非体育人口转化与武术运动的发展

身体好就不用锻炼的错误理解,不能等到身体差时才想到锻炼,更不能等到病时才后悔,所以青年人在身体健康时就要开始锻炼,并且要保持良好的锻炼习惯。

(2)正确处理工作与体育锻炼的关系。青年人正值工作的发展阶段,工作处于上升期,工作压力大,工作任务重,工作与锻炼的矛盾比较突出。要想解决他们工作和锻炼之间的矛盾,首先要解决好下列问题,一是利用好周末,即利用双休日锻炼;其次要利用好8小时外的时间,即每天利用工作时间之外锻炼,如晨练、晚练等;最后还要充分利用好工作内时间,即利用工作间的空余时间锻炼,如通过工间操、课间操等参与锻炼。

(3)正确处理家务与体育锻炼的关系。一般来说,青年人参与家务劳动者较少,但是作为家庭成员之一,参与适当的家务劳动是必要的,因此,青年人要处理好家务劳动和锻炼的矛盾。首先是要合理承担家务劳动,要实行家务劳动分工制或家务劳动分时制,这样可以防止家务劳动过分依赖某个家庭成员的不合理现象;其次要树立科学的体育观,这样才会有锻炼的动力、锻炼的趋势或锻炼的欲望;最后要合理安排锻炼的时间。

(4)正确处理体育锻炼中场地设施缺乏的问题。建设和完善体育场馆需要花费很多资金,对经济欠发达地区来说也不现实,那么真正要解决场地设施缺乏问题主要还是从充分利用现有的场地设施入手。即要提高现有场地设施的利用率,合理分配场地设施的使用时间,发挥现有场地设施的多种功能,合理改造现有的场地设施。

2. 中年偶尔参加体育活动人口向体育人口转化的策略

安徽省人口偶尔参加体育活动的比例很低,而中年偶尔参加体育活动的人口比例在各种人群中很低,增加中年偶尔参加体育活动人口的比例和加速中年偶尔参加体育活动的人口向体育人口转化的工作任务很重。而增加中年偶尔参加体育活动的人口的锻炼强度是加速促成中年偶尔参加体育活动人口向体育人口转化的主要途径;增加中年偶尔参加体育活动的人口的锻炼频度和锻炼时间是该人群向体育人口转化的辅助手段。

对于偶尔参加体育活动的中年人来说,改变当前的参与体育活动频率较低的现状,增加锻炼强度、锻炼频度和锻炼时间,应从以下几个方面入手。

(1)中年人要坚持体育锻炼的观念,应通过各种媒体学习体育锻炼的方式、方法以及体育常识,树立良好的锻炼意识。

(2)中年人要处理好家务劳动和体育锻炼的关系。中年人群是家庭主干,在家庭中要承担抚育子女和赡养老人的义务,家务劳动必不可少,家庭压力较大,时间较为紧张,从而影响到他们平时的锻炼。如何解决家务劳动与锻炼的关系,是摆在中年人面前的主要问题,也是关系到偶尔参加体育活动的中年人能否发展成为体育人口的关键。对此,中年人首先要提高做家务的效率,要不断总结,合理统筹,不断提高家务劳动的效率,节约宝贵时间,为体育锻炼节省时间;其次要改变家庭固定人员做家务的传统,家庭成员应轮流做家务,这样让每个人都能体会到做家务的辛苦,可以互相体谅、互相谦让,家庭成员中每个人也都可能得到锻炼的时间;再次,合理分配家务劳动,鼓励孩子帮着做家务,这样既可以培养孩子的动手能力,又能培养孩子的爱心,孩子通过劳动可以体谅父母的辛苦,从而培养孩子的爱心和感恩之心;最后,要合理安排锻炼的时间,要充分地利用好双休日以及8小时工作外的时间,利用早晨、晚上等时间积极锻炼,锻炼时间的安排应该有规律,固定时间段锻炼。

(3)中年人要处理好工作生产与体育锻炼的关系。和其他年龄阶段的人不同,中年人正处于事业的巅峰时期,工作任务较重,需要处理的工作方面的事务较多,这就导致了其工作和锻炼的冲突。中年人身体素质也在逐渐下降,各种伤病也在不断增多,健康问题和锻炼的矛盾在不断加剧。如何解决中年人工作生产和锻炼的矛盾不仅是体育学的问题,也是一个社会学问题。一方面,中年人要利用好工作之余的时间积极锻炼,把双休日和

第四章 安徽省非体育人口转化与武术运动的发展

8小时外的时间充分利用起来；另一方面，企事业单位应该制定相应的措施，减轻中年工作者的工作压力，并把定时组织、举办各种体育活动纳入工作计划。

促使偶尔参加体育活动的中年人参与体育锻炼，不仅需要这部分人自身的努力，还需要社会各方面的支持，具体来说，国家、政府、社区、单位等应做好以下工作。

(1) 国家和社会首先要健全各种体育法规和政策，以保证公民享有的统一权利，公民要行使好应有的体育权利。只有立法，才可能依法；只有公民正确行使好应有的体育权利，体育政策法规才有意义。这既要求国家和政府先通过立法，以保证公民的体育权利，又要求公民不断加强学习，了解自己所享有的权利，以便正确行使好合法的体育权利。

(2) 政府部门应增加对群众体育经费的投入，建新馆，改旧馆，充分解决场地设施的缺乏与锻炼的矛盾（这一矛盾在经济欠发达的安徽表现得尤为突出）。但这需要大量经费，对当地的经济条件要求较高，对经济欠发达地区来说经济压力很大。

(3) 各居民小区、企事业单位应充分利用好现有的场地、空地，把这些空地改造成体育锻炼的简易场所。同时，合理分配现有场地设施的使用时间，特别是要减少和避免场地设施的闲置时间。并充分发挥现有场地设施的多种功能，发挥场地设施的多功能性，保证一馆多用，多馆齐用。

(4) 各级各类学校或企事业单位可以有选择性地开放本校、本企业单位的体育设施，以供外界体育爱好者使用。

(5) 针对中年人参与体育活动频率较低的现状，社会体育活动组织者应加强对这部分人的引导。这是因为，中年偶尔参加体育活动人口有很大一部分没有成为体育人口，他们主动锻炼的动力不够，又缺乏体育活动的组织，这部分人口需要社会体育活动组织的引导。具体来说，需要群众体育工作者开动脑筋、精心策划、积极组织，使社会体育活动内容丰富多彩、形式多种多样，以吸引更多中年人积极参与到体育锻炼中来。

3. 老年偶尔参加体育活动人口向体育人口转化的策略

安徽省老年偶尔参加体育活动的人口锻炼强度普遍较低，这是导致老年偶尔参加体育活动人口没有发展成为体育人口的主要原因。增加老年偶尔参加体育活动人口的比例和加速老年偶尔参加体育活动的人口向体育人口转化的工作非常重要。而增加老年偶尔参加体育活动的人口的锻炼强度是加速老年偶尔参加体育活动人口向体育人口转化的主要途径；增加老年偶尔参加体育活动的人口的锻炼频度和锻炼时间是该人群向体育人口转化的辅助手段。

对于老年人偶尔参加体育活动人口的人，要做好向体育人口的转化，应解决好以下问题。

(1) 家务问题。老人体弱多病，更需要多锻炼以保持健康；老人已经操劳大半生，也应该多多地得以休息。作为其他家庭成员应该体谅老人的辛苦，多承担家务劳动，让老人得到更多的锻炼时间。老人也应积极争取锻炼时间，争取家人的理解。老人更要合理分配好锻炼与做家务的时间，做到劳逸结合。

(2) 场地问题。当前，老年人中比较倾向于群体性参与体育锻炼。因此，一般来说需要较大面积的场地。当前，解决老年人口锻炼场地设施不足的问题，应从以下几方面入手。一是增加投入，加快新的体育场地设施建设。二是改造旧的场地设施，以满足更多老人的体育锻炼要求。三是提高现有体育场地设施的使用率，让现有的体育设施发挥最大功能。四是发挥现有体育设施的多种功能，做到一馆多用。五是充分发挥居民社区内的空地作用，结合当地民风民俗，多组织喜闻乐见的地方体育。

(3) 惰性问题。惰性是影响老年人口锻炼的主观问题，是观念问题。要从根本上克服惰性，老人们应加强体育锻炼与健康知识的学习，树立体育运动健康观。要克服老人们锻炼惰性，相关部门可以通过建立老年体育联谊会，定期组织老年群体活动，以增加老年人的锻炼意识，早日养成锻炼的习惯。

第四章　安徽省非体育人口转化与武术运动的发展

提高老年人的健康水平对于整个社会和国家而言都具有十分重要的意义。现阶段,除了老年偶尔参加体育活动人口的人自身提高体育锻炼意识的同时,还需要从以下两个方面对该类人群作出指导。

(1)加强老年人口了解体育常识、参与体育活动的指导。老人们身体已不同中青年人,他们的锻炼更加需要科学的指导,这就需要群众体育部门加大体育宣传力度,普及体育锻炼知识。

(2)加强老年人口体育活动科学组织的引导。老年人多有体育锻炼的要求,又多因缺乏体育锻炼的知识和技能,而羞于锻炼或不知如何锻炼。他们非常需要群众体育部门组织相关的体育活动的带动和引导,所以地方群众体育部门要积极动员起来,发挥各自的聪明才智,组织一些群众要求高的、锻炼效果好的体育活动,同时要鼓励或奖励老人们积极参与活动。鼓励那些有一定社会影响力的老人自己组织体育活动,鼓励企事业单位组织老人的体育活动等。

(3)加强老年人体育活动安全的指导。老人们体弱多病,锻炼时更加需要科学的指导。否则,锻炼不当会增加伤病的机率或者会加重伤病情况。而有效的指导可以有效预防这种伤病的发生。

二、不参加体育活动人口向体育人口转化的策略

通过对安徽省非武术运动人口参与武术运动的影响动机、条件等的分析,当前,促进安徽省非武术运动人口向武术人口的转化主要有两条途径,第一条途径为"将不参加体育活动人口直接转化为体育人口",这种转化方式是直接转化;第二条途径是"将不参加体育活动的人口先转化成偶尔参加体育活动人口,然后再由偶尔参加体育活动人口转化为体育人口",这种转化方式是间接转化。无论是直接转化还是间接转化,都是当前群众体育工作、发展体育人口的重要途径。如果能扫清这些不参加体

育活动人口运动道路上的障碍,并且满足这些人口体育锻炼的条件,一定会有大量的不参加体育活动人口转化为体育人口或偶尔参加体育活动人口。具体来说,对促进非体育人口向体育人口的转化的策略应结合不同类型的非武术运动人口的特点做到有针对性地进行,这里详细分析如下。

(一)不同性别不参加体育活动人口向体育人口转化的策略

对于不同性别不参加体育活动人口来讲,可以从主观(克服认识偏差和不良心理)和客观(创造良好体育环境及条件)两个方面入手,帮助此类人群改变原有的对体育活动的不科学认识,鼓励其参与体育活动,促使其向体育人口转化。

1. 男性不参加体育活动人口向体育人口转化的策略

(1)促进男性不参加体育活动人口向体育人口转化的主观策略

要从主观上帮助男性不参加体育活动人口者克服对体育锻炼的认识上的偏差,培养其良好的体育锻炼习惯,应从以下几方面做起。

①培养"运动使人健康、快乐"的观念。兴趣是个体行为的根本动力。运动兴趣是人们是否参加体育锻炼的核心问题,如果没有运动兴趣,即使有再好的体育设施也无法吸引他们来运动。运动兴趣也是参加体育锻炼的前提,有了运动兴趣才会产生锻炼趋势。培养运动兴趣必须从了解运动知识开始,国家和政府相关部门要大力宣传和普及体育知识,并且要通过组织各种体育活动让这些人口参与进来,体会运动的乐趣,从而在运动中培养体育兴趣。

②改变"认为没有锻炼的必要"的认识。加强体育知识的宣传和学习,重点学习体育锻炼的重要性和必要性。

③改变"身体好的人不用锻炼"和"身体弱不宜参加锻炼"的认识。在现实生活中,存在"身体好的人不用锻炼"这种思想的

第四章　安徽省非体育人口转化与武术运动的发展

人口不在少数,多因为他们对体育知识的了解很有限,缺乏未来意识。人的身体都是要从强壮走向衰弱,与其到身体衰弱时才意识到锻炼的必要,不如趁身体健康时打好基础,做到防微杜渐,防患于未然。社会有关部门应加紧宣传,鼓励人们认真学习运动的相关知识。此外,"身体弱不宜参加锻炼"的认识也是普遍存在的,但是,应该认识到,身体弱更应该锻炼,因为锻炼可以改变身体较弱的现状,锻炼可以使身体变得强壮。身体弱,可以从事一些动作幅度小,运动强度不大的运动项目,且要根据身体情况,控制好运动的时间和运动频度。

④改变"体力工作多,没时间锻炼"的认识。这种错误的思想在某种情况下还可以理解,但是存在这种思想的人把体育锻炼错误地理解为体力劳动显然是荒唐的,说明他们对运动知识的了解也很有限。体育锻炼是在科学的指导下,全面合理地进行身体活动,以达到全面提高身体素质的目的。体育锻炼可以提高人们的身体素质,身体素质提高了,人们就能适应更多地体力工作,从而提高人们的工作效率。

⑤消除"怕受伤"的心理。参与体育活动必须克服怕受伤的心理,只要做好充分的准备工作就能有效预防运动中伤病的发生。首先,运动者应从心理上解决恐惧心理;其次,运动前要做好准备活动;再次,做好运动安全教育,运动中要根据身体具体情况适量运动,不可做动作幅度过大,动作过猛的运动;最后,运动后注意放松和加强营养等。

⑥克服"怕嘲笑"的心理。男性应多参加集体活动,多参加有组织性的活动,多从事自己熟悉的项目,多从事自己喜爱的项目,以克服害羞心理,保证自己的锻炼。

⑦克服惰性心理。惰性和体育兴趣是一对矛盾体,有了运动兴趣就能克服惰性;有了惰性就很难再有运动的兴趣。所以克服惰性心理和培养运动兴趣应同时进行,坚持"两手抓"和"双管齐下"。

(2)促进男性不参加体育活动人口向体育人口转化的客观

策略

①解决好男性不参加体育活动人口缺乏体育锻炼场地及设施的问题。国家和政府通过增加投入,建设新的场地设施,改造旧的场地器材;提高场地设施的利用率;分配好不同社区或人群的锻炼时间段;尽可能地开放学校等企事业单位的体育场馆;利用好各社区的空地或其他场所。

②解决好男性不参加体育活动人口缺乏体育锻炼知识或指导的问题。国家和政府要通过电视、网络和广播等媒体大量宣传体育锻炼知识。地方群众体育工作部门积极配合,不断深入社区进行指导,组织各类群众体育活动。各单位也要配合国家和政府长期宣传各类体育锻炼知识,以及定期和不定时地举办单位体育活动。

③解决好男性不参加体育活动人口体育锻炼缺乏组织的问题。群众体育活动组织的缺乏,在一定程度上影响了一部分人从事体育活动,群众体育活动组织的缺乏也是经济欠发达地区的主要问题之一。解决群众体育活动组织的缺乏需要政府部门对群众体育有所倾斜,更需要体育工作者的大量努力。

④解决好男性不参加体育活动人口因工作忙而缺少锻炼时间的问题。单位应定期举办各类体育活动,体育活动内容要求以面向大众、趣味性强、健身性强、简单易行、参与面广的项目为主,且要求每人都必须参与。这些职工要利用好双休日的时间,也要利用好8小时工作外的时间进行锻炼。

⑤解决好因家务忙而缺少锻炼时间的问题。也有部分男性人群因为做家务而不参加体育活动,处理好家务劳动与锻炼的关系是改变这部分人口不参与体育活动的重要途径。这需要家庭和当事人的共同协调和配合。

⑥缓解男性不参加体育活动人口经济条件限制体育锻炼的问题。经济条件虽然是客观存在的因素,但这不应该是男性不参加体育活动人口不运动的真正原因。因为有很多运动是不需要体育消费的,所以经济条件不应该是主要原因。解决此类人

第四章 安徽省非体育人口转化与武术运动的发展

群不运动的现状,要不断加快当地经济发展的同时,也要从主观方面寻找原因。

2. 女性不参加体育活动人口向体育人口转化的策略

女性不参加体育活动人口比例非常高,针对女性不参加体育活动人口制定体育人口增长策略非常必要,也非常重要。要想降低该人群的比例,提高体育人口比例,需要针对该人群具体情况,也应从主客观两个方面入手。

(1)促进女性不参加体育活动人口向体育人口转化的主观策略

①培养女性不参加体育活动人口的运动兴趣。通过学习体育知识、参加社会组织的各种体育活动等均可提高运动兴趣。这就需要群众体育部门加大宣传力度,精心策划组织各类体育活动。

②纠正"没有必要参与体育锻炼"的观念。群众体育工作部门应加强体育锻炼知识的宣传,把锻炼的重要性和必要性作为主要的宣传内容,各单位应不定时组织员工学习体育知识,参与体育活动。

③改变"身体好,不用锻炼"和"身体弱,不宜锻炼"的错误思想。一方面,身体好时,是锻炼身体、提高身体素质、提高身体适应能力的最好时机。一旦错过这最好时机,等伤病到来时再想到锻炼就悔之晚矣。这也需要国家、政府及有关部门利用各种手段积极宣传科学的体育锻炼知识,以纠正人们的错误认识。另一方面,身体弱,说明身体需要锻炼,但又与锻炼出现了矛盾。但只要选对合适的运动项目,身体弱不但不会成为运动的障碍,反而会成为锻炼的动力。

④转变"体力工作多,不必参加锻炼"的错误认识。体力工作在某种程度上有一定的锻炼功效,但其锻炼程度较差,锻炼效果也比较单一,又缺乏锻炼的科学性。所以体力工作并不等于体育锻炼,反过来说体育锻炼既可以科学地锻炼身体,提高身体

素质,增强身体的适应能力,又可以促进体育工作的效率。

⑤克服"怕受伤"心理。要克服麻痹大意的思想,选择适合自己的运动项目,此外,只要在运动前充分做好准备活动,运动中不做危险动作,运动后注意休息和补充营养就能有效避免受伤。

⑥克服"怕嘲笑"的心理。摆正心态,提高自信,不断提高自己的运动技能,选择熟悉的人群锻炼等都是克服害羞心理的有效方法。

(2)促进女性不参加体育活动人口向体育人口转化的客观策略

具体来说,从客观方面促进女性不参加体育活动人口向体育人口转化,应重点解决好以下问题。

①时间问题。缺少体育锻炼时间是女性不参加体育活动人口的主要运动障碍。因家务忙而缺少锻炼时间是女性不参加体育活动人口锻炼的主要障碍。改变传统思想、重新分配家务劳动、利用好双休日、安排好锻炼时间都是解决女性不参加体育活动人口做家务和锻炼身体的矛盾的重要措施。因为工作忙,而缺少锻炼时间的人口比例也相当高。解决好工作和锻炼的矛盾是女性不参加体育活动人口向体育人口转化的重要手段。首先是个人要树立体育锻炼的意识,利用好双休日的时间锻炼,利用好工作外的时间锻炼。其次是单位要加大体育锻炼知识的宣传力度,单位要定期组织各类活动,单位、工厂、车间等要安排工间操等体育活动。

②场地问题。场地设施缺乏与人们体育锻炼需要是安徽省体育人口转化存在的一个主要矛盾。场地设施缺乏问题是经济欠发达地区群众体育工作最主要的问题之一。受经济因素影响,该地区场地设施缺乏情况相当严重,严重阻碍了群众体育的发展。要解决场地设施不足的问题,一方面需要政府部门加大财政的投入,建设新的场地设施和改建旧的场地设施;另一方面是要充分利用好现有的场地设施,提高场地设施的利用率。

第四章 安徽省非体育人口转化与武术运动的发展

③组织问题。对于女性不参加体育活动人口来讲,解决好她们缺乏组织的问题,需要群众体育部门和单位社区等努力组织、精心准备,让更多的人口进入锻炼身体的行列。其次是解决缺乏体育锻炼知识或指导的问题,全国各大媒体积极宣传体育锻炼知识,群众体育部门组织社会体育指导员深入基层指导群体活动,鼓励高校体育专业的学生到社区实习、到社区工作,把先进的体育知识带入社区。

④经济问题。和男性不同,女性在家庭中扮演着重要的角色,有些女性面临繁重的家务劳动而不得不放弃工作,她们没有经济来源,主要依靠其他家庭成员的收入。一方面,参与体育锻炼需要家庭成员的支持,另一方面,政府部门应不断深化改革,调动社会一切因素促进社会生产力的发展,提高人们的经济收入(包括女性工作者以及无工作女性的其他家庭成员的经济收入),提高人们的生活水平,从而带动人们体育活动的开展。

(二)不同年龄段不参加体育活动人口向体育人口转化的策略

根据本书第三章对安徽省不同年龄结构特征形成因素的分析可知,影响青年、中年、老年三种人群参与体育活动的因素主要是工作忙少时间、家务忙少时间、缺乏运动兴趣、缺乏场地设施以及个人认识上的偏差等。

首先,和中年人与老年人相比,安徽省青年不参加体育活动人口的比例高于其他两种人群,应该是群众体育工作的重点人群。其次,中年不参加体育活动人口的比例低于其他两种人群,说明安徽省中年人口体育参与率高于其他人群,其体育参与意识较强。最后,安徽省不参加体育活动的老年人口的比例高于中年人群,低于青年人群,说明安徽省老年人口体育参与率一般。结合各种影响因素对这三种人群所起作用的大小,青年、中年、老年不运动人群要改变当前不运动的现状,应该抓住工作重心,重点解决好主要矛盾,具体策略可参考表4-1。

表 4-1　不同年龄段不参加体育活动人口向体育人口转化的策略

青年不参加体育活动人口向体育人口的转化	培养锻炼身体的兴趣 正确处理好工作与锻炼的关系 加强体育知识的宣传和体育锻炼的指导 改善体育场地设施缺乏现状 纠正"身体好，不用锻炼"的错误思想 纠正"体力工作多，不用锻炼"的片面认识 纠正"身体弱，不宜锻炼"的错误认识 改变群众体育组织不力的局面 消除运动惰性 解决好家务劳动和锻炼的矛盾 解决"怕受伤、怕嘲笑"的心理缺陷等
中年不参加体育活动人口向体育人口的转化	改变缺乏锻炼兴趣的现状 处理好做家务和锻炼的关系 处理好工作与锻炼的关系 纠正"身体好，不用锻炼"的错误认识 纠正"身体弱，不宜锻炼"的错误认识 纠正"认为没有必要"的错误思想 转变"体力工作多，不必锻炼"的错误观念 克服运动惰性 处理好群众体育组织不力的现状 加强群众体育知识的宣传和指导 解决锻炼场地设施缺乏问题 解决"怕受伤、怕嘲笑"的心理缺陷等 发展经济，解决经济问题

第四章　安徽省非体育人口转化与武术运动的发展

续表

老年不参加体育活动人口向体育人口的转化	改变缺乏锻炼兴趣的现状 正确处理好工作与锻炼的关系 处理好做家务和锻炼的关系 纠正"身体弱,不宜锻炼"的错误认识 纠正"身体好,不用锻炼"的错误认识 纠正"认为没有必要"的错误思想 转变"体力工作多,不必锻炼"的错误观念 消除"怕受伤"的心理问题 消除"怕嘲笑"的心理问题 克服运动惰性 解决锻炼场地设施缺乏问题 加强群众体育知识的宣传和指导 处理好群众体育组织不力的现状 发展经济,解决经济落后问题

(三)不同职业不参加体育活动人口向体育人口转化的策略

不同职业人口不参加体育活动的原因各不相同,他们既有不参与体育活动的同一性,也有各自职业特征的差异性。但总的来说,可以从以下几个方面促进不同职业不参加体育活动人口向体育人口的转化。

1. 转变观念,提高体育锻炼的兴趣

认为没有运动兴趣是影响不参加体育活动人口参与体育活动的首要因素,这一点在无职业人员和农、林、牧、渔、水利业生产人员中表现的最为明显,商业、服务业人员和其他人员把没有锻炼兴趣作为次要因素,也可以说明运动兴趣对各职业人群体育参与的重要影响。所以培养锻炼兴趣是解决各职业不参加体育活动人口向体育人口转化的另一个重要手段。

2. 重视健康，处理好工作与锻炼的关系

对于不参加体育活动的大多数人来讲，工作原因是影响他们参与体育活动的最主要原因。从影响他们参与体育活动的因素看，把工作忙作为影响他们参与体育活动首要因素的人群有国家机关、党群组织、企业、事业单位负责人，专业技术人员，办事人员，商业、服务业人员以及生产、运输设备操作人员。所以正确处理好工作和锻炼的关系是解决不同职业不参加体育活动人口向体育人口转化的最重要策略。

3. 改善环境，加强体育基础设施的建设

解决场地设施缺乏问题是不同职业不参加体育活动人口向体育人口转化的再一个不可或缺的手段。认为场地设施是阻碍他们参与体育活动前三位的原因的人群有专业技术人员，商业，服务业人员，农、林、牧、渔、水利业生产人员，生产、运输设备操作人员，无职业人员和其他人员，可以看出加强场地设施建设对上述这些人群来说意义重大，拥有理想的场地设施可有效促使更多的人参加体育锻炼。

(四)不同学历不参加体育活动人口向体育人口转化的策略

教育决定认知，具有相同文化程度的人群必然有着某些相同之处，体育参与情况也不例外。从其结构特征形成的影响因素可以看出，工作原因是影响高学历（大学及以上学历）人群参与体育活动的最主要原因，而锻炼兴趣是影响低学历人群参与体育活动的最主要原因。针对不同学历不参加体育活动人口向体育人口的转化，具体分析如下。

1. 高学历不参加体育活动人口向体育人口的转化

首先，已经走出校园参加工作的高学历人群应处理好工作和锻炼的关系。利用好工作外的时间，抓紧时间积极锻炼；利用

第四章　安徽省非体育人口转化与武术运动的发展

好周末时间,高质量锻炼;利用好工作内的空余时间,简单锻炼。

其次,要抓紧时间学习体育锻炼知识,了解体育信息。高学历人群应充分利用网络、电视、广播等信息平台,广泛学习体育锻炼的相关知识。

最后,克服场地设施短缺的问题,充分利用现有资源积极参与体育活动。

此外,针对高学历者非体育人口的转化问题,社会相关部门要利用社会职能加大体育知识的宣传普及力度。解决场地设施短缺的问题,这需要政府部门加大体育设施的投资力度,不断建设现代化体育场馆,还要改建部分破旧场馆,从而提高场地设施的利用率,把闲置的场馆利用好,发挥场馆的多功能作用。与此同时,政府部门加强对群众体育活动的组织工作的宣传,纠正部分高学历者对体育锻炼认知的偏差也是十分重要的。

2. 中等学历不参加体育活动人口向体育人口的转化

这里的中等学历具体是指具有高中学历和初中学历的人群。首先,针对高中学历人群,促进该类非体育人口向体育人口的转化,除了处理好工作和锻炼以及场地设施短缺的问题外,还要重点纠正认为"身体好不用锻炼"的认识,并且要解决家务劳动与锻炼的冲突及培养锻炼兴趣、克服惰性等不好的认识和习惯。其次,针对初中学历人群,促进该类非体育人口向体育人口的转化,除了要培养锻炼兴趣以改变当前缺乏锻炼兴趣的不良局面外,重点还要解决场地设施问题。工作和锻炼的冲突也是该人群不运动的重要原因,可以通过提高认识进而从主观上解决工作和锻炼的矛盾。这就要求国家政府单位的支持和理解,也更强调当事者对体育锻炼的重视,最终促进该类人群把体育锻炼变成一种主观行为。

3. 低学历及文盲不参加体育活动人口向体育人口的转化

小学学历人群与文盲或识字不多人群影响他们体育参与的

因素极为接近,前四位的影响因素都一样,可以看出这两种人群在对体育锻炼的认识上极为接近。改变这两种人群不运动的状态除了要解决上述的"兴趣"因素外,还要重点做好以下工作。

首先,从主观上改变小学学历人群与文盲或识字不多人群"身体弱不宜锻炼"的错误思想。小学学历人群与文盲或识字不多人群由于文化素质低,没有很好地理解体育锻炼的意义,也没有真正掌握锻炼的技能和知识。所以对他们应该更多地进行体育知识教育,先从文化理论的角度进行渗透、滋润。让该类人群充分了解到身体弱更应该锻炼,锻炼可以改变虚弱的身体,使身体不断强壮起来。身体弱可以锻炼,只要锻炼内容选择合理,锻炼强度适宜,绝大部分人群都可以通过体育锻炼获得健康。

其次,解决场地设施短缺问题依然是小学学历人群与文盲或识字不多人群参与体育锻炼的重要要求。硬件上要求社会各界积极动员起来,通过多种渠道筹集资金,不断改善、改建体育场馆;软件上要求不断提高体育场馆的利用率,发挥一馆多用、多馆齐用的功效。总之,只有为小学学历人群与文盲或识字不多人群创造良好的体育活动环境和良好的体育锻炼条件,才能为该类人群解除后顾之忧,才能使他们参与体育锻炼成为可能、并逐渐养成一种良好的体育锻炼习惯。

第五章　高校武术运动的发展探索

当前,随着体育运动的不断发展,武术运动有了较为迅速的发展,同时,这也在一定程度上推动了高校武术运动的发展。一般来说,高校武术运动的发展主要在教学与课程设置、训练与竞赛两大方面。本章主要从这两个方面出发,来对高校武术运动的发展进行详细地分析和研究,从而为安徽省武术运动发展提供一定的理论支持。

第一节　高校武术教学及课程设置分析

一、高校武术教学及课程设置的基础

(一)武术教学系统基础

武术教学系统是属于教育领域这个大系统的,具体来说,它是由被当做体育教学系统的子系统,像教师、学生、体育教学内容、体育教学媒体等这些要素构成的。高校武术课程设置要将武术这一体育教学系统的特性作为重要的考虑方面。

1. 武术教学系统的基本要素

武术教学系统是由很多个要素组成的,具体来说,主要有以下几个最主要的方面。

(1)学生

作为武术教学的对象,学生也是教学活动的重要因素,没有

学生,教学活动就失去了意义。在学生这个教学对象中,就其个体来说,既包含智力结构、体能结构、武术知识和锻炼方法结构、社会适应能力、运动技能结构等要素,除此之外,学生个体的主观努力程度方面的要素也包含其中。在武术教学体系中,学生群体不仅有普遍性的要素,同时也有特殊性的要素。

(2)教师

教师是教授者,是武术教学的重要因素,不可或缺。在武术教师这个教授者中,包含的要素有很多,其中,不仅包含武术知识、运用教学媒体和教学方法的能力等,同时也包含教师的主观努力程度方面的要素。对教师集体来说,涉及到的要素不仅有青年、中年和老年等,同时还有带头人、骨干和助手等。

(3)教学内容

教学内容是一定体系内的体育与健康科学知识、体育锻炼方法和运动技能体系,教材是其主要的表现形式。

武术教学活动的不同侧面包含的要素有很多。就武术教材本身来说,包含的要素主要有两个方面:一个是教授武术与健康知识、技能的要素,另一个则是发展学生智力、培养武术运动情感、提高学生社会适应能力的要素。而从其与学生的关系方面来说,其包含的要素也有两个方面:一个是学生已经获得的运动技能,另一个是学生有待发展的运动技能。由此可以看出,离开了教学内容这一要素,武术这一体育教学活动就不成立了。

(4)教学方法

所谓的体育教学方法,就是指为达到体育教学目的,教师和学生所采取的方法、途径、手段、程序的总和。

体育教学方法体系中的每一类方法都能够在不同程度上使体育教学质量得到有效的提高。需要强调的是,在武术课程的教学方法中,没有一种武术教学方法是万能的。因此,要想实现教学方法的价值,就要求教授者切实把握各种常用体育教学方法的功能、特点、适用范围以及应注意的问题等,并使其在武术教学实践中将其作用有效地发挥出来。

(5) 教学媒体

所谓的教学媒体,就是指在体育教学中师生交换信息时承载和传递信息的工具。武术教学媒体所包含的内容主要有两个方面:一个是文字、语言、动作示范等视觉要素;另一方面则是记录、储存、再现这些符号的实体要素,比较常见的有图片、模型、电视、录像、电影、电脑模拟等,独立成为系统。

武术教学活动是师生间信息加工和交换的过程,如果离开教学媒体,信息交换就会中断,正常的武术教学活动也就无法进行了。

2. 武术教学系统的特性

武术教学系统是以人的集合为主,包含信息和媒体的复杂系统。它既有复杂系统的共同特性,又有武术教学活动自身的特性,具体来说,主要从以下几方面得到体现。

(1) 目的性

武术教学系统建立的主要目的在于向学生传播系统的武术及健康的科学文化知识,这对于学生学会锻炼身体的方法,促进学生身体、心理的全面发展都有着十分积极的帮助作用。其不仅将武术教学的目的明确了下来,同时,对于武术教学系统有序性的提高,使进入武术教学系统的各要素具有共同的运动方向是较为有利的,从而能有效地实现武术教学系统的既定功能。由此可以看出,目的性是武术教学系统的重要特性之一。

(2) 整体性

武术教学系统的整体性并不是各要素的简单集合就能够形成的。组成武术教学系统的各要素不是孤立存在的,而是为了达到武术教学系统的基本功能而紧密联系在一起的。

教师、学生、教学内容、教学媒体和教学方法五大部分是武术教学整体性的各个组成部分。每个组成部分都有其各自独特的作用和特点。比如,教师是武术知识技能和锻炼方法的传授者、教学活动的组织者,如果没有教师,学生的学习就缺乏引导。

而如果没有学生这一要素,那么武术教师的施教对象也就不存在,教师就变成了一般的传播者。在武术教学中,教师教和学生学的客观依据就是教学内容,教学内容的传播要借助于某些体育教学方法和武术教学媒体来实现。教学方法和教学媒体也是相辅相成、不可分割的。武术教学系统具有的整体水平的功能是其各个组成部分所没有的,由此可以看出,武术教学系统具有较为显著的整体性特点。

(3)开放性

武术教学系统具有开放性特点主要是由于其是一个开放性系统。具体来说,由于武术教学系统需要通过不断与环境交换能量和信息来实现自我维持,它的构成和运行受社会的政治、经济、科技、文化、教育等发展的约束或影响,并对这些社会因素产生反作用,同时武术健身课程又与全面健身、竞技体育有着密不可分的关系。

(4)复杂性

武术教学系统是由很多个要素组成的,且各要素都具有一定的不确定性,各要素之间的关系纵横交错,因此,这就赋予了武术教学系统的复杂性特点。就体育教师和学生这两个主体要素来说,他们各自的知识、技能、传播沟通技巧、身体素质水平、社会和文化背景、教与学的态度等在很大程度上决定着教与学的效果。其相互作用需要由一系列的武术教学目标、教学原则、教学内容、教学方法、教学媒体等来维系的。

(5)动态性

武术教学系统的成长性也在一定程度上将武术教学系统的动态特性反映了出来。具体来说,主要表现在两方面。一方面,要通过制定一系列的计划、条例、原则来维持武术教学系统的相对稳定性;另一方面又要适应环境变化的要求,创造出新的武术教学思想、教学方法、教学模式和教学媒体。只有这样,才能使武术教学系统的构成要素表现出一种动态的平衡,从而使武术教学系统的发展具有可持续性。

(6)成长性

社会的进步和不断发展,对现代人才培养质量也提出越来越高的要求。这对于武术教育来说也是如此。在武术教学系统中,师资水平的不断提高,学生的不断进步,教学内容和方法的不断更新以及教学媒体的更加多样化,都在一定程度上体现出了武术教学系统具有高度的成长性特点。只有具有成长性这一特点,武术教学系统在教学中的完善程度才能够越来越高。

(7)控制性

武术教学系统既定目标的实现是需要有协调的控制机制的。究其原因,主要是由于一个系统要获得所需要的功能,维持正常运行,对各要素进行控制是非常有必要的。反馈是控制的基本条件,在武术教学系统中,通过武术教学评价为系统运行提供反馈信息,使武术教学系统做到有效的控制,从而使武术教学的任务得以实现。

(8)反馈性

为了使武术教学系统的平衡和稳定得到维持,使其正常运转得到有力的保证,就要求系统必须具备自我调节的能力。这里所说的反馈是指从系统的环境中所收集到的有关系统产物的信息,特别是那些与产品的优缺点有关的信息或者由系统产生的错误所导致的信息。系统是通过反馈这一环节使自己处于一种相对稳定的状态。由此可以看出,反馈性是武术教学不可缺少的重要特性之一。

(二)学生身心发展基础

学生身心发展的基础,主要从学生生长发育的规律、学生身体机能的适应规律、学生动作技能的形成规律以及学生心理发展的特点等方面得到体现。

1. 学生生长发育的规律

在人体的生长发育过程中,由于受到社会环境、体育锻炼、遗传、营养等因素的影响,个体之间会不可避免地产生一定的差异,但同时也遵循着共同的基本规律。高校学生生长发育的规律主要包括身体形态、生理机能和身体素质等方面,这些因素之间是相互依存、相互影响、相互制约的关系。

在武术教学中,学生的生长发育规律与体育课程设置有着密不可分的联系。武术教学的主要目的是培养学生的全面发展,主要手段是学生的身体练习,而促进学生的健康、增强学生的体能则是其主要核心。武术课程设置的主要目的在于对武术教学在促进学生生长发育、提高学生身体机能、增强学生体能等方面的有效性进行最大限度的挖掘。因此,对高校学生的生长发育规律进行充分的了解,能够在一定程度上为武术课程的设置提供基础和条件。

高校学生的生理特点对武术课程设置的影响,主要从以下几方面得到体现。

(1)在分析学生的学习需要和具体特征时,要注意尊重学生的生理发展特点,这对于准确把握体育教学中存在的问题是较为有利的。

(2)在分析、确定或创编体育教材内容时,要对学生的生理发展特点进行充分的考虑,这对于选择最合适的武术教材内容,以及武术教学任务的实现都是较为有利的。

(3)在制定教学目标、选择教学策略和安排教学的过程中,要遵循学生的生理发展特点,这对于设计出适宜的武术教学目标、策略及教学内容等是有较大的帮助的。

2. 学生身体机能的适应规律

一般情况下,人体各器官系统的活动是相互协调、相互制约,处于相对平衡的状态的。使有机体内外环境不断取得平衡的过程,就是所谓的适应。这种相对平衡的状态是人体生命存在和人体机能正常活动的必要条件,人体机能适应性规律。身体机能适应规律能够使体能得到有效的增强,除此之外,还能够

第五章　高校武术运动的发展探索

促使有机体的运动系统、心血管系统、神经系统、呼吸系统和能量代谢系统等的机能水平向着对健康有利的方向发展。

由于身体机能适应规律的存在,武术教学才能够通过武术活动和锻炼对学习者的有机体进行生物改造,进而达到增强体能、增进健康的目的。

学生身体机能适应规律,对武术课程设置的影响主要在以下两方面得到体现。

(1)在进行具体的武术教学模式、教学方法和教学手段设置时,遵循学生的身体机能适应规律,这对于教学模式、方法、手段的选择是有积极的指导意义的,对学生体能的增强和活动能力、健康水平和武术动作技能的提高起着重要的促进作用。

(2)在进行设置时,要对学生的身体机能适应规律进行准确的把握,这对于设置出更科学、更有效的武术课程方案是有帮助的。

3. 学生动作技能的形成规律

作为一种习得的能力,运动技能是按一定的技术要求,通过练习而获得的精确、流畅和娴熟的身体运动能力。另外,在准确的时间和空间里在大脑皮质主导下的肌肉的协调性,也是所谓的运动技能。运动技能的形成是由简单到复杂的过程,并有建立、形成、巩固和发展的阶段性变化和生理规律。

通常情况下,可以将新课程的内容标准分为运动参与、运动技能、身体健康、心理健康和社会适应五个学习领域。其中,运动技能学习领域将体育与健康课程以身体练习为主的本质特征直接体现了出来。可以说,运动技能也是实现其他领域学习目标的一个主要手段。

在武术教学中,必须遵循运动技能的形成规律来从事课程设计。运动技能的形成规律主要对武术教学目标的制定、教学策略的选择以及教学过程的组织和实施产生一定的影响。换句话说,只有严格地遵循运动技能的形成规律,才能将准确而适宜的知识、技能学习目标制定出来,同时也才能将实用性好、针对性强的武术教学方法设计出来,进而对武术教学过程进行较好的实施和控制。

4. 学生心理发展的特点

在武术教学过程中,要对学生的心理特点进行充分的了解并准确掌握,这样才能够更有效地实现武术教学目标,学生的健康、体能得到增强,使他们掌握武术的基本知识和技能,培养并提高他们积极参与武术活动的兴趣以及良好的社会适应能力。具体来说,学生的心理发展主要包括三个方面,即认知发展、情感意志的发展以及个性的发展。

(1)认知发展。主要包括感知、注意、记忆、思维和想象几个方面。随着年龄的增长,青少年的认知发展也会发生一定的变化,在不同的年龄阶段会表现出较大的差异性。

(2)情感意志的发展。学生的情感具有内隐性及延续性的特点,具体来说,他们的情感丰富、生动,表现强烈、鲜明,但对情绪、情感的控制能力不够强。随着年龄的增长,学生意志的独立性和坚持性也会得到迅速发展,自控能力和果断性也得到提高,但是,草率性和冲动性是仍然存在的。

(3)个性的发展。个性心理特征(性格、气质、能力)和个性心理倾向(需要、动机、兴趣和世界观等)都属于个性的发展。青少年的个性心理特征和个性心理倾向在不同的年龄阶段的特点也是有所差别的。

二、高校武术教学及课程内容的设置

(一)高校武术教学课程内容的选择

选择高校武术教学课程内容,首先要对内容选择的来源有较为充分的了解,然后遵循一定的指导原则进行有针对性的

第五章　高校武术运动的发展探索

选择。

1. 高校武术教学课程内容选择的来源

武术教学课程内容选择的来源有很多,其中,最主要的有以下几个方面。

(1)采纳上级课程文本建议

作为国家教育行政部门规定的统一课程和教学内容,上级课程文本体现国家的意志,是专门为未来公民接受基础教育之后应该达到的共同体育素质而开发的体育课程和教学内容。上级课程文本开发主要以不同教育阶段的性质与培养目标为主要依据制定的体育课程标准或教学大纲,以及编写的教学内容。可以说,上级课程文本是一个国家基础教育体育课程框架的主体部分,具有一定的政策性和方向性。因此,地方、学校在选择教学内容时应采纳上级课程文本的必要建议,但要注意与地方和学校的具体情况有机结合起来,不要盲目照搬。

(2)对上级课程文本的规定进行修改

上级课程文本的制定都是从全国或全省的整体情况来进行考虑的,对全国或全省进行整体规划。因此,不可能将每个地区和每个学校的具体情况都考虑到,由此可以看出,上级文本必定有不符合地方和学校的具体情况的部分,要对此部分应进行必要的修改。另外,上级课程文本有着非常强的概括性,地方和学校应进行相应的条文细化,在细化过程中也要进行必要的补充与修改。但是,需要注意的是,在修改上级课程文本时一定不能违背上级的意图、重要的规定与要求,不可曲解上级文本的精神。除此之外,修改的对象主要为上级文本规定的具体教学内容、教学方法、资源配备、场地和人员情况等几个方面。

(3)参考上级课程文本的建议

上级课程文本不仅包括一些指令性的东西,同时也包括各地的不同情况,一起给地方、学校、体育教师一些自由的空间、自由发挥的余地,所以在某些内容的限制上是较为宽松的,只是给地方和学校一些建议。对这些建议,各地方和学校要根据自身的实际情况进行适当的参考。

(4)延续传统的武术教学内容

传统的武术教学内容是经过较长时间的积累和不断改善而逐渐形成的,再加上学校也有许多丰富的场地、器材等课程资源,因此,传统的武术教学内容在我国的学校体育中延续多年。对传统的武术教学内容教师也已经习惯,并积累了许多丰富、宝贵的教学经验。因此,在选择武术教学内容时,仍可以传统武术教学内容为主,但是需要注意的是,要将教育性、健身性、科学性、社会性和趣味性有机结合起来进行科学的选择。

(5)对传统的体育教学内容进行改造

传统体育教学内容的优势是不可替代的,但是某些传统体育教学内容已不适合或者说在某些地方(如规则、技术难度)上与现代体育教学的要求已经不适应。因此,为了将传统体育教学内容的优势更好地发挥出来,使其更好地为体育教学服务,应对其进行适当改造,从而与现代教学的需要相适应。需要强调的是,传统体育教学内容应从规则、技术难度、趣味性等方面进行改造。简化规则、降低难度、游戏化、生活化、实用化等是改造的主要方式。

(6)将新兴的武术教学内容引进来

近年来,越来越多的新兴运动项目开始出现,他们特有的趣味性和休闲性成为广大人民群众喜爱的重要方面。现代新兴武术运动项目进入体育课堂,给武术课堂教学注入新的活力是必然的。但是,由于许多现代新兴运动项目需要特殊的运动设施或场地条件及安全保护,这就要求以现有的场地器材条件、规则、原理及方法为主要依据,引进现代新兴项目,设计相近似的教学内容,使其在武术教学中具有广泛的适用性和实效性。

2. 高校武术教学课程内容选择的原则

选择高校武术教学课程内容主要应遵循的原则主要有以下几个方面。

(1) 与教学目标统一性原则

所谓的与教学目标统一性原则，就是所选的武术教学内容应是被判断具有能完成武术教学目标功能的那些内容，而且所选的内容应是健康的、有教育意义的、文明的和有身体锻炼价值的。除此之外，还要有意识地选择一些有中国特色的、有地方特色的武术运动项目。

(2) 可行性原则

所谓的可行性原则，就是指所选的武术教学内容应符合本地区大部分学校的物质条件、教师能力以及学生实际情况。即使再科学的武术教学内容，如果与本地区和本学校的实际条件不相符，也是不能作为选择的内容的。

(3) 科学性原则

所谓的科学性原则，就是指所选的武术教学内容应是有利于学生身体锻炼和运动技能提高的，并是安全的。具体来说，主要体现在两个方面：一方面，选择的教学内容能有效地为增进学生的身体健康服务，有助于培养学生的锻炼能力；另一方面，所选教学内容要保证在武术教学环境和条件下实施时是安全的。

(4) 趣味性原则

所谓的趣味性原则，就是指所选的武术教学内容应能被广大学生感兴趣并能从中体验到运动的乐趣。武术运动的乐趣是学生参加学习的动机和目的之一，因此，要在具有目标统一性和有可行性的备选教学内容中将那些具有趣味性的武术内容挑选出来，而那些枯燥无味的内容是不能选择的。

(二)高校武术教学课程内容资源的开发

1. 武术教学课程内容资源开发的意义

高校武术教学课程内容资源的开发是高校体育课程改革的重要组成部分,有着重要的意义。在教学实践中,体育课程内容资源开发的意义主要从以下几个方面得到体现。

(1)对学生的发展起到积极的促进作用。主要调动学生多种感官参与学习活动,激发学生的学习武术的兴趣;促进学生学习方式的变革,使学生从被动学习走向主动等方面得到体现。

(2)对教师的专业发展起到积极的促进作用。总的来说,主要从提升武术教师的课程开发意识;推动教师的武术专业成长;提高教师开发武术课程内容资源的能力等方面得到体现。

(3)对武术教学课程的发展起到积极的促进作用。主要在推动新武术课程标准的顺利实施,为武术校本课程开发提供借鉴方面得到体现。

2. 武术课程内容资源开发的原则

武术教学课程内容资源的开发需要遵循一定的原则,具体来说,主要有以下几个方面的原则。

(1)开放性原则

所谓的开放性原则,就是指武术课程内容资源的开发,要打破时间、空间、学科、领域、途径的界限,尽可能开发利用有益于武术课程实施活动的所有课程内容资源。在武术课程资源开发中,开放性主要体现在时间、空间、学科、系统以及途径等方面,因此,这就要求一定要遵循开放性原则。

(2)合作互补原则

合作互补原则是指在体育课程内容资源的开发过程中,要将武术课程专家、教师、学生等人员的作用充分发挥出来,对他们的知识、经验、特长以及各自的优势进行充分的利用,取长补

第五章　高校武术运动的发展探索

短,优势互补,从而达到共同提高武术课程内容资源开发的质量与效果的目的。

(3)针对性原则

针对性原则是指要针对武术课程目标,从学生、教师、学校的特点和实际出发进行武术课程内容资源的开发。根据武术课程目标进行课程内容资源的开发,要对不同特定的武术课程目标,进行不同课程内容资源的开发;同时应该以武术课程目标为主要依据来比较并分析各种资源,从而为开发出适应性相对较强的武术课程内容提供一定的帮助。此外,还应针对学生的特点、教师特点、学校的特点进行武术课程内容资源开发。

(4)开发与利用相结合原则

开发与利用相结合原则也是武术课程内容资源的开发应该遵循的重要原则。开发与利用相结合原则,具体来说,就是在武术课程内容资源开发过程中,不能单纯为开发而开发,要注意使开发与实际利用结合起来,使开发的武术课程内容资源通过课程实施的各个环节进入体育课堂而发挥其作用与功能。

(5)时代性原则

时代性原则也是武术课程内容资源的开发应该遵循的重要原则,这一原则含义可以从两个方面进行理解:一是指武术课程内容资源的开发要反映出现代社会发展的需求;二是指武术课程内容资源的开发要体现出鲜明时代特征。随着时代的发展,新的娱乐、健身、休闲的手段不断地被发明和创造,武术课程内容资源的开发,也应以多方面因素考虑进去,将鲜明的时代特征充分体现出来。

3. 武术课程内容资源开发的方法

武术课程内容资源开发的方法有很多,其中,筛选、改造、整合、拓展和总结方法是最主要的几个,下面就对这几种方法进行简要地分析和阐述。

(1) 筛选

按照一定的标准从大量的武术课程内容资源中,选择出合适的武术课程内容的方法,就是所谓的筛选。

一般来说,筛选的步骤可以大致分为三步。

第一,将内容清单列出来。尽可能地将所要开发的武术课程内容相关资源列出来,以供选择。

第二,将选择的标准确定下来。由于开发主体、开发目的不同,选择标准也会有所差异,但是,一般来说,都要对以下因素进行充分的考虑,即国家的教育和体育政策、体育课程标准、学校体育的指导思想和目标、学校的体育环境、师资、教材、学生的特点、具体的课堂教学目标等。

第三,对课程内容进行仔细的筛选。具体来说,就是以选择标准为主要依据筛选出合适的武术课程内容,还要尽可能地将筛选法和其他方法结合起来运用。

(2) 改造

以武术课程具体实施的不同对象和条件等特点为主要依据对原有武术课程内容资源的某个构成要素进行加工、变化、修改的方法,就是所谓的改造。

一般情况下,改造的步骤可以分为以下几步。

第一,对学生的特点和学校的条件进行分析。一般来说,分析学生的特点和学校的条件包括的内容主要有学生的年龄、性别、兴趣、爱好、生理发育特点、心理发育特点、生活经验基础以及学校的场地、器材设备条件等,通过分析,来让改造的具体内容和方式确定下来。

第二,对武术课程内容资源的构成要素进行分析。一般来说,武术课程内容资源都是由一定的基本要素所构成的,从实际意义上来说,所谓的改造就是对这些要素的不断变化、加工和修改。

第三,对武术课程内容资源的构成要素进行改造。要按照一定的目的和原则对武术课程内容资源的构成要素进行改造。

第五章　高校武术运动的发展探索

第四,对武术课程内容资源进行重构与修改。具体来说,就是对改造后的武术课程内容资源进行重新构建,在武术课程的课堂上得以运用,同时,还要对其效果和存在的主要问题进行充分的了解,然后在此基础上进行适当修改。

(3)整合

将各种武术课程内容资源的某些要素通过一定的方式有机地结合在一起,从而形成新的武术课程内容的方法,就是所谓的整合。

一般来说,整合的步骤有以下几个方面。

第一,将整合目的确定下来。关于整合的目的,无外乎三个方面:其一,是将体育课程内容的多种教育功能发挥出来;其二,是使体育课程内容的趣味性得以增加;其三,是使体育课程内容的适应性得到有效的提高。

第二,将整合方式确定下来。武术课程内容资源的各要素之间的整合方式有很多种,因此,对整合的要素进行精心选择和设计是非常重要且必要的。另外需要强调的是,在确定整合的方式时,要对所要整合的武术课程内容资源的要素特点进行分析。

第三,对资源进行整合。在整合之前,还要运用改造方法对一些要素进行必要改造,这样能够使整合后的武术课程内容的适应性更加显著。

第四,进行仔细的检验与修改。将整合后的内容通过教学等途径进行实施,从而对其可行性和发现所存在的问题进行检查,然后有针对性地进行适当的调整。

(4)拓展

对原有的武术课程内容资源在形式、具体内容及功能等方面进行扩展、补充,使体育课程内容在具体内容和形式上更加完整,在功能上更加全面的方法,就是所谓的拓展。

一般来说,拓展的步骤可以大致分为以下几个方面。

第一,分析武术课程内容资源的性质和特点。主要对体育课程内容资源的内容结构、呈现方式、主要功能等方面的特点进行详细的分析,从而为如何对该内容进行拓展提供必要的依据。

第二,分析拓展具体内容,以便于寻找拓展的空间。具体来说,就是对从哪些方面进行拓展,是进行内容结构拓展,还是呈现方式或主要功能的拓展等进行充分的考虑。

第三,对武术课程内容资源进行拓展的尝试。拓展时要注意对图书馆、资料室、网络、书店等学校、社区和家庭的各种条件进行科学利用,同时,还要注意对拓展的内容进行必要筛选、改造,从而赋予其显著的可行性和可操作性特点。

第四,整理、实施与总结。对拓展后的内容通过课堂教学进行实施,并对实施的情况进行总结,还要分门别类进行整理。

(5)总结

对体育课程内容开发实践中的各种经验、成果等进行回顾、分析和反思,以归纳出具有典型意义的体育课程内容的方法,就是所谓的总结。

一般来说,总结的步骤可以归纳为以下两个方面。

第一,对开发过程进行反思。具体来说,就是反思武术课程开发过程中的各种经验、心得、教训等。

第二,形成文字材料。在反思的基础上,用报告、小论文、学术论文及专著等形式来充分反映出反思的结果。

三、高校武术课程教学模式的设置

在一定教育思想指导下,建立在丰富的武术教学经验基础上,为完成武术教学的目标和内容而围绕武术项目形成的比较稳定且简明的教学结构理论框架及其具体可操作的实验活动方式,就是所谓的武术课程教学模式。

(一)高校武术课程教学模式的基本要素

武术课程教学模式的要素主要有四个方面,即教学目标、教学对象、教学策略以及教学评价,具体如下。

1. 教学目标

在武术课程教学模式中,首先应该对学习需要、学习内容和学生进行分析,然后在此基础上,将武术教学目标确定下来,编写学生行为目标。其中,确定教学目标是武术教学系统设计的一项基本要求。教学目标一旦确定,其他方面的设计便围绕其目标进行。

2. 教学对象

在武术教学实践活动过程中,应以学生这一对象为中心展开。现代体育教学设计明确指出,"以学生为中心"展开体育教学设计。武术课程教学设置也不例外。因此,这就要求教师一定要对学生的特点进行充分的分析,并且以其特点为主要依据,对学生的初始状态进行评定,对学生的未来发展进行科学的预测。

3. 教学策略

教学策略包括的内容有许多,其中,比较常见的有,采用怎样经济而有效的教与学的形式,安排什么样的课型,设计何种教与学的方法,安排怎样的教与学活动,选择怎样的教学资源,设计什么样的武术课程教学环节和教学步骤等一系列问题。另外需要强调的是,在整个武术课程教学设置过程中,教学策略发挥着十分重要的作用,因此,一定要对此引起高度的重视。

4. 教学评价

在教学模式设置的最后,会完成一个体育教学设计的"产品"。"产品"是否与体育课程教学目标的要求相符,能否取得最优的体育课程教学效果,是否符合学生的实际情况,必须对所采用的教学形式、教学方法、教学活动和步骤是否具体可行等一系列问题作出检验。这就需要对武术教学设计的成果进行评价,并以评价结果为主要依据,有针对性地进行及时正确的修正。

(二)高校武术课程教学模式的作用

武术课程教学模式有着非常重要的功能,也是其他方面所不可替代的。具体来说,教学模式的作用主要体现在以下几个方面。

1. 为教学设计理论研究提供资料和素材

武术教学模式设置本身包含了教学设计的特定理论和指导思想。比如,以"学习为中心"的体育教学设计模式包含了"以学习为中心"的体育教学理论。这些教学设计模式包含的内容非常丰富,不仅有理论思想,而且还有很多有关的实践素材。其中的教学理论可以转化为武术教学设计的理论,成为武术教学设计理论的来源;而实践素材则可以给武术教学设计提供理论基础。

2. 指导教学设计及教学活动的进行

武术教学设计模式作为体育教学设计理论与实践的结合物,对如何进行武术教学设计的实践活动进行直接的指导,这些指导能够对武术教学实践工作者的教学活动起到积极的推动作用。同时,武术教学设计模式不仅能够对武术教学设计的实践起到直接的指导作用,而且还与武术教学实践活动本身有着较为紧密的联系,包含了武术教学实践活动的理念、取向、要素以及操作程序,这些对于武术教学活动都具有重要的指导意义。

3. 为教学管理决策提供指南和依据

对体育教师的教学设计工作的管理是武术课程教学管理的一项重要内容。加强武术教学设计工作的管理对于体育教学工作有序地、完整地、有效地进行有着非常重要的意义。武术教学

第五章 高校武术运动的发展探索

设计模式提供了关于武术教学实践活动的各个环节和信息,因此可以说,它为武术的教学管理决策提供了重要依据。

(三)高校武术课程常见的教学模式

高校武术课程教学模式有很多种,其对相关学科教学模式进行了借鉴,同时,又在此基础上将武术本身的特点融合进来。因此,在武术课程教学过程中,要想提高武术教学效果和质量,就需要在充分掌握各种教学模式的使用基础上,进一步开拓创新,发展新的教学模式。下面就对几种较为常见的教学模式进行分析和研究。

1. 示范教学模式

示范教学法在武术课程教学中学生的接受程度是比较广泛的,究其原因,主要是由于其对学生了解武术基本动作的要领和方法有着积极的帮助。正确的示范动作,能够使学生学习武术的兴趣得到提高,学生学习武术的自觉性和主动性也得到有效的激发。示范法教学的基本模式是:教师示范动作—学生互相观摩练习—巩固定型完成教学目标。

2. 情境陶冶式教学模式

情景陶冶式教学模式对学生个性的发展非常重视,具体来说,其对陶冶情感活动是非常重视的,这对于无意识心理活动的内在潜能的调动是较为有利的,这样,就能够使他们在武术教学活动中思想集中、精神放松的进行学习。

这一模式的基本结构主要包括的步骤有三个:第一,创设武术情境;第二,参与各类活动;第三,总结转化。

3. 引导式教学模式

引导式教学模式对学生的主体作用的发挥较为重视,教师的重要性不只体现在其是单纯的知识技能传授者,同时,教师还是转变成为学生学习武术的启发者和指导者,从而为学生创造一个有利于发挥个性的环境。在教学活动中,还要对自学与指导相结合引起重视,对学生树立角色意识和创造性思维能力的发展起到积极的引导作用。这一模式对教师要发挥引导作用,学生的主动学习性较为重视,同时,还能在武术学习中总结经验,从而使学生在武术教学中分析问题和解决问题的能力得到有效的提高。

4. 快乐体育教学模式

在武术课程教学中,快乐体育教学模式运用的实施过程主要分为五个部分,即课前准备部分、开始部分、准备部分、基本部分和结束部分。每一个部分都有其各自的内容和任务。比如,课前准备部分主要完成课前考勤、情感交流、器材摆放、技术指导、任务安排等教学任务;开始部分的主要内容有课堂礼仪、课堂内容、课堂寄语等;准备部分主要内容是列队表演、花样口令、变化跑、模仿操、合作操、专项游戏等内容;基本部分以已学动作的复习、新授动作的教学、综合能力的培养、运动负荷的调节等为主要内容;结束部分通常选择安排队列口令展、舞蹈加小结、放松小游戏、下课一支歌、临别送寄语等内容。

在高校武术课程教学中运用快乐体育教学模式,能够使学生的学习兴趣得到有效的提升,为学生武术技能的掌握、学生创新能力的提高起到积极的促进作用。

四、高校武术教学课程设置的评价

(一)高校武术课程设置评价方案的制定

制定高校武术课程设置评价方案需要按照以下步骤进行。

1. 确定收集资料的类型

在试用武术课程教学设计方案阶段应对两类反馈信息进行收集(表5-1)。

第五章　高校武术运动的发展探索

表 5-1　两种反馈信息类型的具体情况

反馈信息类型	主要目的	表示方法	数据来源	备注
学生的学习成就信息	了解学生达到课程教学目标的程度	数据	对学生的一系列测试、操作、观察、作业等	在收集反馈信息时，至少应用两种评价工具，以保证收集可靠的信息和足够的信息量
课程教学过程信息	了解教师在试用课程教学设计方案中的问题	数据	对课程教学活动展开的观察和学生在课程教学过程中的反应	

2. 制定评价标准

在收集哪一类型信息的问题得到解决之后，就应有针对性地建立起解释这些信息的标准。由于武术课程教学设计的评价指标的本质是所有评价因素的集合，因此，在制定评价标准时，就要求必须对这些因素的主次关系进行充分地考虑，对这些因素进行定量赋值或定性描述，这样才能较为准确地确定下来评价标准。

通常来说，武术课程教学设计的评价标准应包括以下几方面。

(1)教学目标的评价标准：不仅要恰当、具体，还要符合《体育与健康课程标准》的要求，与学生的实际情况相吻合。

(2)教学内容的评价标准：选择恰当，安排合理。

(3)教学方法的评价标准：对于学生学习的主动性和积极性的调动有积极的促进作用。

(4)教学活动的评价标准：体现"以学生发展为本"。

(5)教学形式的评价标准：符合教学要求。

(6)教学媒体的评价标准：选择适当，使用有效。

(7)教学过程设计的评价标准：归纳为三大"符合"，即与学生学习规律相符合、与人体生理机能活动能力变化的规律相符合、与学生身心发展的规律相符合。

(8)教学效果的评价标准:效果一定要好。

3. 选择被试人员

相较于一般的体育课程设计方案的试用来说,武术课程教学设计人员设计的方案是不能随便将参加的教师或学生定为被试人员的,而是应该有针对性地选择相对比较合适的被试人员。

武术课程教学设计在进行形成性评价时,只能在学生和教师中间挑选少数的一些样本来作为实验的对象,将所有的学生和教师都拿来做实验是不现实的。但是需要注意的是,这些样本是选择比较具有代表性的,而不是随意抽取的。但就学生来说,要选择的学生样本是具有处于日常状态的认识水平和能力的,换句话说,就是每个年级不同层次水平、能力的学生都要有,不能只选择某一层次的。一般来说,会采取随机抽取一定的被试人员后,再以具体情况为主要依据进行适当的调整后,来将被试人员确定下来。此外,对被试人员的语言表达能力也有较高的要求。

4. 阐明试用设计方案的背景条件

在武术课程教学设计评价过程中,试用设计方案的背景条件包括的内容可以大致总结为两个方面,具体如下。

(1)设计者应说明的一些前提条件。比如,较为常见的,进行试用课程教学设计方案的具体条件是什么,应具备或提供什么条件优势,并将受到什么样的条件限制等。

(2)课程教学设计方案的试用过程如何展开进行。举例来说,以什么样的方式开始、中间要经历的环节有哪些、以什么样的方式结束、各个环节之间应该如何排列如何衔接、教师要做哪些事情、学生又要做那些事情等,这些问题都需要进行明确的说明。

5. 选择合适的评价方法

在武术课程教学设计方案的形成性评价中,测试、调查和观察是比较常用的几种方法。下面就对这三种评价方法进行分析。

(1)测试

通过运用相应的一些器材、方法,并设立一些相应的试题或项目要求来对学生的行为样本进行测量的系统程序,就是所谓的测试。这种方法有着较为广泛的适用范围,比较常见的有收集认知目标、动作技能目标、体能目标等的学习结果资料,也就是平时指的考试、达标等。

(2)调查

调查这一方法主要包括问卷法和访谈法两种具体的方法。其中,以书面形式间接地向学生提问一些需要获取信息的问题,并且从所获取的答案中获取有效信息的方法,就是所谓的问卷法;而以面对面的形式或座谈的形式来直接获取信息资料的方法,就是访谈法。在收集情感目标的学习结果资料时,往往较适合用调查法。

(3)观察

以达到某种评价目标为主要目的,通过体育教师对学生的行为和所处的环境进行仔细的观察,并将所观察的内容记录下来,从而获取必要资料的方法,就是所谓的观察。收集动作技能目标的学习结果资料时,往往较适合采用观察法。

(二)高校武术课程设置评价资料的收集和分析

评价资料的收集和分析的性质是有一定的差别的,其中收集是手段,分析是目的,但是两者几乎是同时进行的。具体来说,就是对已制定的武术课程教学评价方案进行试教,在试教的同时进行观察。

通常情况下,可以将评价资料的收集和分析工作的步骤大致分为以下几个方面。

1. 向被试者说明须知

在开始武术课程教学前,首先要大致了解被试者对体育课程教学设计方案的基本情况。比较重要的有:试用目的;哪些资料是需要收集并被分析利用的;试用活动的程序和试用所需的时间;被试者将会进行活动的类型以及活动中的相关注意事项;试验时应持什么样的态度以及如何反应等。

2. 试行教学

试行教学是具有试验性质的体育课程教学,同时可复制性也是试行教学的特点,换句话说,就是已用的教学方式对其他学生也是适用的。而且,只要他们保持与日常学习相近的状态,其所获得的教学效果也会接近常态。最后,体育课程教学活动的背景要以客观为主要依据,不要以人为设置来取代,否则就会造成为试用而试用的气氛。

3. 观察教学

在试行武术课程教学的同时,应做好观察工作,比较重要的教学情况则需组织部分评价人员在适当的地方对武术课程教学过程进行详细的观察,并以一些具体的情况为主要依据进行有针对性的记录。

4. 后置测试和问卷调查

完成武术科学设计成果试用和观察工作之后,一般情况下,会比较及时地进行某种形式的测试和问卷调查。测试和调查的工作内容是有一定的差异性的,具体来说,测试的工作内容是对学生的学习结果资料进行收集;而调查的主要工作内容则是有关人员对体育课程教学过程的意见进行收集。

(三)高校武术课程设置评价资料的整理和分析

将收集的资料通过观察、调查和测试所得的资料,有目的地整理和分析,得出评价结果。为了能够更好地整理和分析评价资料,就需要将进行分析的评价资料做相应的汇总和归纳。

资料分析的内容主要包括:将各类数据与评价标准进行比对,并考察通过对比所得出的各种现象以及它们之间的相互关系。然后进行初步分析,自此之后,往往会发现一些较为重要的问题,这就需要对这些问题进行较为恰当、合理的解释。然后将以上的初步分析结果与专家学者的评论结果综合起来,对评价资料进行进一步深入的分析,并在不断的深入分析过程中,做好一定的修改方案的准备。

(四)高校武术课程设置评价的结果报告

通常情况下,一般的体育课程设计对评价结果的报告是没有具体要求的,也不要求必须具备这一因素。但是,对于较为重要或较为复杂的体育课程教学设计来说,这一步是不能省去的。究其原因,主要是由于有的体育课程教学设计方案的修改不一定马上就能够进行,或者修改工作并不是由涉及方案的人去执行的,这都使得试行和评价的有关情况和结论必须有一定的保留,从而使随着时间的推移将这些结论遗失的现象得到有效的避免,同时,这也就是将这些试行和评价的有关情况和结论形成书面报告的必然原因。

将评价结果形成书面报告的内容,具体来说,其包括的内容主要有:体育课程教学设计方案的名称和宗旨、使用的范围和对象、试用的要求和过程、评价的项目和结果、修改的建议和措施、参评者的名单和职务以及评价的时间等。需要强调的是,评价结果的书面报告不仅要包含以上各项内容,还要求简明扼要,另外,需要的其他具体资料,可在附件中提及。

(五)高校武术课程设置评价方案的修改和调整

在武术课程教学实践中,要想取得较为理想的设计方案利用效果,就要求必须在不断的分析、综合中对课程教学设计方案进行修正和完善。

近年来,在武术课程教学实践过程中,课程教学评价的方式也越来越多。一般来说,评价方式的具体操作及相关的流程如下。

1. 简要操作流程

新生入学后,首先要对学生的基本情况有一个初步的了解,通常经历的时间为2~4周,观察、检测、问卷调查、访问等是了解的主要方式。另外,还需要注意的是,要做好记录,并以初步了解的情况为主要依据对学生进行分组归类。武术课程设置评价随着武术课程教学的开始同时进行,不能与课程教学的整个过程相脱离。

2. 具体记录标准

(1)体育与健康课程成绩的计算方法

体育与健康课程成绩(100分)＝身体基本活动能力成绩(50分)＋运动参与成绩(50分)

(2)身体基本活动能力成绩的计算方法

身体基本活动能力成绩(50分)＝活动过程评价(10分)＋成绩进步奖(10分)＋项目考核(30分)

(3)运动参与成绩的计算方法

运动参与成绩(50分)＝出勤情况(10分)＋课堂表现(20分)＋课外活动、两操(10分)＋自选项目(10分)

3. 评价总结

评价在教学活动的始终都有贯彻,评价不仅要提供教学效果的信息,对教师改进教学起到积极的促进作用,而且还能够对学生学习动机产生激励作用。评价促进学习动机的方式主要有两种:一种是通过提供应努力争取的,即时的,可达到的目标方式;另一种则是通过提供有关学习进步信息的方法,考试结果向学生不断提供学习成败的反馈,这些反馈使正确的反应得到进一步的强化,确认了应当纠正的错误,从而对学习起到积极的促进作用。

从上述内容中可以看出,高校武术课程设置评价是体育教学设计的最后一个步骤,不仅能够将武术教学方案中的不足有效地检查和发现出来,还能够及时地提供反馈信息,从而使教学设计方案得到改进和完善,进而达到使整个武术教学过程更加优化的目的。

第二节 高校武术训练与竞赛体系的构建研究

一、高校武术训练与竞赛体系构建的原则

武术训练与竞赛体系的构建,需要一定的原则来作为积极的指导。具体来说,应该遵循的原则主要有以下几个方面。

(一)教育性原则

由于当前高等教育有着较为迅猛的发展势头,体育训练竞赛体系不是一个独立的系统,依附于高等教育发展已经成为一种必然。教育性原则对武术训练与竞赛体系构建的要求主要表现为,构建体系的各个指标必须要在教育目标的导向下进行。

(二)动态性原则

只有不断发展和变化的体系,才有可能是一个可以持续发

展的体系。体系内部各个要素之间往往是处于连续变化的状态的,一个要素变化,往往会引起一连串的连锁反应。因此,这就要求使体系处于动态变化状态,灵活处理不可预测的变化和复杂的内部结构,从而保证体系的稳定性。

(三)地域性原则

以安徽为例,由于长江与淮河纵贯安徽南北,安徽被分割为江南、江淮和淮北三大地理区域。这三个区域的地理环境有着一定的差别,比如江南多雨,梅雨季节长,高校主要分布在芜湖、马鞍山地区;江淮之间气候宜人,高校的分布较为分散;淮河以北气候特征偏向北方,高校则主要在阜阳、淮北分散分布;尽管省城合肥在长江边上,但是由于聚集了全省40%以上的高校,在地域上也有优势。鉴于此,要求在构建体系时应对气候、地域差异、高校集中程度等特征进行充分的考虑,从而使地域性原则得到很好的贯彻。

(四)层次性原则

安徽省有100多所高校,但是,这些高校在层次上有着较大的差异,主要在学生人数、生源情况、教学条件、学校层次等方面有所体现。因此,这就要求在构建武术训练与竞赛体系时,一定要对高校层次上的差别进行充分的考虑,设计出合理的模式,从而使竞争的相对公平性、合理性得到有力的保证。

二、高校武术训练与竞赛体系的构建

(一)训练与竞赛体系的框架结构

高等教育人才培养目标指导体系构建是高校体育训练与竞赛实现高等教育人才培养的基本要求。武术训练与竞赛体系的框架结构是由四个方面构成的,即基础保障、训练开发、竞赛组织以及体育文化,每一个方面都有其各自不可替代的重要作用和意义。比如,基础保障是训练与竞赛体系构建的首要条件,同时也是整个体系的基础;训练开发对竞赛与训练体系的实际内容,以及整个体系的意义能否真正得到实施都起到重要的决定性作用;竞赛组织是竞赛训练体系的平台,多元化的竞赛组织手段能够使武术的价值得到更好的实现;体育文化建设贯穿于体育工作始终,是体育训练与竞赛体系的高级建设内容。由此可以看出,这四个指标同时支撑训练与竞赛体系,同时又对高等教育人才培养目标产生一定的作用。四个指标体系之间存在互相支撑和依托的关系。体系在"运行"—"监控"—"评估"—"反馈"的管理模式下不断修正的发展,最终达到与高等教育人才培养目标相适应的目的(图5-1)。

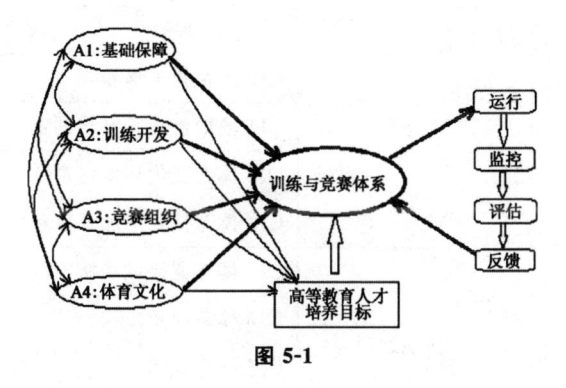

图 5-1

(二)训练与竞赛体系的指标确定

以高校体育训练现状为主要依据,结合当地的地域特点及我国高校体育课余训练的特征,在经过系统的科学分析并结合专家意见后,将"基础保障""训练开发""竞赛组织"和"体育文化"四个指标确定了下来,从而形成了高校体育训练竞赛体系的四个一级指标;十三个二级指标;若干个三级指标(表5-2)。

表 5-2 安徽省高校体育训练竞赛体系内容[①]

一级指标	二级指标	内容
A1 基础保障	B1 政策支持	C1 奖惩结合的文件
	B2 体育硬件	C2 基础体育设施及特色体育设施
	B3 资金保障	C3 政府拨款
		C4 学校体育经费预算
		C5 体育产业开发
A2 训练开发	B4 训练项目	C6 学生的运动项目水平
		C7 学校相关运动项目的场地设施条件
		C8 项目在学校的传统背景
	B5 训练资源	C9 体育师资
		C10 体育骨干培养
		C11 场地设施开发与创新
		C12 体育文化环境培育
		C13 体育信息资源开发利用
	B6 实现途径	C14 体育课余训练队
		C15 体育课程
		C16 体育社团
		C17 体育俱乐部
A3 竞赛组织	B7 竞赛目标	C18 体育育人功能最大化
	B8 组织机构	C19 省教育厅
		C20 区域体育运动组委会
		C21 单项体育运动协会
	B9 分层赛事	C22 省大学生综合运动会
		C23 区域运动会
		C24 单项运动会

---

① 徐家林. 安徽省高校课余体育训练与竞赛体系构建. 四川体育科学, 2012(6)

第五章　高校武术运动的发展探索

续表

一级指标	二级指标	内容
A4 体育文化	B10 体育文化组织	C25 管理及理念
	B11 体育文化活动	C26 具体活动
	B12 体育文化建设	C27 有形信条建设
	B13 体育文化宣传	C28 具体手段和方法

1. 基础保障

基础保障主要包含"政策支持""体育硬件"和"资金保障"三个二级指标。当前,关于政策支持方面,以安徽省高校体育训练与竞赛为例,其指导性文件主要有《关于开展课余体育训练,提高学校体育运动技术水平的规划》《体教结合办高水平体育运动队》和《安徽省普通本科高等学校教师专业技术资格条件》(试行)等,但是,需要强调的是,这些文件主要体现政策鼓励,在更加科学的奖惩结合文件方面是较为缺乏的。体育硬件建设方面,项目设施的建设不仅要包括大众化普及率高的,同时还要在"特色体育项目"硬件建设方面进一步加强力度,从而形成特色体育文化。资金保障的开发集中在体育产业开发方面得到体现,目前,政府拨款和学校的预算是最主要的资金来源,不能产生持续性的良性发展,只有"体系"本身产生造血功能才能稳定、持久。

2. 训练开发

训练开发主要包含"训练项目""训练资源"和"实现途径"3个二级指标。训练项目的开发重点要与校本资源开发传统项目和优势项目有机结合起来;训练资源的开发主要包含五个方面,即师资、学生、场地设施、体育文化环境和体育信息,这五个方面之间有着较为紧密的联系,具体表现为互相依存、又互相支撑;作为高校体育训练与竞赛体系的主要工作,训练开发的实现途径也是高校体育工作的重点,可以说,实现途径的渠道主要有体育课程、体育训练、体育社团、体育俱乐部等几个方面。

3. 竞赛组织

"分层赛事"的举办是竞赛组织的核心。就安徽的高校体育运动来说,安徽省大学生最高水平的体育综合运动会主要包括四年一届的大学生运动会或全省人民运动会高校部比赛,这些也是目前各个高校主要的体育赛事。最后,分层赛事主要指按地域进行分类的比赛,往往都是按高校级别划分的。

4. 体育文化

具有代表性的体育训练与竞赛体系的文化的形成是需要经过一定的程序的。具体来说,首先要形成一个可靠的组织,然后逐步形成组织文化、发展有形的体育文化信条,最后才能够形成稳定的体育文化环境与氛围。这是从美国的高校体育竞赛中学习和借鉴来的。另外,需要强调的是,我国的高校体育训练竞赛还处于起步阶段,因此,要求必须经过不断的努力,从而尽快形成持续性体育文化。

第六章　竞技武术运动后备人才的发展探索

在体育运动中,人才对体育运动项目的发展与创新,尤其是对竞技体育运动项目更好地发展有着非常重要的作用与意义。作为竞技项目之一,武术运动同样如此。本章主要从安徽省竞技武术运动队发展情况、后备人才的培养现状及培养策略进行研究,以对安徽省竞技武术运动后备人才的发展进行探索。

第一节　安徽省竞技武术运动队的发展情况

一、安徽省竞技武术运动队发展现状

(1)安徽省竞技武术运动队在比赛史上曾取得过非常好的成绩,同时也为国家队培养和输送了很多优秀的武术人才,但就整体情况而言,运动成绩尚不稳定,目前安徽省竞技武术运动队的整体水平排在全国的中等水平,在比赛中所取得的运动成绩也只是集中表现在个别运动员上。

(2)就武术队教练员任命方式来看,大都采用行政任命,这就使得在教练员岗位上缺乏竞争激励机制。虽然教练员都有着较高的运动技术水平,但在专业理论方面较为匮乏,并且缺少科学、合理的训练手段,也很少将医务监督手段应用在训练过程之中。此外,在制定训练计划方面,教练员也较少根据运动员的实际情况(运动伤病、个人情况等)制定出有针对性的训练计划,执教水平相对较低,急需落实相关的教练员培训、进修等工作。

(3)在教练员进行岗位培训方面,教练员们参加培训的情况

不理想,从数据上来看,每个教练员每两年平均参加一次岗位培训的情况都无法达到。很显然,这就使得教练员很难对竞技武术最新的竞赛规则,以及先进的训练方法与手段、训练技术等进行了解和掌控。安徽省竞技武术队要想得到更好地发展,就必须要加强教练员的岗位培训工作。

(4)没有形成健全的运动训练与文化教育相结合的体质,造成学习与训练之间的矛盾非常突出。这主要表现在运动员的学习课时没有达到体育局的相关规定。在进入武术队之前,运动员文化基础普遍较低,对学习并不感兴趣,再加上缺少学习激励机制和正确处理运动员学习与训练矛盾的方法,这就不能使运动员学习的积极性得到很好的调动。

(5)在运动员选材方面,教练员过多地依赖以往大赛的成绩和经验,而没有根据具体的指标进行测试,这就大大降低了运动员选材的科学性,同时也造成了后备人才的浪费和流失,最终使得竞技武术后备人才培养效益的大大降低。

(6)在对儿童武术运动的启蒙方面,安徽省竞技武术运动队开展得比较好,并与现代竞技运动训练的科学发展观相符合。但安徽省武术运动并没有根据当前武术运动发展的需要,并与现代科学技术相结合,组织武术专家、教授将武术运动启蒙相关的训练内容、方法与手段,编写成教材,以此来对武术训练进行科学的指导。

(7)在武术队的营养标准和膳食营养状况方面,缺乏有效的监控,并且医务中心技术设备也非常有限,缺少能够治疗运动创伤的先进设备,也没有形成运动训练与医务监督、营养恢复相结合的良好的运动训练机制。

二、安徽省竞技武术运动队发展策略

(1)要加强与其他各省优秀武术运动队的沟通与交流,从中汲取先进的运动队管理经验和先进技术,继续采用以比赛代替

第六章　竞技武术运动后备人才的发展探索

训练的科学训练方法,以使运动员能够在比赛中获取更好的实战经验和机会,同时还要提高整个武术队的整体水平,兼顾多名运动员的发展,为今后在团体比赛中获得良好成绩打下扎实基础,从而更好地促进安徽省竞技武术运动队的发展。

(2)在建设教练员队伍方面,要进一步加强对年轻教练员的培养与扶持,建立和增强教练员岗位竞争激励机制,促进教练员职称结构更为合理,从而满足安徽省竞技武术运动队未来发展的需要。

(3)加强对教练员进行岗位培训,使教练员掌握最新的竞赛规则和先进的训练技术,促进教练员科学文化水平的提高,掌握先进的运动员选材方法、训练计划、训练方法与手段;在科学发展观指导下,加强医务设施设备的建设,真正地形成运动训练与医务监督、营养恢复相结合的科学训练体系。

(4)拓宽武术运动管理中心的职能,再借助现代科学技术手段,从娃娃抓起,科学地进行运动员选材和武术训练与指导,以科学发展观为基础,制定出更为合理的安徽省竞技武术运动发展战略和规划,以更好地促进安徽省竞技武术运动的腾飞。

(5)处理好运动员的学习与训练之间的矛盾,合理地安排好运动员学习与训练的时间,并按照上级对运动员文化学习的要求进行认真贯彻和落实,同时还要建立起学习激励机制,以更好地调动运动员学习文化的积极性和主动性,培养运动员的学习兴趣,完善好教育与竞技体育相结合的体制,从而促进运动员科学文化水平和整个运动队综合素质的提高。

(6)充分利用好现有的社会资源,并拓宽运动队经费来源渠道,进行多面的资金筹集,使运动员待遇得到改善,调动和提高运动员参与训练的积极性和主动性;保持和发展在比赛中获得优异成绩的优势武术项目,并努力使之成为安徽省重点体育项目;继续保持和提高运动员文化教育保障方面工作的先进性和积极性,解决运动员的后顾之忧,以夯实后备人才培养的根基。

(7)作为安徽省优势传统体育项目,安徽省竞技武术队要不断地提高和巩固在比赛中占据优势的武术项目领先水平及在安徽省重点项目中的地位；对经费的分配进行合理地调整，提高教练员的待遇，调动教练员工作的主动性和积极性；积极地配合和开展运动员文化教育保障方面的工作，借鉴其他省先进的、成功的工作经验，并制定出明确、详细的工作计划。

第二节 安徽省竞技武术后备人才的培养现状

一、安徽省竞技武术后备人才培养体系结构现状

长期以来，政府主管型是我国竞技体育后备人才培养体制的主要类型。这种培养体制即计划经济时代的"三级"训练体制，它是将体委系统作为核心的"金字塔"形式的人才培养网络。这种体制所具有的独特的资源整合优势，为我国竞技体育的超常规发展提供了重要保证，也为我国竞技体育事业的发展与腾飞作出了重要贡献。但由于我国竞技体制的变革，使得传统的竞技体育后备人才的培养受到了较大的冲击，在具体的培养过程中也面临着改革与创新。针对这一情况，安徽省提出了竞技体育"双争"战略，这既表明了安徽省提升竞技体育整体水平的决心，又为安徽省竞技体育训练工作指明了方向，同时更加重视和强调培养竞技体育后备人才的重要性。由此，安徽省体育相关部门也对竞技体育后备人才的培养体系进行了相应的改革与创新。这一系列的改革与创新都是在体委系统内部进行的，从整个培养体系的角度来看，所采用的仍然是类似于传统的培养体制模式。作为安徽省传统体育项目之一，竞技武术在安徽省有着非常悠久的历史和广泛的群众基础。而且在新形势下，各种武术馆校和各种形式的武术辅导站点在安徽省内相继涌现，已逐渐成为培养竞技武术后备人才的生力军，先后为安徽省培

第六章 竞技武术运动后备人才的发展探索

养出了一大批优秀的武术人才。

与其他传统奥运会项目后备人才培养途径不同,安徽省竞技武术后备人才的培养渠道主要是由两部分组成:一是以体委系统作为核心的"金字塔"式的竞技武术后备人才培养模式,主要是由省级体校、市级体校、县级体校三级系统,再加上"体院—基地—中心"的政府主管型的训练体制,在该训练体制内有着各自的分工,它们之间存在着明确的上下级培养和输送关系,这体现出了在整体水平层次上安徽省竞技武术后备人才培养的衔接;二是安徽省内的各类武术馆校武术人才培养体系。这两者之间并不存在严格意义上的从属关系,武术馆校能够自主地向本地区体校专业队或更高级别的专业队输送优秀的竞技武术后备人才,武术馆校之间不存在上下级关系和输送关系,都处在平等的地位,并不能明确体现出竞技武术后备人才培养的整体水平。如图6-1所示,安徽省整个的竞技武术后备人才培养体系之间的关系。

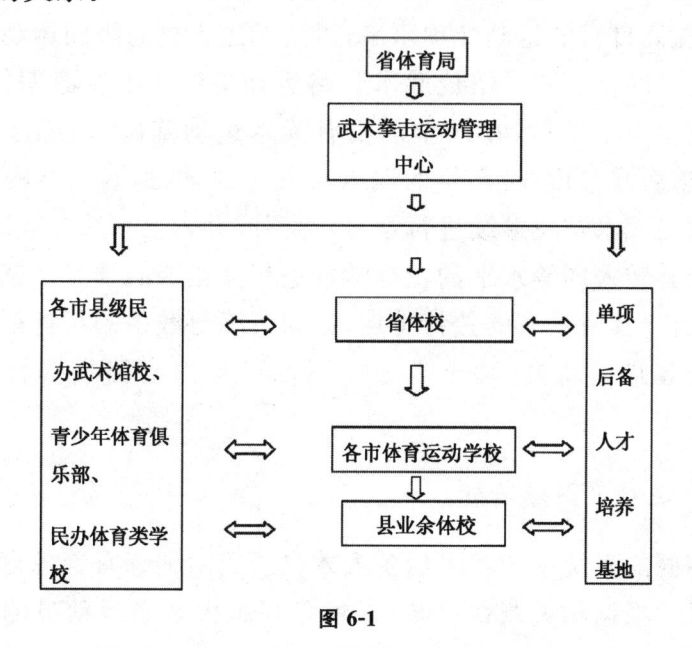

图 6-1

(一)运动员现状

1. 运动员年龄、训练年限情况

在竞技武术运动中,不同的项目,有着不同的训练方向,这对运动员的年龄和训练年限也有着不同的要求。如套路方向,新规则的实施要求竞技武术套路要向着"高、难、美、新"的方向进行发展,这就造成了套路运动员的年龄越来越年轻,表现出低龄化的发展趋势。根据相关调查研究表明:武术体校教练员选择的运动员,年龄主要集中在 10—18 岁。县级体校的武术运动员大都是来自当地的中小学,学生们没有相应的武术训练基础,训练起点较低。市级及以上的体校武术运动员大都来自于当地及所属县市中的武术馆校和低级别体校输送的运动员,年龄相对较大,具有一定的专业基础,有的在入校前已经经历了 3~4 年的专业训练,入校以后再根据自身的情况进行 2~3 年的系统训练,提高自身的运动专项水平,以达到进入更高级别运动队或其他的目的。而武术馆校武术套路运动员的年龄普遍偏低,大都处于中小学阶段,在入学前没有武术运动基础,训练起点较低,入学后需进行 3~5 年的武术和文化课学习,有发展潜力的则会留在武术馆校继续进行学习,达到或升入上一级专业队,其他的则会转入同等水平的正规学校进行文化课的学习。就散手而言,由于其所具有的独特特点,运动员练习散手的年龄都要普遍高于套路运动员,甚至有一些运动员是由套路直接转为散手的。

2. 运动员训练动机

不同的系统中的武术后备人才参与武术训练有着各自不同的动机。根据相关调查可知,兴趣爱好是大多数运动员的训练动机,这也表明武术在安徽省还是比较受青少年青睐的。在对体校中运动员参加武术训练的动机进行研究中可知,大部分学

第六章　竞技武术运动后备人才的发展探索

生的训练动机都是想经过一段时间的系统训练后,升入高一级的运动队接受更为专业的训练,取得优异的运动成绩,只有少部分运动员的动机是考上较为理想的大学。而武术馆校中的学生有着较为复杂的训练动机。学生选择武术馆校的动机主要是出于兴趣爱好、成为高水平职业运动员、上大学等,此外,家长的要求也是学生进入武校学习的一个动机。从上述可知,竞技成绩并不是学生进入武校进行训练的唯一追求。这也表明目前的武术馆校在培养武术人才方面面对着新的办学目的,必须要有新的办学思路和办学方法等。

3. 运动员文化学习现状及与训练之间的时间分配情况

学习时间是提高运动员文化课成绩的重要保证,但由于各体校的主要任务是促使运动员专项成绩得到提高,这就导致了在培养运动员的过程中没有重视运动员的文化课学习。运动员文化课学习存在的主要问题:(1)文化基础较差,对学习文化课没有兴趣;(2)学习时间较少;(3)训练强度较大,运动员由于过于疲惫而没有过多的精力去学习;(4)师资队伍质量、学习环境相对较差。由于武术馆校大都是根据国家医务教育的相关要求来进行开设全日制文化课的,专门聘请了一批正规高等院校毕业的文化课教师,按照文化课的具体要求进行严格分班上课,从这一点来看,武术馆校运动员的学习情况要好于体校,一些武术馆校毕业生的学习成绩甚至超过了公办学校毕业生的平均成绩。

就文化课学习与训练时间分配来看,大部分的武术馆校都是采用"早操—文化课学习(上午)—武术训练(下午)—晚自习"的时间分配方式,这就使学生做到了"学训"相结合。在现代竞技体育日益激烈,以及就业形势日趋严峻的今天,我们必须要做好相关的工作,使运动员的训练和学习态度得到端正,并为运动员创造出更好的学习与训练环境,促使他们在德、智、体等方面得到全面发展。只有这样培养出优秀的体育后备人才,才能够更好地面对以后人生中所面临的各种挑战。

4. 家长对练习武术的支持情况

对于一个家庭来说,家长的观点、行为方式,以及对体育的认识程度是子女能否从事体育训练的关键。家长是否能够为运动员训练提供必要的支持,对具有发展潜力的运动员是否能够从事或继续进行训练有着直接的影响。而训练会对运动员的文化学习造成不良影响是影响家长支持子女参与武术训练的首要因素,其次是竞技武术运动自身原因和发展现状方面的因素,如成材率较低、投资大、风险高等。这两方面的因素是影响家长反对子女从事竞技武术运动训练的主要因素。

5. 运动员参加比赛的情况

从安徽省竞技武术运动后备人才参与比赛的情况来看,武术后备人才参与高级别武术赛事的机会较少,除了少数体校运动员和各武术馆校代表队的运动员参加过省级及全国的武术比赛外,大部分的武术馆校的运动员没有参加过任何省级及以上级别的比赛,这主要与安徽省内的青少年武术比赛较少有关。除了由省体育局组织的安徽省运动会中的武术比赛和青少年武术锦标赛外,没有其他形式的省级赛事。此外,由于这些赛事较为正式,与各代表队的种种利益相联系,因此,各代表队在进行组队选拔时有着非常严格的条件限制,并不是每个运动员都能有机会参加;此外,还有一些省内的由各武术馆校与当地体委联合组织的县市级的比赛,以及各武术馆校之间的对抗赛等,但这类赛事并不是固定举办的。以上种种原因,造成了青少年所能参加的武术比赛较少,这也是目前困扰安徽省竞技武术后备人才培养的一个问题。如果不经过比赛的磨练,就很难培养出优秀的竞技武术后备人才,这也对竞技武术后备人才培养体系的健康、长远发展造成不利影响。

(二)教练员现状

在运动训练中,教练员是训练过程的直接组织者和管理者,肩负着对运动员进行培训的重要任务,在提高运动员的技术水平,促进运动员的全面发展,实现运动队的目标起着重要的主导作用,也是整个运动训练中的重要环节之一。

1. 教练员的来源

就我国教练员的来源来看,可以分为三种,即退役运动员经过体育院校学习毕业;体育院校毕业学生;退役运动员。其中,退役运动员经过体育院校学习毕业是教练员最佳的来源,这主要是因为,他们除了具有丰富的运动训练实践经验外,还具备扎实的专业理论知识和基础理论。体育院校毕业学生较为次之,虽然具有较高的文化素质,牢固的理论知识,但缺乏运动训练实践经验。而退役运动员虽然具有丰富的运动训练实践经验,但专业理论水平和文化素质较低。

与全国基本情况相似的是,退役运动员和体育院系毕业生是安徽省体校教练员的主要来源,其中男性要明显多于女性;而武术馆校中的教练员除了来自专业队退役运动员外,还有各馆校所培养出来的优秀学员。

2. 教练员的工作积极性

在竞技武术运动后备人才培养的过程中,要想充分发挥教练员的作用,教练员除了要具备运动训练理论知识和优秀的专项业务素质外,还应具有较强的事业心和责任心,积极的工作态度。在竞技武术训练中,教练员的积极性直接对其自身的训练水平产生直接的影响。通过对安徽省部分武术教练员的调查研究表明:不管是在体校中还是在武术馆校中,大部分的教练员都对自己目前所从事的教练工作持"一般"的工作态度,工作热情也不是很高。这对教练员业务能力的发挥产生直接影响,同时

也会影响训练质量,其原因涉及很多方面,主要原因如下:

(1)从体校教练员的角度来看,生源质量差、人才培养、输送困难,压力大是影响他们工作积极性的主要的、直接的因素。领导对非奥运项目不够重视,福利待遇和奖金都较低,教练员的付出与回报不成比例。此外,社会地位较低,在获得成绩后不能及时按照相关政策文件进行兑现等原因。

(2)从武术馆校教练员的角度来看,工作的稳定性是影响教练员工作积极性的首要因素。作为民办性质的武术馆校,教练员并没有正式的工作编制,再加上武术馆校办学效益等方面因素的影响,造成教练员有着较大的流动性和较高的失业率。这就对教练员的工作态度和积极性产生了直接影响。此外,教练员所享受的工资待遇也较低。这主要是因为教练员的学历相对较低,使得大多数年轻的教练员的工资低于当地的工资水平,尤其是那些农村、乡镇的武术馆校,其工资待遇更差。这就要求安徽省相关部门要对教练员的待遇问题给予高度重视,并采取有效的措施,解决他们的后顾之忧,激发和调动教练员的工作热情,使教练员能够将更多的精力投入到工作之中。

3. 教练员对影响后备人才培养因素的认知情况

根据相关调查表明,竞技武术后备人才的就业出路是影响竞技武术后备人才培养的主要因素。成材率低,不能进入到更高层次的专业队,这就意味着毕业,再加上体校学历较低,受到专业的限制,这些因素都导致就业难,这些也是我国竞技体育发展中普遍存在而又急需解决的问题之一。这不仅会对运动员参与训练的主动性和积极性产生影响,也会对各个体校的生源产生直接影响。此外,生源的不断减少,造成选材范围过于狭窄,选材的质量就无法得到必要的保障,最终造成运动员的输送率较低。另外,目前安徽省内的比赛环境也会对竞技武术后备人才的培养造成一定程度的影响。如与竞技武术后备人才相关的比赛较少、比赛虚报年龄、弄虚作假等,而且一些县级体校培养资金的来源、教练员的奖金福利待遇、场地设施建设也占有一定的比例。

(三)训练、竞赛、管理等现状

1. 选材现状

科学选材是进行运动训练的第一步,是否能够成功的选材,会对运动训练的成效产生直接影响。所谓科学选材就是按照现代科学理论,采用科学的方法和手段,对人体的某些指标进行客观的测定,并根据所测得的具体数据来对运动员将来的竞技能力给予预测。目前,在安徽省竞技武术后备人才选材过程中,由于受到所处环境的限制,缺乏必要的科学选材设施设备,大多数教练员在进行选材时的依据还不是非常科学,其选材采用的方法和手段也需要进行改进。

造成安徽省竞技武术教练员选材水平不太理想的原因主要有两个方面:一是,教练员不具备较高的科学选材意识,缺乏先进的科学选材理论指导和选材方法;二是,缺乏科学选材所需要的相应的设备和仪器,造成无法运用科学的检测指标进行综合的分析。

2. 训练现状

通过进行科学选材选到优秀的竞技武术后备人才后,还是进行科学、合理的训练,才能达到成才的目的。要想进行科学的训练,就必须要制定出科学的训练计划,采用科学的训练方法和手段。从现代运动训练和竞技运动比赛来看,运动员只有经历长期的系统训练,才有可能在激烈的竞争中,获得胜利,但这需要对这种长期的系统训练活动进行科学的全面规划。训练计划是对整个训练活动组织与实施的基本设计,制定出科学的训练计划,对训练的连续性和取得良好的训练效果具有重要的意义。

从整体情况来看,安徽省武术教练员在训练计划方面缺乏较为系统的制定。这也表明安徽省竞技武术后备人才的培养过程缺乏系统性,在整个的培养过程中,可能由于教练员过于急功近利,造成训练过于盲目,导致短期目标之间不能顺利的衔接,使得后备人才的培养效率大大降低。因此,在制定较为系统的训练计划方面,教练员必须以正确的态度进行对待,提高自身的业务素质,遵循训练的客观规律,科学地制定出训练计划,并认真贯彻和执行训练计划。

此外,训练计划只是从理论上对近来的训练过程进行设计,它与将来的实际情况并不完全吻合,因此,要想保证科学地进行训练,教练员就必须要采用科学的训练方法。所谓的运动训练方法就是指为了完成具体的训练任务,达到提高运动成绩的目的,教练员在具体的运动训练过程中所采用的具体途径和方法。在运动训练实践中,训练方法的正确运用和科学创新,能够促进运动员训练水平的不断提高,顺利完成各阶段的训练任务,最终创造出优异的运动成绩,训练方式是运动训练科学化的重要体现。由此可见,教练员选择和运用的训练方法和手段是导致训练成败的重要因素。

根据相关调查发现,在安徽省竞技武术后备人才培养方面,教练员所采用的训练方法科学性并不高。尤其是在一些武术馆校中,由于大部分的教练员都没有经过系统的体育教育理论知识的学习,仍保持以前的训练观念,主要采用经验型为主的训练方法,这就造成训练方法普遍缺乏规范性、系统性和科学性。有许多武术馆校并没有按照科学的训练原则和训练方法进行训练。从整体训练情况来看,武术馆校的教学内容较为混杂,教学方法单一,过于注重技术,而轻理论。一般来说,训练次数和训练时间的多少,能够在一定程度上反映出运动训练能够系统进行,训练目标能够顺利实现,同时也能在一定程度上反映出运动员和教练员训练的积极性。通过相关的调查,安徽省竞技武术后备人才培养的训练时间和训练次数能够基本保证竞技武术训练所需要的时间。但单位时间内的训练效益和训练质量成为武术馆校越来越突出的问题,尤其是对于那些规模层次较小的武术馆校来说,这一问题一直影响着武术办学水平的继续提高。

3. 训练条件现状

(1)培养资金的主要来源

安徽省各市的体校培养经费主要是由地方政府进行财政拨款的。而对于县级的体校来说,由于受到所处地区经济发展水平、武术项目在本地区的普及程度以及领导重视程度的影响,在培养经费的投入方面有着较大的区别。这种现状所造成的资金短缺使得县级的体校逐渐转变培养观念,开始采用培训班、俱乐部等各种有偿培养形式来自谋出路,这就导致一些具有运动天赋的后备人才因自身经济条件所限而被迫放弃继续训练。从整体上来看,政府拨款使得体校更加依赖于地方政府,而地方政府对体校的成绩要求也就成为体校主要的工作目标。政府对成绩的追求往往会使得体校面临着夺取金牌与后备人才培养之间的巨大矛盾。而武术馆校的培养资金除了来自于个人积蓄、银行贷款或社会融资等方式外,主要还是依靠向学生收取一定的生活费用和学杂费。

(2)训练条件

随着安徽省各个地区经济的迅速发展以及人们生活水平的不断提高,地方财政对体校的财政投入也有所增加,与过去相比,体校的训练条件也有了较大程度的改善,同时由于目前各县市体校武术项目生源的减少,在训练条件上体校也基本上能够满足运动训练的需要,场地、器材也能够满足在校运动员的训练要求。由于办学效益和办学条件存在较大差异,武术馆校在训练条件上也存在很大的不同。对于那些规模大,办学效益较好的武术馆校来说,都拥有各自的室内外训练场地,训练条件也具有较高的水平;而对于那些规模相对较小,办学效益较差的武术馆校来说,大部分都是靠租借场地来进行办学,通常情况下都没有室内外场地,训练器材也不能很好地满足运动员训练的要求。

这种办学条件无法满足武术馆校的良好发展,最终会导致这些武术馆校在激烈的竞争中被淘汰。

4. 竞赛体制现状

竞赛体制是安徽省竞技武术后备人才培养中不容忽视的非常重要的因素。如果竞赛体制不合理就会对竞技武术后备人才的培养产生消极的影响,能否有利于竞技武术后备人才的培养和优秀运动人才脱颖而出是衡量与判断竞技武术后备人才竞赛体制是否合理的主要标准。通过对目前安徽省竞技武术后备人才竞赛体制的相关调查可知,大部分的教练员都对目前安徽省内现行的竞赛体制不满意。其主要体现为:在现行竞赛体制的制约和影响下,在竞赛中获得的成绩和名次往往与教练员和运动员自身利益和荣誉挂钩,这就使得教练员和运动员将出成绩、争取更好的名次放在首要位置。在进行运动员选材和训练时都是将保证在竞赛中获得更好的名次作为前提,没有将对运动员潜力的挖掘和发展放在突出的位置,这就使得竞技武术后备人才在快出成绩和打好坚实基础之间的矛盾越来越突出;在受到物质利益的诱惑和驱使下,在很多青少年比赛中往往会出现虚报年龄、使用兴奋剂、拉雇佣军等现象,这就使得目前实行的青少年竞赛体制的公平性受到质疑。这一现象除了在武术项目中存在外,在安徽省其他运动项目中,甚至全国范围内,都存在这种现象。

5. 管理现状

在现代竞技体育运动中,体育管理方面的人才是竞技体育的决策者、设计师、协调员,在各个训练单位中,管理人员水平的高低对后备人才培养的过程有着非常重要的作用。安徽省体育局也对体育管理的科学性有了正确的认识,也逐步开始给予重视,并对全省竞技体育管理队伍的建设进行了加强。虽然上级部门高度重视管理的科学性,但下级部门在具体执行的过程中还存在着较大的问题。目前,安徽省的体校和武术馆校都不具备较高的科学管理水平。体校主要采用政府统一进行规划、统一进行管理的模式,管理较为混乱,管理制度也名存实亡,这就导致体校学生在学习、训练及日常生活方面较为混乱,杂乱无章,学生存在迟到、早退、打架、旷课等现象,这给学校带来了很多不良影响,给当地居民也留下了不好的印象,训练效率也受到严重的影响。这些年来,在安徽省武术运动管理中心的管理下,各武术馆校也在管理方面进行了加强,制定了很多管理制度,但在执行的过程中并没有照章执行,甚至一些学校也只是为了应付上级及当地相关部门的检查而已,在规模相对较小的武术馆校中还存在着家族管理模式。

总的来看,安徽省竞技武术训练有着较低的科学管理水平,虽然一些学校的领导对科学管理的重要性有了清醒的认识,但在具体执行的过程中没有做到位,特别是在一些县级体校和规模相对较小的武术馆校中表现的更为突出。这就要求安徽省体育局要转变管理观念,从管制型管理转变为服务型管理,从低看一看转变为一视同仁,从不规范的行政干预转变为规范的依法监管,以争取在短时间内最大限度地调动各培养单位的积极性。

二、安徽省竞技武术后备人才培养的优势

(一)政府的重视

对于竞技体育的发展,安徽省制定了"全运争金,奥运争光"竞技体育发展战略,在这种取向的指导下,安徽省竞技体育首先要抓优势项目、抓优秀运动员,争创一流,将优先的人力、物力、财力等资源集中起来,对安徽省内具有优势的运动项目给予扶持,去掉那些投入多、收益少的运动项目,这也是全国范围内普遍存在的现象。安徽省竞技体育经过进一步改革,逐渐形成了目前的"118"发展格局,即1所院校、1个基地、8个中心。1

个院校是指安徽省体育运动职业技术学院,承担教育和科研工作;1个基地是指安徽省体育局训练基地管理办公室,主要承担后勤服务工作;8个中心是指竞技运动管理中心、武术拳击中心、射击水上中心、田径游泳中心、体操击剑中心、足球中心、小球中心和棋院中心。这8个中心代表着安徽省竞技体育项目中具有优势的竞技运动项目或者重点进行开展的项目,主要负责管理和调控省内所属的运动项目。作为安徽省传统的体育项目之一,竞技武术在各种大赛中也获得了很多优秀的成绩,作为一个非奥运会比赛项目,也得到了足够的关注和重视,也专门成立了安徽省武术拳击管理中心,来调控和管理各武术运动体校和武术馆校。与足球、篮球、排球及一些非强项运动项目后备人才培养的环境、管理、经费等相比,竞技武术后备人才的培养在安徽省受到有关部门的重视程度要相对较好,这也为安徽省竞技武术的蓬勃发展创造了非常优越的条件。

(二)民办武术馆校补充了竞技武术后备人才的生源

这些年来,武术馆校在安徽省得到了蓬勃的发展,并取得了可喜的成绩,尤其是那些规模大、办学效益好的武术馆校,无论是在办学条件,还是在办学质量上都要好于由当地政府部门管理的体校,在各个层次的比赛中所取得的成绩要相对较高。近些年,一些武术馆校开始转变办学观念,开始实行文化办学理念,由于具有充足的生源,较为广泛的选材范围,在竞技武术后备人才的数量上要远远高于安徽省各县市的体校。从目前来看,在各县市体校及省高水平训练队中的运动员,其武术启蒙大都是在武术馆校中开始的。此外,安徽省还制定了一些法规、文件来促进民办武术馆校的健康发展。总体上来看,从生源方面,与体校普遍存在的生源不足问题相比,民办武术馆校在生源的选择范围上具有很大的优势。随着安徽省民办武术馆校的快速、健康的发展,在一定程度上减轻了安徽省竞技武术后备人才选拔数量不足的压力。

(三)丰富的竞技武术后备人才培养经验

作为安徽省传统的优势运动项目之一,竞技武术在各级领导的重视下,曾经培养出很多的优秀武术运动员,甚至还有一些全运会冠军和世界冠军。例如,武术套路方面培养出了陈道云、杨承冰、贾平、范雪平、马灵娟等优秀运动员;散手方面则培养出了散打王苑玉宝、无差别级的散打王及全运会大级别冠军吴松录等优秀运动员。安徽省竞技武术高水平运动员的大量出现,一方面说明了安徽省竞技武术已经发展到较高的水平,在竞技体育领域中,他们能够摘金夺银,为安徽省争得荣誉,同时也为安徽省竞技体育的腾飞作出重要贡献;另一方面,也说明安徽省在竞技武术后备人才培养方面具有较强的实力,这些优秀运动员的培养和训练经验,是安徽省竞技武术后备人才培养的重要财富。在这些优秀运动员成材的过程中,对于训练计划、训练手段及管理等方面的经验总结,能够为安徽省竞技武术后备人才的培养提供非常可靠的理论参考依据,成为安徽省竞技武术后备人才培养的重要优势之一。

三、安徽省竞技武术后备人才培养存在的问题

(一)业余体校所存在的主要问题

1. 不合理的人才培养体制

虽然安徽省构建出了目前的"体院、业余体校+基地+中心"的竞技武术后备人才培养格局,改变了安徽省过去的"三级训练体制",将每一运动项目的管理权都下放到各个运动项目所属的运动中心进行管理,并由安徽省体育局进行全盘监督和指导,但是行政管理模式在这种形式中仍然存在,下级要服从上级的管配。就单个运动项目的培养形式来看,体委所实行的这种

模式仍然是按照以前的方式。然而,竞技武术后备人才培养体系还有民办武术馆校这一非常庞大的分支,与其他运动项目单一的体委系统培养体制相比,竞技武术后备人才培养更有待当前市场经济形势的社会系统的参与相适合。但从整体而言,这种培养体制仍然存在较大的不合理性。与其他运动项目后备人才的培养相比,这种培养体制仅仅是多了一个社会系统的参与。从根本上来看,这个系统并不能很好地解决目前对体委系统培养体制造成困扰的生源、就业、文化学习等一系列问题,这个系统也只是分担了体委系统中优秀后备人才的输送这一环节的任务。

民办武术馆校办学的目的主要是获得一定的经济利益,并不是与体校一样承担后备人才的培养和输送的主要任务。此外,民办武术馆校还具有自身的培养模式和管理模式,在其整个的培养过程中,民办武术馆校也存在着自身所独有的问题。所以,在整个的后备人才培养体制方面,安徽省竞技武术后备人才培养仍然存在着与其他项目所具有的共性问题。

2. 竞赛问题

在安徽省竞技武术后备人才培养方面的竞赛问题主要包括两个方面。

(1) 比赛较少

从安徽省目前适合青少年参与的武术比赛来看,除了安徽省青少年武术锦标赛,以及每四年举办一次的全运会武术比赛外,并没有其他新形式的省级武术比赛;从安徽省各市县来看,也只有在那些武术开展相对较好的地区才会根据自身的实际情况来举办一些武术比赛,并且这类武术比赛都是不定期举办的,民办武术馆校之间的对抗赛和邀请赛相对较少。

(2) 比赛存在弊端

青少年参加的武术比赛应该以选拔优秀的武术人才为主,淡化金牌意识,但在市场经济的主导下,比赛中的各种利益关系

第六章　竞技武术运动后备人才的发展探索

都与所取得的运动成绩挂钩。学校中教师的福利待遇、培养经费都直接由在比赛中所获得的名次和成绩来决定。由于比赛机会较少,仅有的一些比赛也就成为各市县的金牌之争。在这种利益的诱惑和趋使下,在一些省市级体育比赛中也有一些市县的决策者和教练员不惜用财力来引进、拉雇佣军、冒名顶替、以大打小,甚至不顾青少年的身体健康让他们服用违禁药物,以此来获得较好的成绩,造成一些优秀的后备人才被埋没。虽然安徽省体育局各相关单位对这一问题给予了高度重视,也制定和出台了一些政策和处罚条例,但这些现象在比赛中仍然存在。

3. 生源缺乏

由于受到市场经济的影响和冲击,安徽省各体校在人才培养方面效益并不高,优秀运动员的成材率较低、风险高,高等院校的生源扩招政策、体校的学历层次较低以及学生相对较低的文化水平等,再加上教育制度的深化改革,体校学生进行培养训练就要缴纳一定的培养费用,在毕业择业方面也没有相应的政策保障,体校也不负责解决运动员就业问题。这就导致除了一小部分学生能够进入到高一级运动队或其他部门外,大部分的学校由于在就业方面缺乏竞争力,面临着就业难、出路难等问题。这就造成了除了具有非常好的运动天赋或文化课成绩特别不理想外,家长们才愿意将子女送入到体校进行学习,这使得很多具有发展潜力的学生无法进入到体校接受正规培养,导致大量的人才流失,对体校生源造成了直接影响。此外,在我国实行的计划生育政策中所带来的独生子女问题,也是造成竞技武术后备人才资源短缺的原因之一。而且,民办武术馆校的大量涌现也是造成安徽省体校武术生源缺乏的间接因素。

4. 学训矛盾突出

在我国各个体校各个运动项目中都存在着学训矛盾这一问题。造成学训矛盾的因素主要有以下几个方面。

(1)领导的决策

在各体校的主要培养目标和自身性质导向下,再加上受到相关部门的行政监督,各个体校的领导决策者都是将运动训练作为学校的主要任务,这就造成了在安排运动训练和文化学习的时间方面过于倾向于前者,从而造成文化学习时间不充足的问题。此外,在文化课和理论课教学方面,教学师资、教学水平、教学管理都与普通高等院校存在一定的差距,这也造成学生在校期间除了学习和掌握专业技术外,综合知识水平、专项理论等方面的知识非常匮乏。

(2)学生自身因素

进入体校学习的学生,有很大一部分学生都是对文化课学习不感兴趣,文化课学习成绩差。正因如此,大多数学生在运动训练和文化课学习时间安排上更倾向于花费力气进行训练,这也进一步加剧了学训矛盾。

(3)教练员整体水平较低

通过相关调查发现,安徽省教练员整体水平偏低,其主要表现在理论水平、训练水平和科研水平方面。大多数教练员都是出自武术馆校或专业队,具有较高的专业技术水平,但很多教练员在运动员期间并没有时间进行系统的理论知识学习,在退役之后也只是通过某些政策渠道来获得相应的学历文凭。这就造成了一部分教练员虽然拥有相应的文凭证书,但并不真正具备相应的文化水平,科研意识非常缺乏。教练员凭借自身的运动技术水平可以承担训练工作,但由于缺乏综合知识,有很多教练员很难掌握和运用现代的科学训练方法和手段,如制定科学的训练计划,科学选材,体能训练,训练信息化、高科技化,疲劳恢复,心理训练等。在带队训练方面,所使用方法和手段大都是自己以前训练时所采用的老方法,这就降低了训练的科学性。

此外,缺乏相应的进修、培训等也是造成安徽省竞技武术教练整体水平偏低的重要因素。对教练员进行必要的岗位培训、继续教育等对提高训练的科学性是非常必要的。尤其是目前现代科学技术发展速度逐渐加快,知识更新周期也逐渐缩短,如果教练员不重视自我学习和培训就会落伍。目前,主要面临以下两个问题:一是,很多教练员对岗位培训的重要性没有形成足够的认识,各相关部门提供的业务学习、岗位培训机会和场次都较少;二是,由于受到工作稳定性、工作性质以及工资待遇等因素的影响,一些教练员并没有注意到要进行自我学习,认为现在的岗位只是一个过渡,从而对训练的科学性产生了严重的影响。

另外,培养资金短缺,科研、医务专业人才缺乏,管理监督不到位等问题也对安徽省竞技武术后备人才的培养造成不良影响。

(二)武术馆校存在的主要问题

1. 分布不合理

目前,在安徽省的部分地区存在着武术馆校分布不合理的现象。这主要是由于安徽省部分地区的相关行政部门在对武术馆校进行审批时,没有进行统一的布局和规划,从而造成武术馆校分布不合理,致使一些地区的武术馆校过于集中,甚至有的县市拥有好几个武术馆校,这在无形之中使得这些武术馆校在生源方面竞争激烈。一些武术馆校为了能够得到更多的生源,采取一些不正当的竞争手段,在媒体上发布一些虚假信息,诱使一些青少年上当受骗,甚至出现一些违法违纪行为和乱收费现象。在当地产生了非常不好的影响。这种不合理的布局,不仅对武术馆校的健康发展造成影响,也不利于当地相关部门对这些武术馆校进行正确的监督管理。

2. 管理体制不健全

这些年来,安徽省制定了一系列的政策文件,来加强对民办武术馆校的监督和管理,为民办武术馆校的健康办学进行积极的引导。但在一些地区并没有进行有效的体育行政管理,对本地民办武术馆校的情况也很少了解,并没有使上通下达的管理通道得以建立,安徽省体育局武术管理中心与安徽省各市县的武术馆校之间没有建立完全的沟通渠道,这也就无法充分发挥安徽省武术管理中心的作用,从而造成上级监督管理不力。同时,安徽省对社会武术的管理机制尚处于起步阶段,管理机制不健全,制度建设仍然落后于现实的发展,可以说,安徽省武术馆校的管理尚处于自发松散的状态。此外,在一些武术馆校中,管理人员的素质较低,甚至一些武术馆校仍然采用家族式的管理,除了文化水平较低外,管理人员也没有接受正规、系统的训练和专业学习,缺乏相应的管理理论,这对武术馆校的健康发展造成了严重的影响。

3. 缺乏思想品德教育

由于办学的特殊性质,武术馆校缺乏统一、规范的教学大纲,这就造成了在武术教学方面不规范,缺乏科学、系统的教学原则。重技术、轻德育是武术馆校中普遍存在的一种现象。武术馆校比较重视学生在武术比赛中的成绩、名次,毕业生就业等所带来的社会效益,而忽视了对学生进行德育和武术理论教学。正是由于缺少对学生进行法制教育和品德教育,一些技术水平高而道德较差的人很容易误入歧途,为社会稳定造成影响。

4. 师资队伍不稳定

在武术馆校中,文化课教师和武术教练员相对不够稳定也是存在的主要问题之一。这主要是由目前武术馆校的特殊管理模式所决定的。由于文化课教师、武术教练员队伍相对不够稳定,流动性、随意性较大,这在某种程度上也对武术馆校的正常教学秩序造成了不良影响,既不利于学校的有效管理,也不能满足学生文化课学习和武术训练的主观和客观需求。

5. 缺乏资金

安徽省的一些武术馆校,大都是以个人投资为主,这些武术的管理者们经常面临的问题就是资金短缺。无法依靠国家财政拨款的情况下,向学生收取一定的生活费、学杂费,以及企业赞助等就成了武术馆校办学的重要资金来源。所以,一些规模小、办学效益较差的武术馆校,由于缺少生源,缺少企业赞助而存在着非常严重的培养资金短缺情况,这直接导致了武术馆校办学不能维持正常的运转,造成一些武术馆校以办学为旗号,进行招摇撞骗,这对安徽省竞技武术后备人才的培养产生了非常严重的影响。

第三节　安徽省竞技武术后备人才培养的策略研究

一、深化竞技武术后备人才培养体制改革

在现代新的市场经济条件下,竞技武术后备人才培养体系是由教育、体育和社会三个系统相互补充、密切联系而组成的。在对竞技体育后备人才培养方面,教育系统有着其独特的优势:一是,可以充分地利用其教育资源,来更好地解决体育后备人才在文化学习方面所存在的问题;二是,能够适当地缓解体育后备人才未来的就业压力,既可以减轻体委系统在体育后备人才培养方面所面临的压力,同时也能拓展培养体育后备人才的渠道。教育系统培养竞技武术后备人才的途径主要有两个方面:一方面是在普通中小学中逐渐形成课余的武术训练队,来参加各种类型的武术比赛,同时享受中、高考加分等优惠政策;另一方面,在一些有条件的高等院校中组建高水平的武术运动队,来参加各种类型的武术比赛。体育系统主要是依靠"举国体制"下所形

成的人才培养系统来对竞技武术后备人才进行培养;社会系统主要是通过青少年武术俱乐部、民办武术学校、职业武术俱乐部等形式,采用有偿的方式来对武术感兴趣的儿童、青少年进行训练,为竞技武术培养优秀的后备人才。这种由教育、体育和社会所组成的后备人才培养体系,在充分发挥传统人才培养体系优势的同时,也对教育系统和社会系统中的资源进行了充分、合理的整合与利用。为了更好地促进安徽省竞技武术后备人才力量的不断发展和壮大,就必须要深化竞技武术后备人才培养体制改革,并在目前所形成的培养体制基础之上加入教育系统,也就是说,要形成国家(教委和体委两大系统)和社会共同培养的多形式、多渠道的竞技武术后备人才培养体制。

要充分利用安徽省内所有的教育资源、体育资源和社会民办资源,使之与自身情况相结合,进而整合出与安徽省竞技武术相适应的后备人才培养体制。具体措施主要有以下几个方面。

(一)加大力度,推进体教结合

体教结合是指以教育体系为基础,所形成的从小学、中学到大学有着紧密衔接的一系列的竞技体育后备人才培养模式。突破教育观念实现的体教结合能够将体育系统和教育系统中的资源更好地结合起来,达到优势互补,这是高质量、高效率培养竞技武术后备人才的重要途径。

体教结合这一培养模式在竞技武术后备人才培养中的推行,安徽省有着良好的自身条件。第一,安徽省内有着非常多的传统体育项目中学学校、业余体校、体育运动学校、普通高校等,在这些高校中也有很多高校拥有体育院系。第二,为了更好地推行"体教结合",建立与之相适应的竞技体育后备人才培养体系,安徽省政府已经批准增设高校部的比赛,从而更好地推动高校竞技体育后备人才的建设和培养。因此,要对上述资源进行充分的利用,遵循"优势互补,资源共享"原则,以更好地推进"体教结合"在安徽省的实施。

第六章 竞技武术运动后备人才的发展探索

需要注意的是,作为一种新的竞技武术业余后备人才培养模式,"体教结合"在具体实施的过程中肯定会遇到一些问题和难题。这就要求在推行"体教结合"过程中,不能生搬硬套,应与自身所具有的优势和实际情况相结合来进行操作实施。在具体实施中,要使体育系统和教育系统在思想认识上达成共识,统一规划办学方针,逐步实施,真正做到将培养全面发展的优秀竞技武术后备人才作为根本出发点。

(二)对业余体校加强整合管理

这就要求体委系统要对省内所有的体育运动学校、业余体校进行整合、管理,对那些办学效益差的体育运动学校、业余体校予以取缔,重点对那些经济基础较为薄弱而又具有特色运动项目的体育运动学校、业余体校加大经济支持和政策扶植,并根据实际情况给予积极的引导。

(三)借助社会力量培养竞技武术后备人才

近年来,安徽省民办武术学校在得到蓬勃发展的同时,也为国家和社会培养输送了一大批优秀的武术后备人才,已逐渐成为安徽省培养竞技武术后备人才重要的新生力量。这就要求安徽省各有关体育部门,要将民办武术学校作为办学楷模,采用宏观调控手段,引导和监督民间资本兴办各种武术训练组织,以拓宽安徽省竞技武术后备人才的培养渠道。

通过将体委、教委和社会三个方面的相互协调和配合,加快安徽省竞技武术后备人才培养体系的构建和完善,对全民竞技武术后备人才资源进行最大限度的优化,以最终实现教育、体育和社会三个相互补充、密切联系的系统组成。如图6-2所示,以安徽省各市体育运动学校和业余体校作为主体,以县级业余体校、民办体育学校、传统体育项目学校、青少年体育俱乐部、单项后备人才培养基地、高校高水平运动梯队等作为重要组成部分的竞技体育后备人才培养体系。这种后备人才培养体系不仅适用于竞技武术运动后备人才的培养,对于其他的竞技体育运动项目的后备人才的培养同样适用。

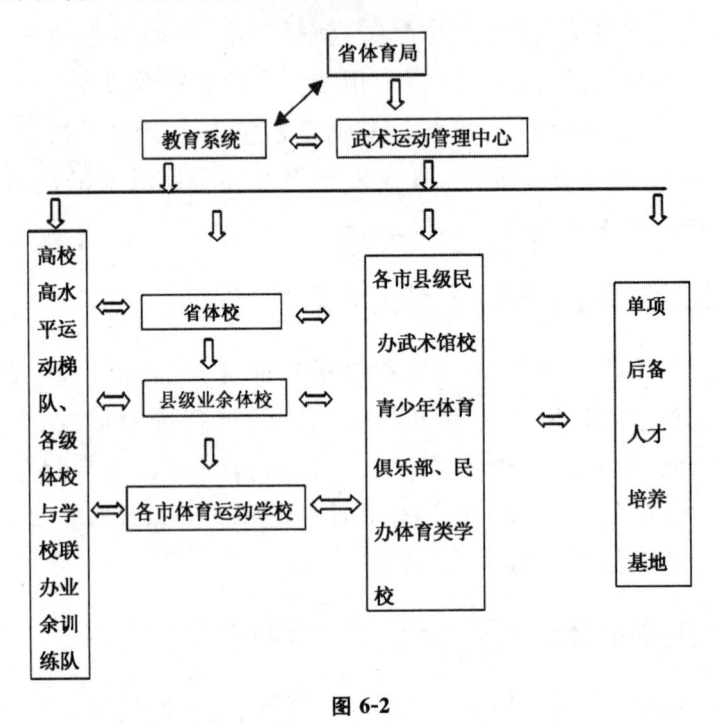

图 6-2

二、加强师资队伍建设,提高教练员综合素质

在现代运动训练中,教练员居于主导地位,有着非常重要的作用,它是运动训练的组织者、设计者和教育者。可以说,教练员综合素质水平的高低,直接决定着竞技体育后备人才的培养质量。根据目前安徽省竞技武术运动队教练员队伍现状,要想打造出一批高素质的竞技武术师资队伍,需要从以下几个方面进行。

(1)提高教练员的思想认识,加强他们的责任心和事业心,摆正位置,正确处理好个人与国家、集体三者之间的利益关系,在执教的整个过程中始终贯彻国家利益高于一切的思想,并将培养和输送优秀的竞技武术后备人才作为主要的奋斗目标。

(2)根据具体情况,有针对性地制定出有关教练员的培养与培训计划,支持和鼓励教练员通过进修、函授等形式来提高自身的业务能力、文化素养与学历层次,更好地掌握科学管理、训练、研究的相关理论知识,以提高自身的综合素质水平;上级也要积极地举办一些教练员培训班,邀请专家、学者进行专题讲座等,促使教练员自觉地加强科学理论知识的学习能力和科研意识,促进教练员训练的效益性和科学性的不断提高,更好地促使教练员由经验型向学习型、科学型转变。

(3)完善相应的岗位注册制度,只有通过相应考核的教练员才能具备教练员任职资格,若未通过考核,就不能再继续担任一线教练员岗位,相关部门也不能为未通过考核的教练员注册教练员资格证。完善竞争激励机制,并引入市场机制,实行有偿输送,以此来调动教练员们的积极性和主动性。

(4)建立相应的教练员评价机构。通过利用现有的武术教练员级别评估方法,对武术教练员的执教水平进行划分等级,同时实行"强上弱下"的竞争上岗。这样可以对竞技武术教练员进行严格管理,促使教练提升自身的业务能力和执教水平,以保证安徽省竞技武术后备人才的培养向着更高更好的方向发展;也可以更好地了解教练员的训练特点和业务能力等相关信息,以便于对安徽省竞技武术教练员进行统一管理。

三、加强竞赛制度建设

比赛是对运动人才训练状况进行检验的主要手段和途径,而合理的竞赛制度对竞技体育向着更高更好的方向发展有着非常好的推动作用,同时也能促进运动训练水平的不断提高。因此,为了更好地促进安徽省竞技武术后备人才培养的健康发展,就必须要加大省内青少年武术竞赛制度的改革力度,以为各级别的青少年武术比赛创造一个良好的环境。具体措施如下:

(一)狠抓赛风

首先要树立正确的竞技武术后备人才培养的政绩观,以"输送第一"作为理念,在各青少年武术比赛中,要强化输送意识,淡化金牌意识。其次,有关部门还要采取相应的措施,严肃赛风,加强监督管理,对比赛中的谎报年龄、弄虚作假等丑恶现象要坚决抵制。此外,还要对《反兴奋剂条例》进行认真贯彻与落实,在比赛中坚决执行"严令禁止、严格检查、严肃处理"的方针,以此来对安徽省内青少年比赛的环境继续进行净化,对比赛竞争的公平性予以维护,以使最优秀的体育后备人才脱颖而出而不会被埋没。

(二)增加比赛场次,丰富比赛形式

在安徽省现有的武术竞赛基础之上,加大改革措施。如对年度青少年武术锦标赛中运动员的参赛条件进行适当的放宽,扩大比赛的规模,以此来增加比赛的竞争性,这有助于提高各级别赛事水平的同时,也有利于更好地对竞技武术后备人才进行选拔;鼓励各市每年举办一次市级青少年武术比赛,以使更多地县级武术后备人才通过参加比赛来提高自己的训练水平;在安徽省各高校之间增加一些武术对抗赛,这有助于在高校普及武术的同时,也能引起各高校对武术训练的重视,为高校高水平武术训练打下扎实的基础,从而促进高校武术后备人才培养的健康发展。

(三)完善社会竞赛制度

通过对社会武术竞赛制度进一步进行完善,来更好地推广社会民办武术馆校之间的武术比赛,在安徽省武术运动管理中心的宏观调控和社会企业的资金赞助下,举办民办武术馆校之间各个年龄段的武术联赛、对抗赛,有针对性地举办武术馆校运动员过级比赛,举办武术交流大会等。

通过上述多种形式的武术比赛来对竞技武术后备人才的训练水平进行检验,增加相互之间交流的机会,同时也使运动员增加了大赛比赛的经验,拓宽视野,促进青少年武术后备人才心理素质和专业技术水平的不断提高。

四、加强选材意识,提高选材的科学性

运动员选材对运动训练有着很大的决定作用。因此,要想提高安徽省竞技武术后备人才培养的质量,就必须加强教练员的选材意识和选材科学性。

首先,要对科学选材的重要性有一个全面、深刻的认识,要将选材工作纳入到重要的议事日程中来,并加强领导。要注重开发和培养选材人才,并加强对选材人才进行必要的业务培训,对选材人员加强考核,经常开展相应的学术交流,要将选材评估水平作为对选材人才进行业务考核的重要指标,以及职称评定的重要依据。此外,还要对安徽省各市、县竞技武术教练员的选材意识进行强化,使他们能够胜任并肩负起选择、培养和输送人才的任务与责任,使教练员们对科学选材的重要性有一个深刻的认识,并学会运用各种生理、生化等科学指标,再与竞技武术运动项目的特点及选材经验进行有机结合,综合、全面地对入校学生的训练进行考评,并给出科学、客观的进行选材评价,尽量做到在进行科学选材的同时,还要兼顾到以往的选材经验,对安徽省所具有的竞技武术后备人才培养的优势进行充分、合理的利用,进而形成一个以教练员、科研人员、医务人员相结合的专职选材小组,在安徽省内建立起有效的体育选材网络,形成与本省竞技武术后备人才实际相符合的制度化的选材规律,包括确定选材指标、选材方法与选材途径、测试的主要内容等,为做到准确、扎实、有较高成材率的选材提供保证。

五、广开门路,使培养经费的获得途径多元化

从安徽省目前的经济状况和社会发展的客观现象及规律来看,政府对体育工作的经费投入在短时间内很难有较大的提高与突破,这就需要转变单一的政府投资方式,在以政府投入作为主要渠道的基础上来加大和吸引社会的投入,促进体育市场化。目前,安徽省竞技武术运动后备人才培养正在尝试着有偿训练,即运动员在接受正规训练的同时,每个学期都要交一定的学杂费,这与民办武术馆校的办学模式相似。但这些学费在整个学校培养经费中仅仅只占很小的一部分,对于竞技性武术运动后备人才的培养仍然需要靠当地财政拨款来进行维持,而且这种状况在今后较长一段时间内都会存在。

随着社会主义市场经济体制的建立和完善,政府对体育工作直接进行拨款的政策也在逐步发生改变,要加强体育后备人才的市场化运作,将财政补助和市场机制作为主要的引导手段,对竞技体育后备人才培养的新途径进行积极探索,支持和鼓励各层次、不同性质的训练单位参与到体育后备人才培养工作之中,使投资渠道变得更加宽广和通畅。

首先,政府要加大对竞技武术后备人才培养的投入,做到财政拨款与当地财政的增长相适应,为各训练单位正常培养经费的来源提供保证,同时政府还要做好监督和调控工作,以确保这些财政拨款得到合理的使用。此外,各训练单位还应针对市场采取有效的措施来提高自身的创收能力,积极探索出更多的、新的培养资金支援点,提高自身的品牌效应,使培养资金的来源更加多元化、市场化。其次,对社会和个人兴办竞技武术后备人才培养机构给予相应的支持和鼓励,使培养投资更加多元化。就目前安徽省的各类民办武术馆校来说,政府部门要给予相应的政策扶持,对于那些为安徽省竞技武术的发展做出突出贡献的民办武术学校,政府要给予相应的奖励,为社会投资者创造出良

好的投资环境和政策,最大限度地调动民间企业或个人继续投资的积极性,以吸收更多的社会资金投入到竞技武术后备人才培养中来。采用各种形式和手段,以拓展安徽省竞技武术后备人才培养资金来源的渠道,促使培养资金来源更加多元化,从而最大程度地促进安徽省竞技武术后备人才的培养更好、更快的发展。

六、加强对民办武术馆校的监督管理

首先,安徽省体育各行政部门要高度重视武术馆校的健康发展,各相关管理部门要分工合作、齐抓共管、协调工作。此外,安徽省武术运动管理中心还要建立起专门的监督管理机构,以对武校办学进行规范,并对发现的问题进行及时解决。其次,安徽省一些武术馆校已经达到相应的办学条件,具有相当雄厚的办学基础,有着较为完备的办学规模、办学水平,以及学校的"硬件"和"软件"设施等。针对此类学校,安徽省相关部门要积极创造条件以促进这些学校进一步提高办学水平,改变过去民办武术学校层次低的现象,培养出更多高层次的竞技武术后备人才。另外,要加强师资队伍建设,对武术馆校的办学者及教练员进行业务教育和思想教育,定期举办相应的武术培训班,组织教练员学习新的武术理论知识和新的训练、教学思想,促进管理人员和教练员的教学管理水平得到进一步提高,建立相应的竞技武术优秀后备人才的输送的奖励制度与政策,使武术馆校的教练员在进修学习和职称评定等方面享受与公办学校同等的待遇,这有助于提高教练员的积极性,对武术馆校教学与训练水平的提高有着非常重要的推动作用。

第七章　武术套路的创新发展探索

武术套路是以技击动作为素材,以攻守进退、动静疾徐、刚柔虚实等矛盾运动的变化规律编成的整套练习形式,它既有健身作用,又有技击功能,由于它内容丰富,形式多样,对活跃文化生活有重要的意义。传统武术的创新和发展离不开传统武术套路的创新和发展。

第一节　传统武术套路概述

一、传统武术套路的概念

传统武术套路是一种独特的中国武术形式,也是与其他武术有所区别的一个技术特征。

武术套路就是一些武术动作的组合,这些动作具有技击性和攻防性。中国武术有多种分类与流派,不同种类与门派的套路都是独具特色的,而且大多数的套路都是按照循序渐进的原则进行的,初学者练习的套路与具有良好武术基础的人练习的套路是有差异的。目前,虽然有很多武术练习者能够同时对多种不同风格的套路加以习练与掌握,然而其大多不了解武术套路的攻防和技击含义。

练习传统武术的过程中,对套路的练习初期大都是循序渐进地进行的,即先练习一招一式,然后再进行动作的组合练习。练习者在练习过程中要注意对运气使力的体会,并且对攻防技击的含义也要有意识地去理解。练习者主要不断地重复练习武术套路,才能够在实战中不假思索地使出熟练的招式,才能对武术套路的功效加以体会。例如,郭云深作为形意拳的大师,其被称作是"半步崩拳打天下",意思是他一直都只是通过一个招式崩拳来制胜对手,而且严格来说,他只使用了半个招式,但完全能够制胜对手。

二、传统武术套路的特征

(一)庞杂性

传统武术内容丰富、多姿多彩。传统武术一直都保持着"自然体育"形态,其主要孕育于民族传统文化的特性之中,也正是如此,武术套路表现出庞杂性的特点。

1. 武术套路具有庞杂性特征的原因

传统武术套路之所以具有庞杂性的特征,主要原因表现在以下几个方面。

(1)经济原因

我国在封建社会时期,经济形式主要是个体自然经济,生产方式主要是小农经济,以一家一户为单位,表现出分散与孤立的特征,在这个经济环境的影响下,地区之间缺乏交流,相对封闭,因此不同的武术种类与流派的套路各自形成了独具特色的体系。

(2)思想原因

古代时期,通常是同属一个家族的人居住在一起,这主要是受到传统的宗法思想和宗法制的影响,因此家族内部有强烈的凝聚力,然而家族之间却是缺少交流,甚至是相互排斥的。在这样特定的历史环境中,武术套路只能局限在一个家族或一个地区内流传,而且大多数是不传给女性的,因此形成了不同拳种和流派的套路。

(3)社会需求原因

受传统习惯与单一整体思维方式的影响,作为自然性体育,传统武术所具有的社会功能是多元的。在一个家族的地域或村落,传统武术能够丰富人们的日常生活,人们在农闲时可以通过习武来锻炼身体,在节日庆典或庙会集市中武术表演能够活跃气氛。在宗族产生纠纷时,武术被用来当作维护家族利益的武力手段。这些都是武术功能多元化的表现,武术套路因武术多元的功能而相应地表现出庞杂性特征。

(4)习武者自身条件的原因

武术运动是习武者个体身体的一种练习运动,因为不同习武者有着不同的身体条件与文化素养,而且习武的动机与目的也不相同,所以其在攻防动作上的表现也同样存在差异,所以相应地就形成了不同特点和技术风格的武术套路。

2. 传统武术套路庞杂性的表现

(1)风格流派庞杂

传统武术有内家拳与外家拳,南派与北派,武当派与少林派等多种分类与门派。此外,还有以各种门类划分的不同风格的派别,如"太极门""八卦门""形意门""地躺门"以及长拳类、短打类等。这些拳种与流派有着不同的套路,千姿百态,刚柔各异,这就使得传统武术具有庞杂的套路风格流派。

(2)拳种种类庞杂

据对全国武术挖掘整理成果的统计来看(1986年),其中有129种之多的武术拳种,这些拳种都有着悠久的历史、清晰地拳理、独特的风格,并且体系自成一家。此外,还有小拳种、类同拳种、具有不完整体系的套路和功法也是数不胜数的。甚至同一拳种的技术流派也是多样的。

(3)武术功能多样

武术中的一个拳种既有健身修性功能,又有自卫防身价值,同时也具有娱乐与观赏的功能,可见武术套路具有多样化的功能。

(4)运动形式丰富

传统武术套路中,既有具有实战价值的对抗性竞技格斗,又有用攻防动作(踢、打、摔、拿、击、刺等)编成的拳法和器械套路,同时还有不同功法的专门强化训练,可见其具有丰富的运动形式。

(二)内倾性

中国文化属于内倾性文化的一种,"内外合一"是中国传统武术一直以来都十分强调的重点,与西方体育相比,传统武术的套路具有更大的内倾性。

"内"指的是内在的心理品质,如心、神、意、气等,"外"指的是外在的形体动作,如手、眼、身、步等。"外练筋骨皮,内练一口气"就是"内外合一"的最好写照,其内涵十分丰富。"内外合一"在形意拳中的表现主要是心与意、意与气、气与力等的统一;在长拳中的表现主要是"精神、气、力、功"与"手、眼、身法、步"内外四法的统一。

1. 传统武术套路内倾性的原因

传统武术套路之所以具有内倾性特点,主要是受到中国传统的"天人合一"哲学思想和中医学理论的影响。

中国传统哲学中一系列的"合一"都来自于对"天人合一"的提倡,如主客合一、形神合一以及内外合一等,中国传统哲学倡导的"天人合一"整体观思想逐渐发展成为传统武术套路练习的指导思想。

武术套路的练习以传统中医的基础理论为生理学依据。中医理论认为,人的一身有三宝,即"精""气""神"。精力充沛才会有旺盛的"气",气旺才会有神气,精神好才能保证身体健康。因此武术套路的练习遵循这一规律,运用不同方式来转化练习者的精、气、神,并提出了"练精化气,练气化神,练神还虚"的习武理论。由此可见,中医理论深深地影响着传统武术套路。

2. 传统武术套路内倾性的表现

中华民族对内、意、合及直觉十分重视的文化心态是传统武术套路的内倾性特征的重要表现,这种心态不仅是最实际的,而且也是最理想的。与其他具体的外在竞技体育不同,武术是难以划定的。武术功力的实现离不开以意领气与以气催力。内在的精、气、神需要通过外在的手、眼、身、步等形体动势反映出来。形与神以及内与外是相互联系的统一体。习武者要深入领会武术技术与技法中的内涵,而且要通过反复实践来加以领会,"拳打千遍,身法自然"就是对这一道理的最好说明。

(三)竞艺性

人的本性中,一个最为重要的就是竞争。传统武术起源于搏杀格斗,因此武术套路也就具有了竞争性的特征。关于竞争本性,在一些书中有所说明,如"凡有血气者,皆有争心。"(《晏子·春秋》)与"争者,人之所本也。"(《淮南子·道应》)等。

先秦时期,在还没有形成儒道体系这两大封建文化的支柱体系前,人们主要通过具有技击基本特征的武术竞技运动来促进自我价值的实现和竞争心理的满足。人们对比武十分热衷,希望能将自己战胜对手的能力与渴望在武术中表现出来。人类对竞技胜利的渴望与追求正是其竞争性本质的主要表现。

由上述可见,武术的竞争性主要通过其技术起源、文化心态和伦理思想得以反映出来,显示出人类具有争强好胜的一面。

然而,武术竞争性特征随着儒道思想的成熟与地位的提高逐渐开始弱化,儒家思想抑制人们的竞争天性,使人类的竞技精神趋于萎缩。其中武术套路中的竞争性也开始不断淡化,主要表现在以下两个方面。

第七章 武术套路的创新发展探索

1. 传统思想使武术套路转向竞艺性

"道"家思想主要表现为无为、消极与顺从,这对武术套路产生了深刻的影响。此外,传统武术套路还受到一系列传统思想的影响。例如,人际和谐这一孕育于农耕经济时期的和平思想,"己所不欲,勿施与人"的忠恕之道,儒家谦卑的处世思想等等都渗透于传统武术的发展中。宋明理学的出现使"贵柔持静"的思想不断发展并深深地影响了随后出现的内家拳系。以往的武术偏"刚健",提倡"刚中寓柔",在宋明理学的影响下,内家拳偏重"柔",提倡"柔里藏刚"。以"争胜"著称的武术套路逐渐转为"争理"与"仁义",竞争性不断向竞艺性转化。

2. 传统审美使武术套路转向竞艺性

自宋代以来,中国的艺术文化不断向平民的审美文化转变。在艺术中,受传统的整体思维方式影响最深的就是整体艺术观,武术套路也深受整体思维方式的影响。具体表现在以下两方面。

(1)技术竞艺化

传统武术的技术及技术演练更加艺术化,特别是表现在整体的意境、神采、气韵和对比衬托方面。武术的套路技法中,对从精神、节奏与风格中整体意境进行反映比较注重,习武者在习练武术套路中表现出一种威武不屈、斗志昂扬的斗志和气概。

(2)套路竞艺化

传统武术套路不仅对一招一式、一拳一脚的技术和功力比较重视,同时对组合动作的劲力、协调、精神、结构、内容、风格、节奏、布局所表现的功力和技巧也十分关注。习武者在习练武术套路中,动作迅速,有较大的起伏与转折,静如叶,重如铁,快如风。

习武者习练武术套路中,能够对战斗的意境之美进行创造,可谓"韵外之致""言外之意",十分令人向往,而且耐人寻味。传统武术套路的竞艺化特征正是传统思维方式与文化特性对武术竞争性不断加以弱化的结果。

三、传统武术套路的动作

(一)传统武术套路动作的性质

动作是传统武术套路系统的基本单位,对套路进行分析的切入点与着手点也正是动作,武术套路动作的性质主要从以下几方面体现出来。

1. 抽象化性质

传统武术套路的动作是对格斗的抽象,具体如下。

首先,武术套路对格斗的这种抽象所描绘的是一个(或几个)意象(或事象),就像钱穆先生所认为的中国文字一样,即使是一种象形的,但其迅速向象意与象事的范围走进。中国字很少会对一个物象进行具体描绘,而是经常对一个意象或事象进行抽象的描绘。传统武术套路动作的抽象性性质具体表现在把格斗意象的动作"符号化"了。

其次,武术套路对格斗的这种抽象始终是依附具体形象的抽象。传统武术套路对格斗意象的描写主要是通过对动作的描写来实现的,不仅追求动作与意象的相似性,而且还要使格斗的动态、气势与氛围在对动作的抽象描写中表现出来。

由此可见,传统武术套路动作的演练不是实践中的真实打斗,而是抽象化了的实践打斗,表演与再现了格斗的场景与形象。

2. 技艺化性质

传统武术套路动作的技艺化性质具体表现在以下两点。

第七章　武术套路的创新发展探索

(1)动作的审美性

传统武术套路动作的技艺化首先表现在其呈现出审美的特点。

西方拳击格斗技术抽象的"直摆勾"只是客观的"见效"和感官的"血腥",中国传统武术的套路与西方拳击的实用尺度存在很大的差异,其主要表现出鲜明的审美取向。正因为对格斗审美需求的存在,才使传统武术套路由追求格斗的描述与实用转变为追求格斗的审美。

(2)动作的想象性

传统武术套路的动作在表演中对格斗进行了精细、巧妙与多样化的描写。例如,来自实战中的"打",到了套路中就演变为点、穿、砍、劈、钻等掌法,或劈、甩、抓、掼、鞭、崩、弹、砸等。套路中的这种打法,不仅包括了实战中的正、侧、上、下等不同方位的打,而且还包括各种步型的"打"(双脚支撑或单脚支撑)、行进间的"打"以及跳动的"打"等,中国人丰富的想象力在演变后的武术套路"打"法中充分展现了出来。

传统武术套路动作的抽象化与技艺化等性质,使套路动作不同于具有实用性的格斗。所以,套路与格斗既有一定的联系,但又不是绝对相同。武术套路动作不仅没有与技击的"真"相脱离,而且也没有对格斗的"实"十分坚持,而是处于"离形得似""不即不离"的"似与不似之间"。但是,套路动作的产生也离不开与格斗脱离,对武术套路的"花拳绣腿"不要片面地指责,因为武术套路动作对格斗进行抽象化后保留了格斗的意象。

(二)传统武术套路动作的技术目标

武术套路动作的技术目标是武术套路动作的路标,是对传统武术套路动作的质量进行评价的重要指标。协调是传统武术套路动作的技术目标的主要表现,具体从以下几方面加以说明。

1. 运动形式

传统武术套路讲究协调,要求要注意协调不同性质的动作。对神形兼备、虚实相生、开合有致、攻守进退、起伏转折、动静疾徐等也提出了很高的要求。

2. 整体角度

整体的协调是传统武术套路动作所追求的主要目标。它要求每个套路动作都协调好身体的上与下、内与外及躯干部位。

3. 劲力角度

传统武术套路的动作要求每个动作都要将全身的力量调集起来,使之从某一点发出。

4. 最高境界

传统武术套路中一旦将动作做到协调统一,动作自然就连贯灵活了,并且能够调动观众的想象力。

5. 动作之间的连接

传统武术套路对动作之间的"形断意连,势断气连"比较重视与讲究,要求组合运动之间要"起承转合",有机统一各个动作环节,使组合动作从第一个动作到最后一个动作的完成是一个整体完整的过程。

武术套路动作的终极技术目标是"协调",就是指身手灵活的完整协调,但不是制胜。武术套路的这一技术目标与西方体育的文化有着很大的差异,现代武术套路的发展不能将这一技术目标忽略掉,反而应该备受重视。

第七章 武术套路的创新发展探索

四、传统武术套路的发展动因

传统武术套路发展的动因主要体现在三个方面,即武术本身的原因、人的生理需要以及人的心理需要。

(一)套路自身的因素

武术套路中很大一部分动作都对武术的攻防特征有所体现,因此说技击是武术套路的主要来源。然而,武术套路与技击又不完全相同。武术套路中的动作不符合实战的需要,因此不能用来进行实战。所以,套路与攻防实战是有区别的。人们在改造、组织和提炼技击动作之后,将其融入到其他艺术内容中,结合在一起编排成套路动作。随着时代的进步,物质生产不断变得丰富,也就随之出现了丰富多样的套路内容和演练技巧,实战技术意义很小但观赏和健身价值很大的拳术也就应运而生,如木兰拳等。

套路动作与实战技击的要求不相符,套路动作的这一性质对其发展方向具有决定性影响。在没有完全形成套路以前,可以从历史文献的有关记载中看到,"武舞"或"健舞"这种舞蹈形式是武术套路的雏形。"武舞"所表现出的场面(与技击相关)都是通过加工、提炼与编排实战的动作而成的。而"武舞"的目的有以下两点:第一,使人们的筋骨得到灵活伸展,促进人们身体的健康;第二,娱乐生活。人们的情感能够从昔日战争和人与兽之间斗争的再现场景中得到激发,并且有一种美的享受。

套路的内容大都是从技击中而来的,所以技击内容的发展也一定会促进套路的发展。殷周交替时期,朴素唯物主义的阴阳五行学说开始出现。在古代前人中,武术技击运用"阴阳五行学说"的是春秋战国时期的越女(民间武术家)。越女在《吴越春秋》中,对武术之道进行了详细的阐述,具体对虚与实、快与慢、动与静、逆与顺、攻与守等不同矛盾的辩证关系进行了清晰地说明，之后套路的演练风格在古代哲学的朴素辩证法中有关阴阳统一思想的影响下得到了发展。此后，人们开始对运用于实战技击中的阴阳学说加以改造，使其能够很好地融入到武术套路中，提高套路的演练效果。目前武术套路中所表现出的"动静疾徐、刚柔虚实、起伏转折"等辩证统一的关系能够看出阴阳学说对传统武术套路所产生的巨大影响。正是因为受到这种思想的影响，武术套路才能够将攻防技击含意的艺术效果和感染力充分表现出来，才能够使自身与人们的健身和审美需要越来越符合。在武术套路的表演和演练过程中，受这种思想影响所组织起来的步法、动作、姿态和动作组合，能够将套路表演中的动作意义鲜明地体现出来，使习武者与观赏者从视觉和身体感觉上受到感染，习练者能够从练习武术套路的过程中对套路动作的寓意加以感受。因此，武术套路自身的社会功能是其兴起和发展的根本动因。

(二)生理需要

原始社会时期，生产力水平极其低下，大量野兽的存在严重威胁到原始人类的生存。原始人类为了维护生存，必须要与动物展开斗争。在与野兽的斗争中，原始人类不仅是猎手，而且也是战士。生活环境的恶劣，迫使人类对自己的体力和智力不断进行提高与改善。人类在集体劳动与部落战争中，对自身的徒手格斗技能开始进行锻炼，并且不断提高了自身使用简单武器进行格斗的技能，如拳打脚踢、跳跃、躲闪等，拳术起源于此。对武术长短器械的使用则主要源于砍、劈、刺、扎、撩等。由此可知，生产劳动是武术的主要起源。

人们在劳动闲暇时间或取得战争的胜利后，为了显示威武，表达荣誉，抒发内心感受，经常会用"舞"的形式来对战斗和狩猎致胜的技术进行表演。攻防动作是这种"舞"的形式的主要来源。部落战争中，人们所使用的一拳一腿、一击一刺等动作的规格都是不固定的，所以在舞练的过程中所表现出来的程式也不

第七章 武术套路的创新发展探索

是呆板的。

在历史发展中,技击方式及"舞"的形式随着社会物质生产水平的不断发展而相应地得到了提高,并且有所变化。以往没有固定程式的舞练不断向有程式和主题鲜明的"武舞"转变。随着"武"的攻防格斗因素的不断减少与"舞"的艺术因素的不断增加,"武舞"发展成为一种具有欣赏娱乐价值的艺术活动,目前套路技艺中的主要内容主要来源于古代"武舞"中的舞练形式与演练技巧。

(三)心理需要

作为人为的艺术,武术套路运动的产生与发展必然受到人类的影响,或制约,或推动。当人们在维持生命这一最基本的生理需要得到满足之后,就开始寻求心理需要的满足了。满足人的心理需要也就是满足人们的各种情趣,人的情趣并非固定不变,随着社会物质生产的发展,人的情趣也会随之向前发展。作为一种艺术,武术套路运动是否能够得到持续不断的发展,一定会受到人们不断变化的审美情趣的影响。可以说,受到人的心理需要的影响是武术套路存在和发展的必然规律。

原始社会中,战争不断发生,虽然"武舞"是对技击动作进行加工与提炼后的运动形式,但是它与实战仍然比较相似。唐代时期,中国古代文化得到了高度发展,这一时期有着强盛的国力、繁荣的经济、发达的对外贸易以及频繁的文化交流,这为不同艺术的繁荣发展创造了有利的条件,武术套路也不例外。当时"武舞"的性质与特征在《观公孙大娘弟子舞剑器行》(唐代诗人杜甫所作)中有所描写。"昔有佳人公孙氏,一舞剑器动四方,观看如山色沮丧,天地为之久低昂……"[1]可以从这首诗中看到,唐代时期的"武舞"与原始社会是存在差异的。原始社会时期的"武舞"具有实战的性质,而唐代时期的"武舞"注重表演与

---

[1] 蔡仲林,周之华.武术.北京:高等教育出版社,2009

娱乐的艺术效果,这一变化与当时较高的社会物质生产水平及不断发展的审美观是分不开的。

许多技击动作(连续活动)和艺术动作共同构成武术套路。人们从武术套路动作中不仅能够感受到外在的形体美,而且还能感受到内在的意境美,这主要是从套路组合动作力度的强弱、速度的快慢、节奏的对比等中感受到的。人们的想象力也会因为意境美的感受而得到调动,从而自由地抒发自己的感情,体验愉快的情感。武术套路不仅娱乐欣赏价值高外,而且健身价值也较为明显,武术套路的这些价值自其萌芽开始就引起了人们的关注。正是因为人们需要健身,需要欣赏艺术,才使得武术套路能够产生并获得发展。

第二节 传统武术套路创新编排

一、传统武术套路创新编排的目的与依据

(一)传统武术套路创新编排的目的

1. 创编目的的产生

传统武术套路创编目的的产生离不开社会的需要这一要素。

简单来说,社会需要指的就是人的需要,与武术相关的社会需要就是广大人民群众对武术的需要,也可以说是社会的发展对武术套路提出的新要求。随着时代的进步与社会的发展,倘若武术不能与时代发展的要求相符,不能同步于物质生活水平提高的需要,就一定会因为跟不上时代的发展步伐而被淘汰。武术所具有的价值功能符合现代人的需要,这是其被现代人们

第七章　武术套路的创新发展探索

所接纳的前提。

武术套路创编与社会需要的关系如同生产与消费的关系。生产提供消费的内容,消费是生产的动力与目的。现代市场经济条件下,商品运行的一般规律就是以社会的需要来对生产和市场进行组织。生产与消费是物质现象,创编武术套路是文化现象,但是道理是相通的。由于社会的需要而有了创编的要求,这就是创编的前提。社会需要也是创编产生的动力,倘若没有社会需要,创编也就不会存在。创编需要社会现象来提供想象的对象,创编产生的根源是需要,创编是为了完成目标与任务的行动,是使需要得以满足的方法。

外部现实是提出和设定武术套路创编目的的前提和基础根据。人们在提出创编目的,并对其进行设定的时候,某种外部现实对象的需要就一定会从中表现出来,因此社会需要与武术套路创编目的的产生密切相关。武术套路的功能是多种多样的,创编武术套路的目的也是各不相同的,但有一个主要的目的是相同的,就是对武术套路的某一主要价值加以利用,来实现某一目标,创编主要是围绕如何发挥这一主要功能而进行的。正是由于社会需要武术套路发挥其功能与价值,创编的目的才得以产生。

2. 创编目的的确定

现实的人才是目的的真正主人,目的的提出与实现都是与现实的人离不开的。然而,将目的当作一个主观和客观的矛盾运动来看,就会有这样的问题:人们对某个目的加以提出和设定,使其对社会上某种现实的不满足从中得以表明,也就是社会的现实不能与其需要相符合,所以要求建立与需要相符合的客体,这一客体由观念所规定。

武术套路的创编目的是一个重要的现实因素,其对创编的影响很大。与此同时,创编者在创编武术套路的过程中,离不开对过去经验的借鉴,并且同时以现实需要为依据,以创编所必需的可能具备的或已经具备的各种客观条件为依据,在自己的大脑中做出整体性的规划,如此才能达到某一创编目的。

不管是目的的提出,还是目的的实现,首先一定要正视客观现实,要以客观存在的现象为前提。一定不能忘记,当人们为了满足自身的某种需要、提出相应目的的时候,一个现实存在的、具有客观性的物质世界就摆在人们的眼前。这个物质世界的存在是客观的,然而人们提出与实现目的的基础与前提正是这一客观世界。

人们面向、估计、依赖着客观世界,规定自己的目的是以客观世界为前提和基础。一定要从观念上改进现在客观存在的现实,对其客观性加以否定或扬弃,并且运用意识对其进行再创造,使某种需要的对象在头脑中建立。

创编所要达到的最终目的就是使新套路得以产生,在对创编目的进行提出与确定的过程中,要注意前提和基础是客观现实的套路,而终点就是在观念上改造和再创造新套路,这个终点是作为创编目的的对象存在的,其通过观念这一形式在创编者大脑中建立起来。因此,创编武术套路要参照一定的客观模型。提出武术套路创编目的,就相当于对目前某个已有的套路适应性在观念上加以否定与扬弃,创建新的套路,使其符合新的需要,而提出与实现新目的的人只能是现实的人。

然而,将目的作为一个主观和客观的矛盾运动来看,就会有以下这样的情况:人们对某个目的进行提出与确立,反映出其不满足目前的某一现实,也就是与需要不符,所以要求建立新的武术套路模型,这一新套路与需要相符。武术创编活动以目的为前提与基础,它是创编新套路在观念上的预先设定。

3. 武术套路不同类型的创编目的

武术创编实践以创编目的为起点,武术创编活动的全部过程和归宿都能够体现出武术套路创编的目的。在武术套路创编的每个环节中,起点与终点都是创编目的,它对具体的创编活动

第七章 武术套路的创新发展探索

具有指引性的作用,对整个创编过程具有支配性,创编结束后所达到的结果就是目的的实现。创编目的要求在观念中对新套路作出规定,所以创编目的属于主体想象的东西,具有主观性。

武术的本质属性和武术套路形式、武术套路形式和武术功能均有着十分密切的关系,然而武术的本质属性和武术的功能没有直接的关系,二者也不能直接发生作用。概括来说,创编武术套路能够在对武术本质属性进行保持这一基础上,以武术的功能为依据,对各种创编目的加以实现。以攻防格斗之技法为依据创编的武术套路,其目的与功能各不相同,具体有以下几种创编目的。

(1)符合竞技比赛需要的创编目的

高水平的竞技比赛始终伴随着武术运动的发展,可以说,离开比赛,武术套路的发展就十分艰难。通过开展武术套路竞赛,能够交流武艺,提高武术竞赛水平,这是对武术加以宣传与推广的重要措施。为了与武术技术的发展需要相适应,国家体育总局对新的武术竞赛规则和技术标准进行了制定,制定的主要出发点是促进运动员身体素质的全面发展。规则对运动员参加比赛的自选项目作了具体规定,因此对武术套路的创编要充分考虑规则中所规定的内容、数量和时间。武术竞赛规则的一些规定也有利于充实、提高和发展一些南拳的传统套路和长拳类型的传统套路。套路创编要满足竞技比赛的需要,这主要在自选套路的创编中最能集中反映,每一次新的套路总会在一次竞赛后随之出现。新的自选套路的创编,一定要严格以《武术套路竞赛规则》规定的内容为依据来进行素材的选取,并对此进行编排与设计,努力使创编的套路具有充实的内容,合理的结构,匀称的布局,以及与音乐相一致的动作。

对自选套路进行创编的过程中,要以竞技武术的发展趋势作为创编的指导方向,将"高、难、美、新"的特点充分表现出来,如此才能取得竞赛的好成绩。现代武术的竞技比赛十分激烈,要求运动员要具备良好的力量、速度、柔韧等身体素质,然而不同运动员都有不同的自身条件与特点,要对运动员的特长加以充分考虑,以此为依据对套路进行创编。通常,武术竞赛中的套路演练会出现"虎头蛇尾"的问题,这主要是没有将开头与结尾的关系处理好而导致的。开头精彩,可以给人留下一个深刻的印象,而好的结尾又可以使观赏者与运动员意犹未尽,回味无穷。为竞技比赛而创编的武术套路要求开头一定要"新",给人耳目一新的感觉,结尾一定要适当地加大难度,如此才能意犹未尽。

(2)满足娱乐表演需要的创编目的

古代时期,"武"与"舞"是相通的。文武与武舞在三国时比较流行,武舞士大都是手里拿着斧盾,做出勇猛刚毅的动作,以此来表示炫耀战功。武舞在战争开始前后或祭祀祖宗神灵的大典中,其观赏价值和感染力是最大的。武舞中有攻防击刺的动作,这些动作是对战争中一些动作的模拟,十分逼真。然而从严格意义上来说,这种武舞与现代的武术套路不是相一致的,然而毫无疑问,它们与当今的套路对练十分相像,当今套路的创编表演功能主要得益于此。

武术能够将其他艺术形式的表演手法吸收进来,以此促进表演效果的增强。当然,并非说创编武术套路要对其他运动形式的技术动作进行大量的借鉴,而是要对其他艺术表演的技巧方法进行重点引用与吸收,如把快动作的速度降低;给套路添加配套音乐,可以先创编动作后创编音乐,也可以先选择音乐然后创编动作,充分发挥音乐的烘托作用,将人的多种感官调动起来,增强武术套路的娱乐性。为了使武术套路的观赏价值得到强化,就要将技术动作的矛盾变化不断加以突出,使对比明显增强,也可以夸张与扩大一些技术动作。在创编套路的过程中,也可以将实战中很难完成的技击动作编创进来,这样就能促进套路内容的丰富性,以此来提高其对观众的吸引力。

创编武术套路的过程中,也可以结合其他舞台表演形式。如此创编才能将现代气息体现出来,才能与现代社会中人们的

第七章　武术套路的创新发展探索

心理需要相符合。只要人们的需要得以满足，就一定能够发展武术套路表演的内容和成分，武术也就随之得到了发展。从某种层面来看，正是由于武术的表演结合了其他娱乐形式，才使今天的武术能够具有十分广泛的群众基础，并且得到前所未有的宣传与推广。

武术的娱乐表演市场因为余暇时间的增多而具备了发展的必要条件。我国实行5天工作制，并且有"春节""五一""国庆"等法定节假日，这就使广大群众有了更多的娱乐闲暇时间。武术具有娱乐表演的功能。自娱和娱人是娱乐的两个主要类别，娱人是这里所特指的娱。今天，武术已经发展成为人们闲暇生活的一个重要部分，参加武术运动能够使人们精神生活的需要得到满足。所以，如果没有经过市场化的宣传和滋养，武术对观众的吸引力会很小，其在现代社会中难以发展与普及推广。

武术套路表演的主方向是集体演练。集体演练有着宏大的场面，既有利于整体优势的发挥与气氛的烘托，又有利于每个队员特长的展现，有着丰富多彩的表演内容，而且具有很强的娱乐观赏价值。对集体项目进行创编的过程中，要注意动作的路线要有变化，在变化中追求动作的连贯与流畅；队形也要有丰富的变化。创编集体项目的重要环节中离不开音乐这一重要环节，音乐能够使创编的武术套路充满生机和活力，有利于感情的表达及艺术形象的刻画。

(3)满足健身需要的创编目的

在人类的生活中，健康是其所追求的永恒主题。在21世纪，运动健康是新世纪体育的发展方向。现代竞技体育项目很大程度上受到场地器材以及文化背景等因素的影响，与这些项目相比，武术运动所具有的优势是较为明显的。武术的适应性十分广泛，而且其密切联系着我国的传统文化，不仅可以徒手进行习练，也能够借助器械的作用，武术的习练对客观条件如场地设施等没有很高的要求。武术的发展同时也符合我国的基本国情，群众基础极其广泛。武术套路有着丰富多样的种类，长短相接、刚柔相济的武术套路表现出丰富的特色。武术套路中,拳种不同,其动作结构、运动风格、动作要求和运动强度也是不同的,这主要与习练者的性别、年龄、性格、体质、气质等因素相关。习练者能够以自身条件和兴趣爱好为依据来选择适合自己的武术套路练习。人们习练不同的武术套路都能够起到锻炼身体的作用,有利于人体中中枢神经系统、内脏器官、骨骼、肌肉、关节、韧带等的健康发展,有利于五大身体素质(力量、速度、耐力、柔韧、灵敏)的全面发展。有时因为受到季节、时间或气候等因素的影响,在选择场地与器材上可以简单随意,个体性、随意性和趣味性也就由此凸显出来。

一些传统的武术套路具有简单、朴实与花法较少的动作,而且这些套路动作的难度很小,没有太多的跳跃动作,并没有对习练者的专项身体素质与技术提出很高的要求,因此容易对其进行推广和普及。

学校武术的教学要对体育教育改革中"健康第一"的思想严格加以贯彻,因此要创编出与学校教学相适应的武术套路。研究表明,学生学习动机直接受到教材趣味性的影响,倘若武术套路以套路为主要载体,由于其缺乏一定的技击性而使武术教学失去了娱乐性和趣味性,也导致多数学生对武术的学习失去了兴趣。武术健身操能够受到大多数学生的喜爱,这主要是由于其有比较鲜明的技击动作,而且配合了动感的音乐伴奏,学生能够在武术健身操的学习过程中将自身的活泼个性展现出来,这一特点符合当代青少年对时尚、动感以及个性等特点的追求。

学校开展的武术套路教学要注重武术的娱乐性,要与学生的健身、防身以及审美等需求相符合。娱乐性也就是趣味性,武术教学有了趣味才能吸引更多的学生参与到教学中,学习武术,练习武术,能够愉悦身心,促进身体健康。这些武术教学套路,要使学生容易学习与练习,动作要力求简单,而且要与音乐节奏相配合,要有利于学生集体学练,便于教师总体进行讲解与示范。可以将几次发声安排在一些刚劲有力的动作中,有利于练

第七章 武术套路的创新发展探索

习气氛的提高。对武术套路的配乐也要加以重视,优美的音乐能够有效地刺激和熏陶学生。另外,将口令用音乐代替,教师能够解脱于口令中,这样有利于对学生的练习加以观察与指导。武术的节奏通常要与音乐相一致,练习要严格按照节拍进行。从上述可知,由竞技长拳简化而来的武术教学套路依旧具有一定的难度与复杂性,而且趣味性不高,不适合在中小学中开展。

因此,以健身为目的的武术套路习练要注意对动作简单且有丰富内涵的传统拳术、既有防身作用又能安全习练的简化对练套路、节奏性强并且容易配乐的操练化套路(武术操)等几类进行重点选择。

(4)满足防身需要的创编目的

在早期,武术主要是用于军事训练的一种方法,密切联系着古代军事斗争,由此能够明显地看出其具有实战的特性。古往今来,武术都具有格斗这一重要的实用价值。在战争中,武术被士兵用来杀伤、制服敌人,通常武术是战场上最具有实用效果的技击手段,对方在武术技击动作的威胁下能够失去反抗能力。目前,在一些公安部门与军队中仍然使用这些技击术。有人认为,武术套路保留与继承了搏击技术,军事武艺操练可能是最初的套路,套路是军队中对搏斗技术进行分解和编制的结果,目的是将搏斗格杀技术传给士兵,套路从搏斗技术中分离出来,逐渐成为日益规范的习武样式。

有关实战中套路训练的重要性,明代的程宗猷有过相关的论证,主要是以刀法为例进行论证的。

综上所述,套路具有实用防身的功能。练习套路能够促进习练者进攻与防守技术水平的提高,与此同时,武术套路的整体练习,也提高了习练者的身体素质,符合攻防技术对身体素质提出的要求。因此,既然武术套路具有实用性,它的创编就不能流于形式,应该讲究实战,而且不能复杂,要力求简单实用。在武术套路的创编实践中,要对简单而实用的攻防技术加以筛选,最好不要采用没有实用意义的技术动作,如此连接成套,动作才会简便易行,路线才会简单,同时要注意起伏与跳跃动作相对要少。

(二)传统武术套路创新编排的依据

1. 技击是武术的本质特征

(1)从武术的起源与发展分析

武术在我国的发展历史十分悠久,原始人类生产与狩猎的活动中离不开劈、砍、击、刺等技能,武术从这些技能中得以孕育。这些是武术技击萌芽的基础条件,然而依然没有与生产技能相脱离。武术的真正发展是与原始战争分不开的。在有关远古战争的传说中,最著名的战争之神与兵器之祖是蚩尤。在氏族公社时代,部落之间战争频繁发生。人们不断模仿与习练战争中用到的一击一刺、一拳一腿等动作,并且在军事训练中也融入了这些技击内容。在悠久的历史进程中,武术的发展密切联系着军事斗争。清朝晚期,大量在武术中使用的冷兵器向民间流入,广大人民群众用此来抵抗暴力、保卫自身安全。后来,武术实战技法也被运用到白莲教起义、太平天国运动以及义和团反帝爱国运动中,人民群众在投身于运动的同时也对武术进行了普及与推广。武术所具有的实战本质特征是其能够源远流长、不断繁荣的主要原因。武术之所以能够被不断传承也是因为武术技击的实用性。

(2)从武术的概念分析

概念是一种思维形式,能够将事物的本质属性反映出来,人们通常对概念的内容加以揭示的主要方法就是下定义。有关武术的概念,下面列举两个具有代表性的定义。

武术是一项中国传统体育项目,以技击为主要内容,以套路和搏斗为主要运动形式,对内外兼修比较重视。

武术是以技击为主要内容,通过一些运动形式(套路和搏斗)来促进体质增强、对顽强意志进行培养的民族传统体育。

第七章 武术套路的创新发展探索

由以上定义可见,无论何种定义,武术内涵的主要内容都是技击。武术的本质特征就是技击,技击性是武术与中国其他传统体育项目相区分的本质。

(3)从武术的形式分析

武术的技击本质是武术形式展开存在的基础条件。通常以运动形式为依据将武术划分为搏斗运动、功法运动以及套路运动三大类。这三类运动属于三种不同的形式,其从不同的角度诠释了武术的技击性。

搏斗运动能够最直接地表达武术的技击本质。

功法运动的最终目的依然是技击,有的甚至是直接模拟技击动作。

套路运动是一整套练习,它以技击动作为主要内容,创编的主要依据是矛盾运动的变化规律(动静疾徐、刚柔虚实、攻守进退等)。因此,可以把套路运动看作是练习武术技击动作。

2. 武术套路体现武术本质特征

从上述武术套路的定义中能够看出,创编武术套路要以武术的本质特征——技击为基础依据。武术套路随着武术竞技比赛的不断发展而逐渐发展迅速,武术套路中有许多动作的技术规格不同于技击的原形,然而武术套路技术的核心依然是通过一招一式来对攻与防的内在含义加以表现。武术套路应将武术这一运动的项目特点充分凸显出来,并对攻防技能的观点不断进行宣传。武术套路演练过程中,能够充分将武术本质特征凸显出来的核心要素是攻防意识与要求。

3. 武术套路的创编依据不能与武术的本质特征相脱离

一件事物要与其他事物相互区别,最根本的标志就是其本质特征。倘若事物的本质特征有了新的变化,事物也就随之有了新的变化。武术套路不管怎样创新发展都不会使其本质产生变化,这是对武术套路进行创编过程中需要保证的关键。所以,创编武术套路的依据不能与武术的本质特征相脱离。经历了漫长的发展历史后,不管社会怎样变革,武术的技击本质特征依然没有改变,倘若武术的本质特征有了改变,武术就不能称之为武术了。

武术的技击本质具有中国的传统文化特色。中国传统文化中,动与静、曲与直、虚与实、刚与柔等许多辩证法思想都蕴含在武术的技击本质中,这一点受到世界的普遍关注。2003年,在全国武术科研报告会中,包括朱晓光(中国科学院教授)在内的八位科学家在论文中指出,倘若太极拳的技击特色不再存在,太极拳就会不断走向没落。从这可以看出,武术的继承问题直接受到武术本质特征的影响。

二、传统武术套路创新编排的要求与原则

(一)传统武术套路创新编排的要求

1. 要对创编的目的任务加以明确

创编武术套路动作过程中,必须要以习练的对象为主要依据,要根据对象的特点与要求进行有针对性地选择,以使习练的基本目标和任务得以顺利达到与完成。由于武术习练者的年龄、特点、训练水平等都存在差异,因此就会表现出不同的武术习练动机与目的,所以教练指导目的和任务也存在差异。对武术套路进行创编的重要依据就是针对不同的目的任务所选择的习练内容与方法手段。

以习练目标与要求加以创编的过程中,要求创编出简单易学、通俗易懂以及方便练习的基本动作。通常不宜有太多的动作,最好是3~5个动作为佳;不要有过于复杂的动作路线变化与太大的运动负荷。在编排动作组合时,要注意从简单到复杂,由容易到较难,有递进的层次感,并且要突出重点。

2. 要对动作攻防的含义加以突出

武术运动的本质特点就是无数动作具有攻防含义,所以,在创编组合动作的过程中,不要将动作的技击特征忽略掉,只是对动作造型进行盲目追求,也不能只是单纯为了完成动作而随意使用一些手法、步法和腿法,这样就会使武术的攻防技击本质失去。特别是在创编攻防性技击动作组合的过程中,要注意将武术技击的思想和攻防的意识体现出来,如声东击西,左顾右盼,指上打下等。目前,武术组合动作的创编通常有以下两种情况。

(1)创编具有攻防技击性特性的动作组合,突出技击性是其主要特点。

(2)创编具有武术套路意义的组合动作,也就是将手眼身法步作出基础的不同拳种套路技术动作,强调动作的流畅连贯及内外协调是其主要特征。

3. 要将武术套路运动的特点体现出来

在武术的成套动作中,主要是通过丰富的快与慢、动与静、起与伏、刚与柔等运动形式和特征来体现动作的变化,要在成套动作的编排中充分考虑并合理安排这些对立统一的技术动作,就要注意几个方面的问题。

(1)注意技击的合理性,要编排准确的攻防动作,使其与技击要领相符合。

(2)动作的运动强度要与要求相符合,在技术上,要以习练对象的特点为依据,对组合动作的负荷和强度进行合理的安排。

(3)将动作技术的不同风格凸现出来。

4. 勇于创新

在对组合动作进行创编过程中,创编的素材不一定要限制在一种拳种或流派的动作,可以改造许多地方的不同拳种的动作,但要注意动作技术的合理性,然后将其编入组合动作中,形成与习练需要相符合,将个性风格和武术运动特点充分突出的组合动作,如此才能与创编中有创新的基本原则相符合。倘若没有创新编排,武术发展与繁荣的生命力也就消失了。

(二)传统武术套路创新编排的原则

1. 简单易学且易于推广,利于健身原则

对广大人民群众来说,武术,尤其是太极拳对健身有着非常重要的作用,人们十分需要通过练习一些简单易学的套路来促进身体的健康。二十四式太极拳就与这种健身需要相符。因此创编武术套路的过程中,要从武术的健身价值出发,以简单易学与易于推广为原则进行。古人在对武术套路进行创编的实例中,有很多都是依附武术的健身功能而进行的。例如,杨澄甫为了使身体素质低下或者年长者通过武术来达到保健的目的,就扩大了武术套路的传习范围,对陈式太极拳中的一些发劲、跳跃和难度较高的动作进行了删除与修改,将其创编成简单易于学练的杨氏太极拳架。此外,为了达到健身目的,武术套路的创编还要考虑习练者的生理特点,避免创编一些与人体活动规律相违背的动作,强化武术套路的健身价值。

2. 简洁实用原则

古往今来,尤其是在冷兵器时代,武术的众多功能中,一直占有重要地位的是格斗功能,士兵习练武术套路的目的是与敌人抗争,因此武术套路要讲究简洁与实用。明朝时期,一些军官为了使上级在阅兵中表示满意,就命令士兵操练一些五花八门的武艺,戚继光作为一名军事家,对此指出批评,他认为,杀人这种勾当本身就不是好看的,那些士兵所学的那些武艺不过是虚套,没有实用性,他主张武术的习练要以杀敌为主要目的。当今士兵所操练的军体拳中,每一招一式都能将简洁与实用体现出来。

第七章　武术套路的创新发展探索

3. 竞技原则

武术具有竞赛功能与价值,竞技创编原则就是以此为根据而制定的。根据竞技创编原则,武术套路的创编就要与竞赛规则相符合。在竞技武术中,要严格以竞赛规则公布的技术规格为参照来完成技术动作,要在创编中将公开、公正、公平等规则充分体现出来。武术套路的创新动作也要将"难"和"新"体现出来,也就是规则中所规定的那样,一定要拥有较高水平的专项素质与专项技能才能把动作完成;一定要是国家体委主办的全国正式比赛中从来没有出现过的动作。经过几十年的发展,长拳已经成为武术体系中一道独特的风景,这就是以竞技为原则,对其不断进行创编与创新的结果。在传统武术中,其中高级螳螂拳的竞赛相关规定中,要求其套路动作要有较高的技术难度、较大的练习强度与运动量,而且要有合理的布局,这与当前的比赛要求相符合。由此可见,竞技原则就是创编高级螳螂拳的原则。

4. 观赏原则

武术具有表演娱乐的功能与价值,从这一点来看,创编武术套路中要考虑动作的美观大方,使其具有很强的观赏性。武术很早就有了表演娱乐这一功能了。例如,杜甫在《观公孙大娘弟子舞剑器行》一诗中写道:"昔有佳人公孙氏,以舞剑器动四方"。[1] 由此可见,公孙大娘当时所舞的武术套路主要是为了表演,因此要在武术套路的创编中考虑其美观大方,使其具有很强的观赏价值。武术套路表演通常出现在节日的庆典中,这种场合的武术套路表演是为了娱乐而开展的,这就是武术套路创编遵循观赏性这一原则的主要体现。

---

[1] 张志雷,李成银. 武术套路创编的依据与原则. 体育学刊,2005(01)

三、传统武术套路创新编排的步骤

(一)设计内容

传统武术套路的主体是内容。武术套路的难度、完整性以及风格特色等能够通过内容的深度与广度而体现出来,并能对练习者的水平和能力有所反映。素材是武术套路内容的核心。

武术套路动作素材的搜集决定了内容设计是否成功。对武术套路动作的划分依据主要是套路中动作的特点及作用,依据这一划分标准,可将武术套路动作划分为基本动作、规定动作以及重难点动作。

1. 基本动作

构成武术攻防的基础动作就是所谓的基本动作。基本动作有着多种多样的变化形式,千姿百态的武术组合动作就是从基本动作中引申出来的。通常来说,对基本动作进行搜集时,要注意选择那些具有美观的形态、别致的造型、变化大的节奏、强烈的力度以及武术特色十分鲜明的动作来作为基本动作。

2. 规定动作

《武术竞赛规则》中规定的自选套路内容就是所谓的规定动作。有关规定动作的技术规格的规定是具体的,要求是严格的。套路动作中,规定动作是骨架与核心。

3. 重难点动作

能将创编者的个性与运动风格体现出来的核心及难度动作就是所谓的重难点动作,它是套路动作中的精华动作,武术套路的深度及特点能够通过重难点动作反映出来,能够烘托整个套路动作。对重难点动作进行选择与创新时,创编者需要充分考

第七章 武术套路的创新发展探索

虑武术套路的竞技性特征,对武术套路竞赛宏观的发展动向与趋势进行调查与了解,对优秀习武者的套路结构和内容加以观摩与参考,并注意与自身实际能力以及武术发源地的地方特色相结合。

(二)安排结构

在对竞技性武术自选套路进行创编的过程中,安排结构这一环节非常重要。结构构思的主要内容包括确立、段落内容与重难点动作组合的安排。

1. 确立轮廓

在对竞技性武术自选套路的轮廓进行确立的过程中,段落是第一要考虑的重要问题。以《竞赛规则》和竞赛的性质为依据可知,确立竞技性武术自选套路中,如果没有特殊规定存在,可将其定为四段。在确立段落后,就要开始安排各段落的总体内容;对重难点动作加以选择;对每一段落的总路线和方向做出规定,此外还要思考怎样让套路扩向场地的不同方向。通过这些内容的考虑与选择,就能够确定竞技性武术自选套路的轮廓。

2. 段落内容与重难点动作的安排

在确定套路内容和安排重难点动作中,不同段落都是存在差异的。这主要是因为不同的段落在一个完整的竞技武术自选套路中,其担负着不同的任务,发挥着不同的作用,不同段落的具体编排如下。

第一段是出场段,在对第一段的动作内容作具体安排时,第一要对起势加以研究。通常,场地的中间偏右方向是完成起势动作的主要位置,然后不断向右方向运行。起势动作通常比较简单,但对风格与造型比较讲究。起势动作完成后,通常要安排不超过两个的重难点动作与组合,如此能够烘托和铺垫之后的段落动作。在安排其他内容时,要将武术套路的基本步形与步法、手形与手法、身形与身法以及腿法的动作和动作组合体现出来。

第二段与第三段是对套路进行创编的核心段,这两段要淋漓尽致地体现整个套路的特点和风格,在安排内容中,要主要安排重难点动作与精彩的组合。在核心段,常安排 4~8 个重难点动作与动作组合。要在段落中将这些安排好的动作与组合均衡地进行分散。这样安排可以将在该套路中每个动作与组合具有的特征充分体现出来,可以增加整个套路的波动起伏,使习练者情绪饱满,这两段落的动作强度也是较大的。

第四段是结束段,也可称作"尾声段"。这一段要对"收势"进行首要考虑。依据规则得知,武术套路的收势要与起势相符合,也就是说,收势动作的位置与起势动作的位置是相应的,而且有相同的方向。怎样让收势动作与规则要求相符,这就需要武术套路创编者进行精心的策划,不要安排过多的收势动作,简单、整齐、大方的动作适宜出现在结束段。可以安排不超过两个的重点动作或组合在收势动作的前面,使整个武术套路的演练停止在最后的一个演练高潮中。如此的收势,有着鲜明的动静对比,使人意犹未尽。安排其他动作内容时,要注意基础与重点始终是基本动作。

(三)设计风格特征

成套武术自选套路动作的综合表现就是武术套路的风格特点。

1. 将武术特点重点凸显出来

通常来说,武术套路的动作能够表现出攻防的意义,构成套路运动的主要内容是技击动作(打、踢、拿、摔、刺、击等)。不同动作的攻防规律是不同的,创编时要将这些动作的技击方法凸现出来,要对这些动作的运动规律严格遵循。例如,套路创编要将查拳风格体现出来,就不能对南拳动作加以太多使用,使二者难以区分。与此同时,武术套路的主要成分是技击动作,在套路中技击动作所占的比例较大。

2. 对个人特长加以发挥

一个自选套路要求武术习练者要有全面发展的身体素质。然而不同运动员的身体素质、性格特点以及训练水平是不相同的。在对风格特点进行设计时,应注意将个人的特长充分发挥出来,在不违背基本规则的前提下,重点对于个人条件相符合的动作进行安排。如果习练者有较好的体力与较强的灵巧性,就要对跳跃和技巧性的动作进行重点安排;习练者有较好的柔韧性,就要对腿法和平衡进行重点安排;对于耐力差的习练者,尽量在套路的前面安排跳跃动作;对于身体矮小的习练者,就要对速度快与技巧强的动作进行重点安排;对于身材高大的习练者,就要对潇洒与轻灵的动作进行重点安排;对于身形壮大的习练者,就要对快速、勇猛、方便发力的动作进行重点安排。总而言之,针对不同的习练者进行编排时,要扬长避短,使武术套路与习练者自身的特点相符合,将其独特的风格凸现出来。

(四)安排路线方向

武术套路竞赛的场地是长方形场地,有 14 米长、8 米宽,至少有 2 米安全区在周围,在编排武术套路的过程中,对 14 米×8 米的场地加以充分利用。在规定场地和时间内,争取安排动作路线和方向比较活跃多变的动作。通常采用直线、曲线、弧线等路线方向,尽量在整个场地中都能有套路动作表现,努力使路线方向变得合理与完美。

(五)调整全套动作

创编武术套路之后,其是否与竞技性的特征相互适应,还需要多方面调整整个动作套路的安排。这种调整具体包括:是否在最恰当的位置安排了重难点动作与组合,是否有合适的动作密度与运动量,武术套路是否是在均衡的路线上进行等。有时甚至要在这个过程中很大范围或程度去改动武术套路。在对竞技性武术自选套路进行创编时,经常会遇到这样一个问题,收集了十分丰富的素材内容,但在编排过程中,套路容量大小、规则对时间的限制等问题没有提前充分考虑,这就导致创编套路之后,整个武术套路内容冗杂,在规定时间内无法完成,对此就要做出大幅度的调整。

对竞技性武术自选套路进行创编的过程中,全套调整是非常重要与细致的工作,也是一个需要创编者精雕细刻的过程。

第三节 套路创新发展中面临的问题及对策

武术套路创新发展中主要面临的问题有三个方面,其一是思维创新方面的问题,其二是机能创新方面的问题,最后是后备力量方面的问题,下面主要对这三个方面的问题及解决对策展开研究。

一、套路思维创新方面的问题及对策

在武术套路创新发展的过程中,存在一个必须面对的现实问题,即中国传统武术套路的思维方式与现代人的思维方式之间存在着巨大的差异。

中国传统文化特别是传统哲学思想深深地影响着传统武术,这就使得传统武术在其发展过程中构建了我国特有的中华民族的思维方式。也就是说,传统武术套路在思维方式上对"体悟""知觉"及"天人合一"比较讲究与重视。传统武术和中国传统哲学思想具有很强的一致性,中国传统武术的思维方式在哲学思想的影响下表现出固定性的特征,难以撼动。

随着科技的不断进步,人们在进行体育运动的习练过程中,

第七章 武术套路的创新发展探索

通过运用现代科学的思维方式来对实践进行指导。人们对体育运动的研究也深受现代科学的影响与启发,通过对生物化学、运动生物力学、生理学、心理学、教育学以及各种体育原理等现代科学知识的大量运用来研究体育运动。现代人的思维方式也受到新型知识结构的深刻影响。人们开始不断用科学的思维方式来对起源于中国原始社会的传统武术套路进行审视,并在深层次上剖析传统武术套路。

显然,当影响人们思维方式形成的文化背景和历史条件发生巨大的变化时,人类的思维方式也会随之有所变化。让现代人转变现有的思维方式而去顺应传统的思维方式是不科学,也是不可能的。当然,不能单纯为了与现代人的思维方式相适应而大幅度修改传统思维方式下形成的事物和文化。

所以,中国传统武术的思维方式和现代人的思维方式之间存在的差异,是传统武术套路创新面临的一大难题。

针对这一问题的解决,需要人们对传统武术的既有传统文化内涵表示充分的尊重,在对现代科学技术和知识加以吸收和借鉴的基础上,对传统武术套路进行适时及与时俱进的创新,而不是片面注重传统武术套路或现代知识与技术。

二、套路技能创新方面的问题及对策

从中国传统武术的发展历程中能够得知,作为一种搏杀运动,中国传统武术主要是通过人的肢体动作来实现的。但是,武术器械对于搏杀技能威力的提高价值是必须引起重视的。

在古代战场上,战争双方的斗争是十分激烈甚至血腥的。例如,近距离的徒手肉搏;距离稍远一点,就用大刀、矛戟、棍棒、长枪等器械进行搏斗,有时也借助车马;远距离的战斗通常会对弹丸与弓箭等加以利用。由此可见,传统武术的技能中,冷兵器的使用成为很大的一部分内容,冷兵器被当做是人体肢体的延伸,冷兵器借助于人体的力量和使用技巧,杀伤力逐渐增大。当西方的热兵器替代冷兵器作为人体肢体的延伸而登上历史舞台后,冷兵器只能被淘汰。在当今社会,传统武术中使用冷兵器的时代已经成为历史。基本上,兵器技能使用的实践"舞台"已经不存在了。虽然在传统武术的器械表演中,还能看到人们对兵器的使用,但其技击成分基本上消失了。所以,搏杀技击属性在传统武术兵器技能创新中得以突出是很难实现的。

另外,传统武术套路丢掉了"真刀实枪",其在技能方面的创新也很难实现,稍有不慎就会把传统武术套路改编得面目全非。

在马良对"新武术"进行尝试后,目前对竞技武术套路的创新大部分是对传统武术的再创新,很多人都在质疑这个创新结果。很多竞技武术的套路经过创新后变成"中国式体操"和"凭空击刺";或者是"摔跤和推"与"拳击加腿";或者变成拳击、摔跤等搏击技术的客体;或者变成舞蹈、体操、戏剧的附属。

要对传统武术在技能创新方面的这一重要问题进行解决,就要学会对传统武术进行根本上的深入认识,在创新武术套路的同时,要对传统武术的风格和特点有所保留。

创新传统武术套路的技能时,要注意对传统武术本质属性的突出,同时也要注意"术道并重"与"内外兼修"等特点的凸显,擅于对现代的思维方式加以利用去演绎不一样的传统武术,从而使传统武术套路能够更好地被现代人接受,而不是使传统武术套路陷入非传统也非现代的尴尬处境。

三、套路创新后备力量方面的问题及对策

传统套路创新在后备力量方面面临着很大的问题,其中,人力后备资源的缺乏是这一问题的主要表现。

思维与技能方面的问题是传统武术套路创新在"软件"方面面临的问题,而后备力量问题属于"硬件"方面的问题。

传统武术在竞技化道路的发展过程中,竞技武术逐渐成为当今武术运动发展的主流。竞技武术模式的快速发展,对传统

第七章 武术套路的创新发展探索

武术产生了重大的冲击,最大的影响就是造成传统武术人才资源的断层。

目前,在"为国争光"这一思想的指导下,我国竞技武术方面的人才培养已经逐渐形成一套较为完善和系统的模式。其中,体育学院武术系和综合性师范大学体育院系武术专业位居上层;中层环节有大中专体育系武术专业和体校武术专业;基层培养机构有业余体校武术班和武术学校。相比来看,传统武术在受到竞技武术的冲击后,不得不向民间活动转移,以此来获得暂时稳定的生存和发展。但传统武术难以向规范化与科学化的趋势发展。所以,传统武术套路创新中所缺乏的人才培养模式,不仅仅缺乏培养人才的规范化空间,同时,也比较缺乏创新发展的源泉和基础条件,导致传统武术的科学体系无法最终建立。

针对这一问题,主要从以下几个方面来考虑对策。

首先,政府要加大对传统体育套路创新的支持力度,为传统武术的创新与发展提供一个好的、良性的生存与发展空间及环境,对传统武术套路的创新发展进行宏观引导,并提供利于其创新与发展的条件。

其次,要注重对传统武术高校后备力量培养机制的建立,建立之后不断健全该机制,将足够的智力支持提供给套路的创新发展。

最后,对思想观念进行改变,对传统武术套路的创新和发展从根本上加以重视,而不要使创新与发展仅仅作为一句不付诸行动的口号。

第八章　武术运动的传承与可持续发展探索

武术是我国的"国粹"之一,它历经千年流传至今仍旧在许多领域发挥着重要的作用。继续将武术运动传承下去,使其的可持续发展成为可能需要现代人的不懈努力。因此,本章就主要对武术运动的传承与可持续发展等问题进行探索。

第一节　武术运动传承发展体系的构建

武术运动传承体系的构建主要在于它的传承途径和传承方法。其中,传承途径为传承提供顺畅的渠道,而传承方法则是在这一有利渠道下完成最终具有实际效果的武术技能转移。

一、武术的传承途径

武术的传承途径通常有以下四种,分别为群体传承、家庭传承、社会传承和学校传承。下面对这些传承途径一一进行分析。

(一)群体传承

武术的群体传承,是指由众多社会成员共同参与传承的途径。它可以根据传承内容的不同分为技艺传承和观念传承两个方面。与其他传承途径不同的是,群体传承的最大特点在于它的传承主体并不是一个个体或有组织的团体,而是由一个无固定主体的群体构成,这个群体的数量非常之多,并且有着相同的文化背景。在这一过程中,人们通过习练武术,不仅可以达到使武术获得传承的目的,还可以通过习练活动增进彼此之间的文

第八章　武术运动的传承与可持续发展探索

化认同。

我国传统武术的传承很大程度上依靠群体的传承途径。以现代人熟知的太极拳为例,在早期,太极拳只是陈家沟地区居民习武养生的方法,由于当地主要以"陈"姓人为主,因此被命名为"陈家拳"。起初这种拳法不传外村人,后来随着时代的变革,太极拳成为了享誉世界的拳种之一,成为内外兼修的内家拳的经典。由于练习太极拳的人逐渐增多,由此就涌现出了一大批对太极拳发展做出巨大贡献的人物,他们或是遵循古朴传承陈家拳,或通过完善和创新创造出了新的太极流派,其中比较有代表性的人物要数杨露禅、吴鉴泉、武禹襄、孙禄堂等,他们对太极拳体系的完善发挥了重要作用。由此也可以看出,群体参与是太极拳发展的基础。

大众对某种文化的认可和参与是文化传承的重要途径,在我国,大多数能够在最广大人民群众中流行的事物几乎都能很好的获得流传,如禁忌、风俗、礼仪等产生于民众,反过来又对社会成员具有强大的约束力和规范力。因此,作为重要健身养生方法的武术运动,对于它的传承也必然离不开群体。在此基础上,人们还将一些风俗和利益与武术运动相融合,为它的多彩身姿注入了更加深邃的灵魂。由此便形成了武术的礼仪制度和规章戒律,进而演变发展成为了与武术运动同等重要的"武德"文化,它也是武术运动群体传承的结果。我国的传统思想使得人们认为人生的根本就是道德,修身、齐家、治国、平天下便是道德的体现,而人生的最高理想和最终归宿也落实到"止于至善"的道德追求上。这种博大文化将人所拥有的道德放在了至高无上的地位,因此这对于在这片沃土上"生长"的武术运动自然也会产生莫大的影响,由此也就奠定了武德在武术中占据着重要的位置,因此就有了"未曾习武先习德"的武术谚语。

(二)家庭传承

家庭传承,也被称为"师徒传承",它是指在家庭范围内由一方将知识或技能传授给另一方的行为。由于受传统的师徒教学模式的影响,这种家庭传承的渠道不仅是在有血缘关系的家庭成员之间进行。

家庭传承在我国武术运动传承途径中是非常重要的,即家庭传承途径也属于主要途径之一。古代武术的传承并不是一种全民性行为,而更多的属于小众化甚至是微众化的行为。掌握武术知识和技能的就有可能成为武术运动的传播者,如果这位掌握技能的人想要通过对其他人传授技能而使技艺流传下去的话,他就会开班收徒,此时他就成为了武术传承者,接受技能的人则为徒弟,而古代这种师徒之间的教学行为并不单纯只是对技能的教与学,教学活动之外,徒弟要住在师傅家中,并侍奉师傅的日常起居。由此可见,所谓的家庭传承中的教与学的主体并不绝对是有血缘关系的人。家庭传承途径之所以能够成为我国传统武术的主要传承途径显然不是偶然的,这与我国的传统思想密切相关。

众所周知,中国人较之世界上大多数民族来说都更为重视血缘关系,为此学者张岱年先生曾说过:"中国文化以家族为本位,注意个人的职责与义务,西方文化以个人为本位,注重个人的自由和权利。这是东西方文化之间很重要的一个差异。"[①]由此说明了在历代中国人的心目中,个人从属于家庭,家庭比个人更重要,再加上我国长期处于封建社会的意识形态下,自然家庭中每个人都有着属于他们各自的地位以及成员彼此之间的伦理关系,如父慈子孝、兄友弟悌、夫唱妇随等。与其说这种伦理关系是人们自觉自愿的,不如说是传统观念融入到人们血液和灵魂中的本质约束。为了追求这种规则,我国古代人甚至还会对一些没有血缘关系的人赋予一种似于血缘关系的关系将两者串联起来,如师徒关系等。我国自古就有"师徒如父子""一日为师,终身为父"等说法。武术在很大程度上就是在家庭或类似于

---

① 张岱年,程宜山.中国文化与文化论争.北京:中国人民大学出版社,1990

第八章　武术运动的传承与可持续发展探索

家庭的各拳种、门派中流传的,所以武术的师徒传承本质上还是"家庭传承",由此就使得在理解这一问题时不要过多局限于是否传承主体之间有血缘关系。中国武术在其流传的过程中,许多拳种都有其历代师徒之间传承关系的谱系,如同家族的家谱一样,同样说明了师徒传承的"家庭化"倾向。

通过上面的分析可以基本对武术家庭传承的途径有了较多理解。而家庭传承之所以能够成为主要传承渠道,其中最主要的原因还在于它本身所具有的诸多特点,具体如下。

(1)家庭传承的封闭性。在我国,家庭始终是构成社会的最基本单位。而在作为农业大国的我国,家庭在人们心中的分量就更加沉重,时至今日人们心中都随时渗透着对家的眷恋。而在古代,为了学习武术技能,一个由血缘关系或师徒关系结成的习武群体,以师父经验认知为主导,在群体内部闪烁着温情脉脉的人伦色彩。不过,如果切身实地研究的话会发现,这种"精彩"显得有些与世隔绝,即家庭传承对外有着相当严重的文化排他性。从事物的两面性分析来看,一方面这种排他性可以有效保持所传武术的正统,而另一方面,这种排他性也对各种门派武术之间的有益交流带来了诸多阻碍,不利于武术的自我完善和发展,甚至还会导致武术门派或种类之间的相互攻讦。

(2)家庭传承的凝聚性。在家庭传承中,"师父"是绝对的核心,当徒弟拜师成功后,双方即算是订立了一种不成文的契约规定,如师父和徒弟之间也就形成了"父与儿"的关系,师兄弟之间形成了兄弟般的亲属关系。在这种家庭凝聚力的驱使下,即便前来学艺的徒弟来自五湖四海,在这种契约关系下均会形成一个受他们共同认可的"大家庭"。大家按照尊卑长幼之序,团结在师父周围,从而形成了一个富有凝聚力的团队。

(3)家庭传承的选择性。封建制度需要依靠众多规则来维持人们在社会中的位置,这一规则也在武术的家庭传承中保持着,由此就使得家庭传承具有了选择性的特点。我国民众最熟知的武术传授规则就是"不外传"以及"传男不传女",由此使得家庭传承的选择性显露无疑。"不外传"主要是指不传外姓人，而"传男不传女"则是考虑到对自身技艺的珍视和对家族的荣耀感，防止女儿出嫁后把自家绝活传到外姓人那里。在许多电视剧中也能够看到武术技能所有者因为后辈只有独女，故将其长期男扮女装掩人耳目，传其武功的剧情。这种做法在现代看来显得有些荒唐，然而在我国的社会大环境下，这就是宗法社会的必然产物，从某种意义上讲，这种家庭传承选择性还是有利于世代经验的传承与积累的。

将家庭传承与前面第一点提到的群体传承相比较来看，两者在某些方面有一些类似的地方。例如，群体传承与家庭传承是一种包含与被包含的关系，即群体传承包含着家庭传承，家庭传承构成和丰富了群体传承的内容，群体传承又促进了家庭传承的发展。由此可见，家庭传承是群体传承的基本单元，它始终支撑着群体传承的发展与世世代代的衍化。

(三)社会传承

社会传承是我国传统文化沿袭的另一重要途径。对于我国传统武术运动来说，社会传承途径的关键要素在于它必须要营造良好的武术文化氛围，这种氛围的营造可以通过多种形式，如赛事组织、图书出版和影视传播等，其中，事实证明影视的传播给人们带来的影响力最大。众多媒介所营造出的氛围，让对练习武术抱有较大兴趣的人们可以轻松接触、了解、欣赏和感受武术，这是武术社会传承途径的基础。当然，以影视传播为例，在众多媒介的宣传中还要注重对武术运动的实际宣传，不要为了扩大武术的影响力而故意夸大化甚至是神化武术运动，对武术运动的社会传承务必要在求实和围绕武术运动本质的前提下进行，否则这种传承的效果只会昙花一现，不利于武术的可持续发展。

(四)学校传承

随着现代我国体育教学改革的不断推进,人们越发注重学生接受科学合理的体育教育了,这是使学生成为能够适应现代社会发展需要的人才的重要教育元素。对于我国众多民族传统体育运动来说,让它们回归校园成为大势所趋,其中最具有代表性的武术运动自然就成为众多学校的首选。能够让在校的学生从小接受武术教育和练习,使该运动得到良好的传承,这就是武术运动的学校传承。尽管我国武术的自然传承环境出现了一些危机,但如果利用好学校这个载体进行传承可以说是最佳的选择,它有利于扩大传承面,更有利于发现人才和培养人才。因此,鉴于武术运动的学校传承途径的诸多优点,相关部门一定要给予这种途径以重视,进而促进学校武术教育内容的完善和发展。

二、武术的传承方式

从武术传承的方式角度来看主要有三种,具体为面对面的口传心授、观看亲身示范以及受到武术观念的影响。

(一)面对面口传心授

从教学方法和效果来看,面对面的口传心授通用于绝大多数内容的教学,其中也包括传统武术教学。顾名思义,口传心授包含"口传"与"心授"两个层面。武术运动中包含的内容非常丰富,它既是一项身体力行的体育运动,又是一项富含文化内涵的事物,因此,口传与心授在武术传承的过程中会根据传授的内容不同而有所区别,具体来说就是"口传"授技,"心授"授法。两者之中前者注重模仿习练,重在练"形";后者重"悟",即通过内心对武术的感悟而获得对武术本质的认同和理解,这种感觉并没有规律可言,只可意会不可言传。也正因如此,这是中国人的内倾性思维习惯的体现。

(二)观看亲身示范

作为一项身体力行的体育运动,带有十足直观性的亲身示范是一种非常好的传承方式。武术运动动作种类丰富,它几乎涉及到人体所有运动器官,另外武术的功力训练、套路演练、实战技击等身体内容,只有通过外在的各种形体活动,武术所蕴含的种种技巧、方法、美感、哲理等才能得到清晰明确的表现,由此也就使得武术运动动作较为复杂。面对这些复杂的动作,将其传授给练习者时如果仅仅通过口头上的讲解显然是不足以将这些复杂的动作说明细致,老师的亲身示范、手把手教对武术的延续至关重要。不过,这里提到的亲身示范的重要性并不是忽视口头讲授的重要,而是在于将两者有机地结合起来,共同形成对武术传承的方式,即所谓的"言传身教"和"言于前而行于后"。

(三)武术观念的影响

对于武术观念影响的传承方式主要是从宏观和微观两方面来分析。

(1)宏观层面的观念影响,是指我国武术悠久的历史和正确的价值导向使得它能够对参与这项运动的人带来正确、健康和积极的影响。

(2)微观层面的观念影响,是指在师徒开展关于武术的教学行为过程中,师父通过多种方式的教学把道德规范传输给下一代。这种观念对习练者的影响是非常深远的,它的"功效"甚至超过对运动动作本身的学习,它能够使习武者受到武术武德的熏陶影响,最终使习武者成为合格的武术的继承人。

第八章　武术运动的传承与可持续发展探索

第二节　武术运动的竞技化发展

一、传统武术与竞技武术的差异

传统武术与竞技武术所追求的本质有很大不同,除了这点之外,两者之间还有许多地方的差异。认真研究这些差异,有助于为武术运动竞技化发展的研究奠定良好的基础。总的来看,传统武术与竞技武术的差异主要有以下六点。

(1)武术在我国传统运动中的地位非常之高,它不只是一种强身健体且具有实战防身价值的运动,更形成了一种围绕武术运动的文化。而竞技武术的发展时间较晚,它是在近现代才在武术的基础上发展起来的,它的运动形式更加追求实用主义,体现出了十足的竞争性、功利性,而相比传统武术较为缺乏内涵。

(2)传统武术注重套路和基本功,这要求练习者更多地学习前人留下的武术套路功夫,打好武术运动基本功,实际上,基本功就是功夫水平高低的一种体现。

竞技武术按照现代武术运动的分类被分为套路运动和散打运动。套路运动有着严格的规范和要求,每一个动作的到位程度都是打分高低的标准,而具有实战色彩的散打运动则在于一拳一脚的实战效果,并没有过多对动作规范性(在规则范围内的动作)的要求。

(3)传统武术更加注重练习者的全面性发展,如对于练习武术的人要求尽量从小开始,至少练十年以上才比较有成效。而竞技武术由于其本身具有显著的目的性和竞争性特点,因此对于人的全面发展关注较少,一般只要不是年龄特别大的练习者,系统训练一两年就有可能成为有一定实力的选手。

(4)传统武术动作较多、形式丰富,因此在练习武术时非常注重对技巧的学练,特别是针对不同门派的武术,更需要发掘其中的特点与不同。而竞技武术为了在实战中有最为直接的得分或将对手击倒,只是对一拳一脚的动作片面强调速度和力量,因此这种武术与传统武术相比对技巧的要求略显宽松。

(5)传统武术强调在强身健体之际还注重它的观赏性和运动美,讲求动作的干净与华丽,具有十足的美感。而竞技武术也存在观赏性,不过它所强调的主要为一种暴力美学,在动作的表现上更为朴实。

(6)传统武术是一种练养兼备的运动,它除了有实战技击防卫的作用外还可以起到强健身心以及增智的作用。而竞技武术则只关注训练和实战效果,尽管练习这种武术也有强身健体的作用,但它与传统武术中所谓的养生有本质的不同,如专业运动员一般超负荷训练,对身体有伤害。

二、传统武术向竞技武术发展的历程

我国的传统武术运动历经千百年来的发展,它直到今天仍旧被人们所喜爱,甚至成为了全人类的宝贵文化遗产。在中国的历史当中,武术长期作为一种社会民俗文化出现,从"春秋角觚"到"露台争交",相击形式的运动虽具有一定的竞技性,但与竞技运动有一定距离。而套路形式的运动,在宋代以来出现了"打套子"的表演,繁衍至明清,拳家林立,多以一种民间技艺的形式广为流传。而武术运动逐渐被增添了竞技性色彩则是近现代的事情,这与以西方为主的竞技体育传入我国有较大关系,而这种武术竞技化的发展方向也是武术运动在新时代获得顽强生命力的适应表现。

为了更好的发展竞技武术,为此,新中国关于武术运动的发展一直秉承着"普及和提高"的宗旨进行。在普及的同时成立武术运动队,提高武术的套路运动水平,建立一整套武术竞赛体制和竞赛方法,是武术向竞技武术发展的重要条件。

第八章　武术运动的传承与可持续发展探索

我国武术运动向竞技武术发展的标志为1954年国家体委组建竞技指导科武术队。此后在1957年,武术被列为国家正式竞赛项目,随即各省、自治区、直辖市纷纷成立各自的武术运动队。从1958年全国武术运动会开始,后来几乎每年都有十几个单位报名参加全国性武术比赛。实行武术竞赛制度有力地促进了各运动队抓好训练工作,在竞赛中互相交流学习,不断提高套路运动技术水平。

1959年国家实施第一部《武术竞赛规则》。

20世纪60年代初,国家体委提出了"难度大,质量高,形象美"的武术技术发展方向,鼓励教练员、运动员创编自选套路,使长拳类、器械套路在动作、组合、难度、布局等方面在继承传统中有了新的发展,"高、难、美"成为各运动队追求的目标。其突出表现是:套路的结构新,动作快,负荷大,造型美,腾空高,落地稳。

1960年的武术比赛在长拳、太极拳的基础上增加了南拳项目,从此奠定了套路运动以长拳、太极拳、南拳为主的竞赛格局。

20世纪70年代,众多从事武术运动的教练和运动员通过训练、竞赛创造性地表现出套路运动的新水平、新面貌。特别是在长拳套路运动中使自选长拳类套路的技术难度有了进一步飞跃,难度的加大和对运动员技术要求的不断增加都是智慧与实践的成果。这一变化发展使套路运动更符合体育竞技的需要。除长拳之外,其他传统竞赛项目不断继承、发展与提高。总之,这是一个更加适应竞技武术的武术套路竞技体系,是新中国新武术的一大体现。

1985年国家体委颁布实行《武术运动员技术等级试行标准》是套路竞技水平提高的另一个重要标志。它成为不断提高套路竞技水平的激励机制之一,有力地促进了广大武术运动员刻苦训练,争取优异成绩。

1986年竞技武术的技术训练方向为"突出项目特点,加强攻防技能,严格动作规格"。在这一技术训练方向的指导下,对动作规格和项目特点的要求在以后的赛会中得到加强,赛会中还出现了集体攻防动作的比赛,通过训练和竞赛促进套路运动员理解和掌握攻防动作与攻防技能。

到20世纪90年代后,我国武术的竞技套路运动开始坚持"突出项目特点,严格动作规格,强化攻防意识",以及"继承、发展、创新"的原则,在坚持"高、难、美"的基础上提出"高、难、美、新"的技术发展方向。在此理念下竞技武术的套路运动形成了从优秀运动队、运动技术学校到业余体校的一条龙训练体系,一些二线队伍还增设武术班,大大增加了竞技武术人才培养和储备。国家体委在上海体育学院举办了全国武术高、中级教练员岗位培训班,着力提高教练员的业务素质和理论水平,促进和推动套路运动的科学化训练。

我国还在赛制改革等方面也时时体现着竞技套路水平的普遍提高。武术套路从作为比赛项目起,经历了比赛、表演赛的反复。1989年国家体委将全国武术比赛改为全国武术锦标赛,实行分级赛和升降级制。为了培养后备竞技武术人才,武术竞赛体制中还设有全国少年"武士杯"比赛和全国体育学院武术比赛等。

武术竞赛规则不是一成不变的,在武术竞赛规则的多次修改中,套路竞技水平不断提高。1996年国家体委在多次修改规则的基础上,再一次对《武术套路竞赛规则》作出重大改革。这次改革是武术挑战自我的一次尝试,它在吸取体操、艺术体操、跳水、花样游泳等现代竞技体育项目的评分方法的基础上,加强量化指标,提高区分度和准确性,并且鼓励创新,进而促进武术套路技术水平继续向"高、难、美、新"的方向发展。

2000年全国武术训练工作会议提出了"突出竞技特点,提高艺术水平,鼓励发展创新"的新指导思想,继续坚持"高、难、美、新"的技术发展方向。第9届全运会之后,国家体育总局武术运动管理中心在工作总结中指出:"武术若要成为奥运项目,规则必须简化,易于操作。"为此,2003年出台了一系列新规则(草案),这表明武术已不满足于目前的成就,而是更加以积极的

第八章　武术运动的传承与可持续发展探索

姿态面向未来,力求加入到奥运大家庭中。

在谈到武术向竞技武术发展的历程中不得不提到武术散打的市场化发展。竞技武术拓宽了武术的市场化发展方向,由此使得武术被更多的人士所关注,这在当代拥有较多竞技体育项目的情况下让武术运动脱颖而出是非常有必要的,事实证明它也的确起到了不错的效果。例如,1989年国家体委将武术散打列为正式比赛项目,并在宜春举办"首届全国散打擂台赛";1990年是散打运动史上的重要阶段,这一年,《武术散打竞赛规则》正式出台;1991年,散打运动成为第7届全运会的正式比赛项目。在国际赛场上,武术散打于1998年成为了曼谷亚运会的正式比赛项目。1999年,开始了散打的全面发展,新的规定规则出台,规定参赛选手去除护裆、拳套外的所有护具,从而使比赛的观赏性和激烈程度大大增强,为散打运动走向市场打下了基础。近年来,散打比赛相当频繁,各种类型、各种层次的散打比赛随着中国武术散打运动的市场化推广在国内举办,而且到21世纪初期时这种市场化还出现了国际化的趋势,即将中国的武术散打与其他国家的武术对抗,其中比较知名的有"中国功夫与美国拳击""中国功夫与泰国泰拳"等等。这些赛事的运作促使散打运动技术体系、训练方法不断完善并与世界各国搏击高手展开较量与交流,使中国武术散打运动逐步向市场化过渡。

总的来看,武术运动向竞技武术方向发展是与时代相随的必然趋势,只有这样才能更加促进武术运动在现代社会中的发展。它是在继承前人遗产基础上有所提高的历史,就拿竞技武术中的套路运动来说,虽说它的内部并不包含实战技击的实质,但要完成一套完整和高质量的套路动作也非一朝一夕之事,而是需要有"真功夫"。

在现代,武术运动只有提高运动技术水平,才能确立在国内体坛的竞技地位。同时,武术的竞赛制度、规则、方法和配套措施也在发生着适应性变化,尤其由国内推向国际的过程中,竞技武术套路运动再一次经受了考验。

第三节　武术运动的产业化发展

一、武术产业化概述

(一)武术产业的内涵分析

目前对于"武术产业"的理解也是仁者见仁,智者见智,大致可概括为三种理解。第一种理解涉及"武术产业"的内容,认为"武术产业"不仅包括武术经营活动,还包括与武术直接有关的一切经营和生产活动。第二种认为武术产业化是一种经济机制的形成,指出武术产业是武术事业的基本运行方式向市场经济的转化,按照市场经济规律和武术发展规律,充分利用武术自然资源,把武术与经济结合,运用一系列市场经济原则、方法、手段和行为,刺激武术商品的需求,强化自我发展潜力,不断拓宽武术市场,形成武术市场运行的新机制。第三种是对武术产业性质的理解,认为武术产业就是武术服务业。

关于武术产业的说法众说纷纭,莫衷一是。从这些观点来看,它们都是从不同的角度、不同的层面对武术产业所作的界定,都各有各的视角,也都有自己的合理性,不能简单地说孰对孰错。观点见解众多,虽然不能说完美,却都对武术产业的发展起到了促进的作用。这种不同角度、不同层面的理解都为更加科学地界定武术产业提供了有益的思路和参考。

了解武术产业需从了解产业开始,产业是一些具有某些相同特征的经济活动的集合或系统。在对产业进行了解的基础上,综合各方面对武术产业的理解,可对武术产业大致进行界定。武术产业是指以武术为支撑,向社会提供武术相关产品的一切经济活动以及相应经济部门的总称。武术产品包括武术用

第八章　武术运动的传承与可持续发展探索

品和服务两个部分;经济部门在我国现阶段不仅包括企业,而且包括各种从事经营性活动的其他机构(事业单位、社会团体、家庭或个人)。武术产业是中国体育产业的重要组成部分,并且具有自身的特点。发展武术产业,既要讲社会效益,又要讲经济效益,搞武术产业不仅仅是为了给体育部门增加活动经费,补充职工的奖金待遇,而是要加入市场经济的大循环,为国民经济增加产值,提供社会就业机会。

(二)武术产业的发展历程

武术是中国文化的组成部分,是我国传统体育项目的代表。作为我国的国粹,武术起源于中国并随着历史的发展逐渐发展。随着时代和社会的变迁,中国武术也发生着变化。20世纪40年代末,是中华民族发展史上一个新旧更替的时期,武术也开始经历历史转型,进入了新的发展时期。尤其是新中国的诞生,推动中华武术踏上了新的历史征程,武术开始了它的时代巨变。

从新中国成立至今,党和政府非常重视武术的发展,在这半个多世纪中,武术取得了飞速的发展,尤其是十一届三中全会以来,我国的武术呈现出空前的繁荣。大江南北,习武蔚然成风,在竞技体育和全民健身运动方面,武术都取得了空前的成就。武术可以说是中国的第一大运动,据统计,当时全国从事武术锻炼的人口有七千多万。在国内蓬勃发展之时,我国武术也已经走向世界,成为世界人民喜爱的运动。目前,全世界五大洲都有了洲际的武术联合会,国际武术联合会的会员国也已经有一百多个。随着武术的发展及在国内外的传播,武术的赛事频繁,有全国武术锦标赛、世界武术锦标赛,以及各种商业性的武术搏击对抗赛、中外功夫对抗赛,以及各种民间的武术活动。例如,各个武术之乡举办的中国少林国际武术节、中国沧州国际武术节、中国温县国际太极拳年会、中国莆田国际少林武术节等。虽然这些活动的模式还有所欠缺,但也给武术的发展带来了人气和不菲的收益。习武人数的增加对武术教育提出了要求。武术馆校,培训教育大规模兴起。根据相关资料,目前全国各种各样的武术馆校超过了一万家,并形成了年收入达 20 多亿元的产业规模。武术旅游也成为一种"特色旅游",具有突出的商业价值,正渐渐在武术市场崭露头角。现代社会的发展,人们的工作、生活节奏加快,生活环境污染,生态失衡与营养过剩,给人类健康带来了诸多危险,各种"现代文明病"逐渐产生,人们对身体的健康提出要求,而武术具有健身的价值,因此,人们越来越青睐武术。我国有老龄化社会的趋势,中老年人数量增多,他们的生活成为社会关注焦点,而武术对中老年人有着极大地吸引力,能使许多中老年人乐于参加健身游,武术健身、武术特色旅游既可锻炼身体,又有利于培养共同兴趣,不仅很好地满足人们的健康需求,而且,在相互切磋、观摩过程中还可以提高武术健身技艺。随着我国武术运动的普及,武术产业已初具规模,形成了以武术健身娱乐业、竞赛表演业、技术培训业、武术旅游、武术用品和劳务输出等市场为主题,涵盖内容相当广泛、服务功能和产业门类较为齐全的产业框架。武术的发展可谓是"道路曲折,前途光明。"在武术的发展中要注意处理好遇到的问题与矛盾,积极推进武术产业化,促进武术的创新与发展。

(三)武术产业的基本特征

1. 多样的社会价值

武术产业具有良好的社会价值,对社会稳定,创造社会价值做出了贡献。它是一种劳动密集型产业,可以提供较多的就业机会,为武术人才的输出提供了就业空间,也可带动当地的服务业发展。武术产业所创造的良好社会价值是值得肯定的。

2. 较强的相关性

武术产业是一种相关性较强的产业,这是由武术自身的特点决定的。武术是中国传统文化的组成部分,与中国文化中其他组

第八章　武术运动的传承与可持续发展探索

成部分联系紧密,而且武术具有丰富的价值功能。开发武术产业必定可以带动与武术相关产业的发展,如武术培训、武术器材制造、武术文化旅游、武术经纪业等。由此可见武术产业的关联面是非常广阔的,且这些产业均为阳光的、积极向上的产业。

3. 较大的发展潜力

武术产业的发展潜力巨大,具有深远的影响,目前的发展也已初具规模。中华武术是在中国土生土长的,群众基础广泛,并且在发展中吸收了中华民族优秀文化的营养,具有旺盛的生命力。因此武术具有巨大的发展潜力。目前产业化发展是武术事业发展的需要,而市场经济体制对武术的经济价值产出提出要求。这样武术既得到了发展,又创造了经济价值,也增加了地经济的影响力,甚是顺应民心。在发展过程中,武术产业的优势体现出来,它是一个可以长期存在和持续发展的产业,不会对环境造成污染,能源消耗少,符合转变经济增长方式的要求。因此各地纷纷发展武术产业,武术产业的发展已初具规模。

4. 广阔的国际化发展方向

武术以其多样化的特点和强健身心、寓教于乐的特性已经得到世界众多国家人民的喜爱,由此使得武术运动逐渐国际化。目前国际武术联合会的会员达到100多个国家和地区,为武术产业的开发打下了良好的商业基础。

二、武术产业化的原因及意义

(一)武术产业化的发展原因

1. 经济原因

在当今世界,和平与发展是两大主题。世界的发展离不开经济的发展,市场化是当今世界经济发展的趋势。我国加入了WTO,逐步建立起社会主义市场经济体质,市场经济的地位获得确立,对我国的经济发展有着极大的促进作用。在市场经济条件下,经济发展的规模增大,各部门之间的联系加强,对产业化提出了要求。我国市场经济在发展,体育产业化在发展,这就要求作为体育产业组成部分的武术产业化也要不断向前发展。因此,武术产业化发展是我国经济发展的需要。

2. 政治原因

基于我国特殊的政治制度和武术运动管理方法,武术在发展过程中经常会受到政治因素的影响,即政府政策对武术的发展起到了重要作用。而政府对武术的重视以及国家政策也是武术产业化发展的重要原因。

1985年,国务院颁布了《国民生产总值计算方案》,将体育产业同教育、文化、卫生等部门的产业一样,列入第三产业的第三个层次,即为提高科学文化水平和公民素质服务的部门产业。从此,中国体育产业开始产生与发展。1989年,原国家体委决定把包括中国武术协会在内的六个单项协会实体化,以"中国武术协会经济开发委员会"成立为标志,将武术推向市场。1992年,中共中央、国务院发布了《关于加快发展第三产业的决定》,体育理论界掀起了如何加快体育产业发展的研究热潮。1994年和1995年,原国家体委分别下发了《关于加强体育市场管理的通知》和《体育产业发展纲要》,体育作为一种产业开始迈出了社会化的关键一步,这同样对武术产业的发展起到了推动和保障作用。1995年,国家体委在实施全民健身计划的同时,强调"要将武术发展逐渐向商业化、产业化迈进,最终过渡到产业化"。在此政策影响下,一大批与武术运动相关的事物应运而生,具体涉及到书刊、音像、器材、服装、赛事等,形成了有出版社、工厂、商店、武术馆校、体育院校、各级武术运动管理中心以及政府参与的武术产业格局。2000年12月,中国武协制定了

第八章 武术运动的传承与可持续发展探索

《2001—2010年武术发展规划》。《规划》指出,"要按照市场规律,加快武术的市场化建设",同时,"广泛开展武术产业的对外合作,形成开放式的武术产业开发体系"。这些政策的制定和实施,显示出国家对武术产业发展的政策导向,是加快武术产业化发展的依据,也是武术产业化发展的原因。

3. 自身原因

武术产业化是武术本身向前发展的需要,因此自身的需要就成为了武术运动向产业化方向发展的原因之一。在新时代下,为了获得自身的发展,武术运动也要自我进行更新和完善,而产业化显然是需要抓住的契机,同时也是重要的途径。而且在我国,武术产业的发展具有得天独厚的优势,这更为武术产业化发展提供了条件,这些优势主要有以下四点。

(1)中国武术竞技水平世界一流,这是任何产业得以发展壮大并最终位居前沿地位的先决条件。

(2)中国武术产业的资源丰富。这些资源包括文化资源、人才资源、产品资源、技术资源等,具有可持续发掘的、取之不尽的特点。

(3)武术具有雄厚的群众基础,因此武术产业有着庞大的消费群体和广阔的消费市场。

(4)中国武术在世界上具有非凡的影响力,许多体育品牌世界闻名。在影视业中,也有许多围绕武术和功夫在内的刻画作品,特别是影视作品,已成为主流内容之一。目前武术运动在健身娱乐、竞赛表演、技术培训、武术产品、旅游、广告、音像等领域内进行了产业化的尝试,结果带来了良好的经济效益。

(二)武术产业化的意义

武术运动的产业化发展在今天看来是非常具有意义的事情。产业化使得传统的武术运动获得了更多生命力和发展动力,对武术运动的整体发展都具有重要的意义和价值。这种意义和价值主要表现在它对经济社会发展和自身的发展方面。

1. 武术产业化有利于武术资源的保护

发展武术产业，需要对我国的武术进行详细地了解，这一定会促进对我国武术的挖掘、整理，以恢复其原本的活动形式，建立起具有各个地域特色的拳种体系，并予以定义、保护和科学利用。

2. 武术产业化有利于武术运动的发展

武术产业化对武术的发展有促进作用。每项运动的发展都需要有一定的经济基础。现代竞技体育发展的实践证明，商业化是体育运动普及发展至关重要的一环，而某一运动项目的有形产品和无形产品的产业化，是该运动项目商业化的前提之一。武术要发展，众多人群投入其中是必须的，而武术作为传统文化的组成部分之一，加之与现代健身方式相结合，必将以其独特的魅力吸引众多的追随者。随着社会文明的进步，人们的价值标准、欣赏品味不断提高，武术的发展也必须审时度势，要根据人们的爱好、兴趣的不同和习武群体的不同，发展相应的武术产业体系。既要大力普及招式简单、易学、健身价值较高的武术项目，又要发展"高、难、美、新"的竞技武术，为中华武术进入奥运会打基础。同时还要有专业人才研究武术特有的文化蕴涵，挖掘其时代的价值体系等等。要想把这些工作做好，就要花巨资对武术进行广泛的宣传，举办各种国际、国内武术比赛，进行武术技术套路的编排、创新，加强武术基础理论的科研工作等等。这些花费仅靠国家的有限拨款显然已不太可能。发展武术产业有利于解决武术经费匮乏的现象，从而更好地开展各种武术比赛、武术技术、学术交流和武术科研等活动；有利于增强各种武术团体、组织的活力，使他们发挥出应有的作用，更好地推动武术运动的发展，弘扬中华武术。

3. 武术产业化有利于经济的发展

武术产业化可以提高经济的发展水平。武术产业的发展为社会提供了许多就业机会，也是人力资本投资的重要形式。我国劳动就业等社会问题的解决是目前我国经济发展较快，增长率较高的一大原因。我国武术产业化呈分散态势，但不能忽视它在局部为第三产业创造的价值。武术产业化发展，可以为第三产业中其他服务业的闲散人员提供就业机会，大大促进当地的经济发展，同时也是提高劳动生产率的有效途径。

4. 武术产业化有利于促进消费

国家经济的发展离不开消费。国家经济要持续快速发展，就必须实行刺激消费，鼓励消费，开拓新的消费热点来拉动内需。武术产业的开发将有利于刺激和拉动内需，吸收社会闲散资金。

第四节　武术运动的可持续发展

一、可持续发展的含义

(一)可持续发展观点的提出

"可持续发展"概念，是于1987年由时任联合国环境与发展委员会主席的挪威首相布伦特兰夫人在《我们共同的未来》报告中首次明确提出的。"可持续发展"是指满足人类目前的需要和追求，又不对未来的需要和追求造成危害的发展。

在社会经济发展的过程中，保护自然资源总量和总体上的生态完整，实现社会持续进步，是"可持续发展"理论的核心。

(二)武术的可持续发展含义

袁伟民在《认真贯彻十五届五中全会精神努力实现体育事业的持续发展》中明确地提出我国体育事业的可持续发展战略。[①] 武术作为我国的一项民族传统体育运动,作为一种文化,用新的发展观审视其未来发展的问题有着极其重要的理论意义与现实意义。

武术的可持续发展是指不但要促进武术今天的发展,更要着眼于武术的未来发展,使其步入持续、稳定、健康、良性循环的轨道,以满足后人长久的需求。

武术可持续发展的目标是通过一系列手段和措施为武术未来发展创造良好的条件,使武术长期、持续发展。

二、武术可持续发展的制约因素

(一)武术发展的滞后性

进入 21 世纪,随着社会经济与科学技术的快速发展,人们的认识、思想、价值观念也在发生着深刻变化,处于相对封闭文化环境下的武术,显然有些无所适从。武术没有及时自我更新,与社会的发展相比,武术具有严重的滞后性。

武术发展的滞后性主要表现为以下两个方面。

(1)武术的习练特点影响了人们参与的积极性。随着现代生活节奏的加快,人们的价值判断向着实用、易学、简洁、有趣、高效的方向发展,特别在青少年中表现得尤为突出。而武术要经过长期艰苦的锤炼才能有所成就。要健身不如健美操有效果,要娱乐不如学跳舞有趣的观点,使得武术处于一种尴尬境地。

---

① 冯艳琼. 武术与武术文化研究. 北京:人民体育出版社,2009

第八章 武术运动的传承与可持续发展探索

（2）武术的外在表现，如训练方法、传承方式中的内容很难让现代人接受。诚然，武术实质的东西是我们的精神财富，值得我们学习、继承和发扬，然而随着时代的发展，社会分工越来越细，武术的多元化价值功能成为影响武术发展的双刃剑，它在带给人们多方面利益的同时也在制约着武术的发展。

（二）武术发展环境的恶化

1. 缺乏有效的激励机制

对于体育项目来说，如果缺少比赛机制则会影响激励因素的发挥，也就缺少应有的生机和活力。而大多数武术至今都没有大型的正式比赛，没有完备统一的竞赛规则，即使有些比赛也是竞技武术比赛的附属品，或者直接就是被"竞技"串了味的武术。

竞赛机制的匮乏制约了学习和练习武术良好氛围的形成，使武术发展后劲不足，严重影响了武术的可持续发展。

2. 对竞技武术的重视过多

20世纪50年代，竞技武术在中国武术的基础上逐步形成并发展起来，竞技武术是以套路和散打为两大活动内容，以教练员和运动员为活动主体，依照竞赛规则，以争夺优异成绩为根本目标的中国现代竞技体育项目。

新中国成立后，竞技武术成为发展武术的重心所在，从政策等各方面都给予了竞技武术良好的发展空间，使竞技武术得到了飞速地发展，不仅各省市及大部分体育院校都建立了竞技武术专业队，而且还成为了全运会、亚运会、奥运会的比赛项目。

与竞技武术相比，武术基本上处于自行发展的状态，举步维艰。尤其近几年来，武术申奥进程加速，对各种武术的发展更加淡漠了，武术的发展受到了更为严峻的挑战。

3. 丰富的现代体育项目的冲击

现代竞技体育的种类较多,这使得人们对竞技体育的关注更为分散,能够将目光落到武术运动的大众相对就更加稀少,更不要说从事竞技体育运动的人了。自现代我国被迫与西方众多文明相交融后,以西方竞技体育为主的项目涌入我国,并迅速成为了主要运动项目。由此就使得我国许多传统体育运动项目的生存空间受到打压,现有练习武术的人口和武术将来发展的潜在人口减少,严重制约了武术的可持续发展。

(三)武术理论基础薄弱

武术形成于农耕文明之中,在其漫长的发展中深受儒、释、道等各家思想的影响,理论基础是建立在中国传统哲学思想基础之上的。

武术在其发展过程中所吸收的"天人合一""阴阳""八卦""精气神"等一些理论较模糊、难懂,因此很难使人接受。由于当时社会文化水平的有限性,传统拳术理论不可避免地含有封建迷信色彩。因此,其面对简明、直接、精确而丰富的现代西方体育理论就显得晦涩和单薄,难以解释和研究。

(四)武术训练手段的原始性

目前,身传口授仍然是武术训练的模式,这种模式是历代拳家经验的积累,绝对含有科学的理念,在训练中也是行之有效的,但其中也有很多原始、低效、不科学的训练方法。

武术中"拳打千遍,身法自现""千学不如一看,千看不如一练"的务实精神虽有可取之处,然而,与现代先进科学训练方式相比,这种重实践轻理论的单一训练方法就显得较原始。与现代训练学中的科学选材、身体训练、技术训练、战术训练、智能训练、心理训练等系统、完整、科学的训练理论和方法相比,显得更为粗糙和陈旧。

第八章 武术运动的传承与可持续发展探索

武术的原始训练手段严重地制约了武术自身优势的发挥，并进而影响了其可持续发展的进程。

(五)武术传承方式的局限性

由于受我国长期封建主义思想的制约，我国的武术传承方式绝大多数为师徒和血缘的传承方式，传播范围窄小，影响力不足，这必然会导致一些武术拳种的失传。

(1)传承的封建保守意识，导致武术"近亲繁殖"。中国长期以来稳定的农耕生活和以血缘关系为纽带所维系的家族制度限定了武术的传承。传统的传承有利于各门各派在技术上的千锤百炼，精益求精，形成独特的技术风格与传统，但同时也必须承认这种传承方式必然也会导致武术的逐渐消亡。

(2)传统意义上的武术注重言传身教，一旦找不到理想的传人，该拳派也就会失传。尤其近些年来，经济、政治、文化观念、社会生活的改变，真正愿意"十年磨一剑"、勤学苦练的人越来越少，而导致一些拳种后继无人，这就加速了这些武术的消亡。

在今后的发展中，武术如果没有大量风格各异的传统拳术和继承者作为支撑，随着时代的发展，传统意义上的武术就很难真正实现它的可持续发展。

(六)缺乏必要的经济支持和回报

任何一个体育项目的发展都是建立在一定经济基础之上的，武术当然也不例外。而缺乏必要的经济支持，必然会对武术的发展产生很大影响。

(1)由于武术不是全运会、亚运会的比赛项目，国家和地方为了争取金牌，都把主要资金投入到比赛项目中。经济投入不足使得武术的发展"心有余而力不足"。

(2)武术没有充分利用自身优势向产业化发展，没有争取企业赞助，没有合适和持续的经济来源，因此，在没有经济支持的情况下，武术的发展一直处于低迷状态。

(3)随着市场经济的逐步深入,人们的经济意识逐步加强,而练习武术在短时间内又得不到任何经济回报,在经济利益的驱使下,一些民间武术爱好者改变了初衷,放弃了武术转而去追逐经济利益。这使得武术的可持续发展受到了严重的威胁,甚至导致一些武术失传。

三、武术可持续发展模式

(一)构建武术理论体系

1. 立足武术本体构建武术理论体系

对于武术理论研究来说,立足武术本体构建武术理论体系是其研究的内核层。

理论是对实践活动的理性总结。武术理论其实就是对武术实践活动由经验到理性的提升和总结,它揭示了武术发展变化规律,并用科学的武术理论指导武术的实践活动,推动武术的全面发展。

武术理论的发展离不开武术实践活动,而武术活动的主体也应围绕武术技艺传承展开,从文化三层次理论来看,虽然这属于"物器技术"层,受制于"制度习俗层""心理价值层",但是,它是贯穿武术活动的主线,按照逻辑结构大致分为教与学、练与用这样的过程具体呈现,而这一切的载体就是人,所以说武术理论科学研究是以人为主体。

武术活动的本体内容是武术理论体系构建的核心,以武术的功能价值为出发点与归宿,围绕着武术教与学、练与用这个实践活动主线,认识、评价和探索各种武术形成与发展规律,包括武术的价值取向,技法原理,教学、训练、竞赛的规律。

由此可知,必须从武术活动的本体入手,紧紧围绕着反映武术攻防技击特性的教与学、练与用的活动,在实践中总结和探索

第八章　武术运动的传承与可持续发展探索

拳术形成理论、技击方法理论、教学训练理论、竞赛表演理论等一系列具体理论,最终遵循概念化—条理化—系统化—体系化的认识事物的规律,使武术理论体系达到系统化、层次化、完整化,建立起完整的武术理论体系。

2. 应用联系观点建立武术理论体系

从系统论观点探讨武术理论体系的建立,是武术理论科学研究的外核层。

以往的武术理论研究往往会忽视整体中各部分间的相互联系,将统一完整的武术肢解为局部孤立的来认识,从而产生片面性与局限性,缺乏整体性和全面性。

武术理论是武术大系统中的一个子系统,如果将武术理论分割成许多的子系统和子系统之下的子子系统,这样我们就会对武术理论有一个总体的认识。同时又可通过对不同子系统和子子系统的研究而确定其在武术理论系统中的地位与作用。并可从较高角度来审视子系统与子系统及与子子系统的关系,而明确它们之间的相互影响,进而全面认识"武术理论科学体系"。

应用联系观点建立武术理论体系就是将围绕着内核层所建立起来的那些学说进行宏观的整合,并利用某一学科或交叉学科(社会科学、人文科学、自然科学等)的知识,经过实践的检验,对其进行科学逻辑推理、归纳总结,从宏观上探索武术的活动规律,揭示武术的某种现象、特征、功能价值的研究等,并最终建立武术理论分支学科学说。

3. 采用全面系统观构建武术理论科学体系

全面而系统地构建武术理论科学体系,是将武术理论的内核层与外核层相互关联、相互交融、相互促进而形成的理论研究。

辩证法认为,任何理论都必须经过从实践—理论、理论—实践的反复提炼、升华、创新才能被世人接受。然而武术的实用主义思想(即重武轻文、重术轻道、重实战轻现代功用),严重制约了武术理论体系的发展,特别是在对外层的研究上。因此,武术理论的科学研究必须从以下三个方面入手。

第一,是科学总结武术运动实践经验。

第二,是对已经掌握的知识通过思辨和再认识后得出新知识。

第三,是及时对武术现象的观测和实验进行归纳并研究。

只有将武术科学研究的三个方面的知识汇集在一起,才能使武术理论的内核层与外核层相结合,完成武术理论体系的构建。

(二)武术的发展基础

武术发展的基础主要是其自身的科学化,包括理论体系和技术体系的构建和科学标准的确定及拳种内容的归纳和整理。

1. 理论体系的建构

建立完整的武术理论体系,要去伪存真,避免牵强附会,必须紧密结合武术技术,理论要对技术的修炼具有指导作用。另外,在传统理论基础上形成现代意义的武术理论,用现代科学的知识诠释传统拳理,解释武术理论不能回答的问题。

2. 技术体系的建构

第一,保留武术完整的技术训练体系。按照武术固有的技术体系建构各个武术拳种体系,避免武术技术的失传。不同拳种技术完整训练体系包括功法—套路—拆手—递手(喂手)—散手—攻防实战。

第二,建构武术新的技术体系。在传统的技术体系基础上,按照武术习练者的不同需求进行技术内容的编排,归纳、整理新的技术体系。例如,针对以防身为主的群体,可以安排单势和对打练习,类似日本的少林拳、剑道等;针对大众练习者,按技术难

第八章　武术运动的传承与可持续发展探索

易分为初级、中级、高级技术内容。

3. 拳种内容的科学归纳整理

武术的推广、竞赛以及段位制的实施，客观上要求对现存的武术内容做进一步的挖掘、整理、归类、论证、认定，归纳整理出具有代表性的武术门类。

4. 拳种的科学认定标准

根据各武术史、技、理完整的体系，对一个武术拳种的认定，基本应该包括：清晰的历史传承、规范的基本技术、突出的风格特点、完整的技术体系、科学的理论体系。

(三)武术的发展途径

武术要想获得可持续发展，必须寻找出一条具有可行性的发展途径，即开发武术的经济资源，发展武术产业。开发武术的经济资源，努力发展武术产业，为武术的可持续发展奠定良好的经济基础，以武养武，充分利用武术自身所蕴涵的各种资源优势，以使武术获得更好的发展。

武术作为一种体育运动和一种文化，可以增进人民的健康、通过竞赛满足人们技击、娱乐和观赏的需要、满足人们求知与审美的需求。由此可见，武术蕴含着丰富的经济资源，开发和利用这一资源，需要从以下三方面入手。

(1)组织、举办各种武术竞赛活动。通过竞赛形成由武校、体育院校、各级体育局、工厂、企事业单位、政府以及媒体共同参与的红火场面。目前，散打王争霸赛、拳王争霸赛是武术值得借鉴的范例。武术也要在合理规则的引导下，通过比赛带动相关产业发展，进而促进武术的可持续发展。

(2)走大众健身的发展道路。充分利用武术在全民健身中得天独厚的优势，通过开展武术健身俱乐部、培训班等形式，在扩大武术的群众基础的同时，获得相应的经济回报。

(3)充分利用武术的文化价值。武术的文化价值可转化为经济价值,应充分利用武术的文化价值为经济服务,如"武当山武术文化节"的举办,实现了武术文化价值和经济价值的双赢。

通过各种形式发展武术产业,不但能使广大武术工作者感到自己工作的社会价值,满足他们实现自我价值的需求,而且给武术工作者带来较高的社会地位和较丰厚的待遇,激发他们以饱满的热情和更加强烈的责任心投入到武术工作中去,不断推动武术的可持续发展,从而使武术真正实现可持续发展。

(四)武术的推广策略

1. 武术功能的推广

健身和防身功能是武术所表现出的主要功能,多渠道开发武术的资源,全面实现武术的价值。与广受推崇的技击武术相比,应该突出武术的健身和防身功能,以适应大众化人群的需要。

2. 武术活动的推广

武术应该引起国家相关部门的高度重视,由主管部门落到实处,有步骤、有计划地推广武术。加强对武术进行行政和学术的双重管理,对武术进行认定、推行规范教材、举办各种竞赛活动。

3. 武术拳种的推广

各传统拳种的推广,主要是利用段位制模式进行的。我国的武术有大量的优秀拳种,在自身建设的基础上,考虑社会的需求,制定相应的段位制技术、理论、升段标准及礼仪内容等,有效地推动武术的发展。

在大众熟知武术拳种的基础上,成立单项拳种协会,举办专项拳种比赛,促进技术的发展。如在全国武术主管部门的统管下,成立全国性的单项拳种协会,负责该项目的全面发展,举办

第八章 武术运动的传承与可持续发展探索

专门的单项武术比赛,从而进一步促进武术技术的可持续发展。

4. 竞技武术进入奥运会对武术的特殊意义

从表面上来看,进入奥运会的武术项目主要是几项武术竞技套路,由此会使人产生这样一种感觉,即似乎传统武术与武术进入奥运会无关,特别是为了进入奥运会,竞技武术套路也在大幅度地改革,如场地、裁判方法、规则。原本认为的"武术是武术之源,是武术的发展基础",在此武术好像与竞技武术不再是同根生的枝条。

然而需要注意的是,竞技武术进入奥运会,最终目的是使中国武术获得整体发展。之所以选择奥运会这条途径并且做了相应的改革,原因是在全球化语境中为了使世界认识武术,我们不得不采用西方话语体系。但是,我们运用西方话语解释的却是中国武术,并且是具有中国特色的武术,而不应该是体操化的武术,所以,要充分利用竞技武术进奥运这样一个全球化的焦点事件,来推广武术,使之走出中国、走向国际。

(五)武术文化的传承模式

对于武术而言,构建新型的武术传承模式更有利于其自身的可持续发展。我们在这里主要阐述的是构建以学生社团为载体的武术文化传播传承模式。

1. 构建以学生社团为载体的武术文化传播传承新模式的必然性

所谓武术文化,是指关于武术的意识形态,包括武术在动作形态上的文化特征、设计动作形态的内在原则,以及武术的价值取向和认知方式等。构建以学生社团为载体的武术文化传播传承新模式是民族文化传播与传承的必然要求。

(1)武术文化对建构人的价值意识的直觉性格和逻辑性格有着重要的作用。它一方面是中华民族在特定的生活环境中对外部世界思维的肯定形式;另一方面,它又构成一个有特殊价值和意义的文化世界,构建着中华民族的价值心理和价值观念,形成了具有中华民族特色的民族文化价值观,对当代大学生的正确价值观的构建有着重要的指导意义。

(2)在竞争日益激烈的市场经济条件下,大学生的内心充满矛盾、困惑和疲惫,需要获得心灵的慰藉;处于物质财富不断丰富的今天,大学生的精神世界却没有得到应有的协调与发展,需要健康、和谐与丰富的精神生活;面对网络时代繁杂的网络文化和缤纷的视频节目的各种诱惑,部分人的精神世界则朝着畸形方向发展,严重影响了大学生的学业和身心健康。武术文化具有深刻的教育性,它在丰富大学生精神生活方面有着不可忽视的作用。在高校建立各种形式的武术社团活动,有利于民族传统文化的传播与传承,同时,也为大学生价值观的构建提供了健康和积极向上的氛围。

2. 构建以学生社团为载体的武术文化传播传承新模式的优势

学生社团在武术文化传承与传播中具有其他组织所没有的特殊优势。

(1)学生社团所具有的自发组织性,使得大学生对学习武术保持了较高的积极性。学生社团是由具有某方面共同兴趣爱好的学生自发成立的、为实现成员共同愿望而开展活动的学生组织。学生社团活动是学生自己组织、自己设计、自己参加的,正因为兴趣相同,所以大学生参与社团类学生活动主动意识强、积极性高。

(2)学生社团间的交流性,使武术文化的传承成为可能。社团一般都是跨院系的校级社团,其成员来自不同院系,一部分学生还同时参加两个或两个以上的社团,不同的社团成员又互相交叉重叠,信息传播速度快,可以有效地实现武术文化的传播与传承。

第八章　武术运动的传承与可持续发展探索

(3)学生社团与文化传播之间有着天然的联系,有利于武术文化的传承。大学生社团活动是学生人际关系交往的舞台,是了解与认识社会的窗口和桥梁,它也就必然成为学生进行文化交流的重要基地。社团活动与文化传播(大学生信息传播)的这种天然联系,使学生社团在文化传播中发挥着独特的传播作用。

参考文献

[1]全国体育院校教材委员会．中国武术教程．北京：人民体育出版社,2004

[2]蔡龙云．武术运动基本训练．北京：人民体育出版社,2014

[3]蔡仲林,周之华．武术(第2版)．北京：高等教育出版社,2009

[4]万籁声．武术汇宗．北京：北京体育大学出版社,2013

[5]贾亮,黎桂华,金龙．武术传统文化与实用套路解析．北京：中国商务出版社,2008

[6]王文清,郝建峰．武术文化基础知识．北京：中国社会出版社,2006

[7]郭玉成．中国武术传播论．上海：复旦大学出版社,2008

[8]李增博．现代社会中武术价值系统的构建研究．武汉体育学院,2012

[9]刘彩平．当代学校武术教育价值刍论．北京：北京体育大学出版社,2011

[10]李印东．武术释义：武术本质及功能价值体系阐释．北京：北京体育大学出版社,2006

[11]周伟良．中国武术史．北京：高等教育出版社,2003

[12]卢元镇．体育社会学．北京：高等教育出版社,2001

[13]卢元镇．体育社会学(第3版)．北京：高等教育出版社,2010

[14]张志雷,李成银．武术套路创编的依据与原则．体育学刊,2005(01)

[15]张志雷.武术套路创编依据与目的研究.山东师范大学,2006

[16]刘闯.安徽省竞技武术后备人才培养现状调查分析.广西师范大学,2007

[17]费振洲.江苏省、安徽省武术套路优秀运动队发展现状的调查与比较分析.扬州大学,2013

[18]徐家林.安徽省高校课余体育训练与竞赛体系构建.四川体育科学,2012(6)

[19]孟凡强.我国体育人口性别结构的社会学分析.南京体育学院学报,2004,18(3)

[20]刘胜.我国农村体育人口偏少的成因及对策研究.武汉体育学院学报,2002,36(3)

[21]李东蕾.中国学校体育的社会责任.山西师范大学体育学院学报,2005,20(1)

[22]余潮平.体育人口与市场经济关系初探.广州体育学院学报,2002,22(1)

[23]程红义.试论我国体育人口的发展.浙江体育科学,1999,21(3)

[24]梁柱平.我国体育人口发展及其活动特点分析.中国体育科技,2000

[25]刘欣.改变我国体育人口马鞍形分布的对策.体育科研,2003,24(4)

[26]肖焕禹.当代中国社会结构与体育人口结构的基本特征.上海体育学院学报,2005,29(2)

[27]陈青.非体育人口初论.体育科学,2002(7)

[28]徐忠.论边缘性体育人口.成都体育学院学报,2001,27(4)

[29]朱家新.农村体育人口与非体育参与人口的比较研究.体育科学研究,2007